Studien zur Geschichte und Politik

Weidenfeld / Wessels (Hrsg.)

Wege zur Europäischen Union

Werner Weidenfeld
Wolfgang Wessels (Hrsg.)

Wege zur Europäischen Union

Vom Vertrag zur Verfassung?

Schriftenreihe der Bundeszentrale für politische Bildung · Bonn
Band 248

1986
ISSN 0435-7604
ISBN 3-923423-70-5

Lizenzausgabe für die
Bundeszentrale für politische Bildung · Bonn

Satz und Gestaltung:
litera Verlags-Service GmbH, Bonn

Druck:
L.N. Schaffrath, Geldern

Inhalt

Vorwort

Die Bemühungen um eine Weiterentwicklung der Europäischen Gemeinschaft haben in den Jahren zwischen 1984 und 1986 einen Höhepunkt erreicht. Die 1972 von den Staats- und Regierungschefs als Ziel vorgegebene Europäische Union wurde in diesem Zeitraum auf verschiedenen Wegen angestrebt. Das direkt-gewählte Europäische Parlament verabschiedete am 14. Februar 1984 den Entwurf eines Vertrages zur Gründung der Europäischen Union, der zwar in der Form eines völkerrechtlichen Vertrages vorliegt, aber im wesentlichen als eine neue Verfassung zu kennzeichnen ist, die dem Kriterium eines Mehr an Handlungsfähigkeit und Demokratie entspricht.

Kritische Stimmen argumentierten, daß eine Verfassung derartiger Gestalt weder von allen EG-Bürgern mitgetragen noch den bisherigen Einigungserfahrungen entsprechen würde. Statt dessen plädierten sie für pragmatische Schritte, um auf der Basis der vorhandenen Verträge und Institutionen ein höheres Maß an Flexibilität und Handlungsfähigkeit zu erreichen. Diese Auffassung wurde von der Mehrheit der Staats- und Regierungschefs unterstützt, die 1984 einen Ausschuß persönlicher Beauftragter (den sogenannten Dooge-Ausschuß) einsetzten. Die Vertragsergänzungen und -änderungen, die in der ‚Einheitlichen Europäischen Akte' vom Februar 1986 festgelegt wurden, sind das Ergebnis dieser eher pragmatischen Grundhaltung der Staats- und Regierungschefs.

Vom einmaligen Akt der Verfassungsgebung bis zu begrenzter Vertragsrevision reicht somit der in der Reformdebatte 1984/86 nachweisbare Spannungsbogen, in dem sich die unterschiedlichen Zielvorstellungen, Methoden und Instrumente westeuropäischer Integration exemplarisch verdeutlichen lassen.

Der vorliegende Band will diese unterschiedlichen Standpunkte dokumentieren und aus verschiedenen europäischen Perspektiven beleuchten. Er soll über eine Momentaufnahme hinaus Grundlinien der Diskussion aufzeigen, die auch unter veränderten Voraussetzungen in der nächsten Phase des Integrationsgeschehens von Bedeutung sein werden. Damit kann er für all diejenigen, die sich in Wissenschaft, Politik, Verwaltung und Bildung mit Europafragen befassen, zum nützlichen Referenzwerk werden.

Die Herausgeber danken der Bundeszentrale für politische Bildung für die Unterstützung des Vorhabens und für die wertvollen Anregungen. Ihr Dank gilt dem Europa Union Verlag für die Betreuung und Geduld sowie Herrn Michael Garthe und Herrn Otto Schmuck für die vielfältige Hilfe und Zuarbeit.

Bonn/Mainz im Juli 1986

Werner Weidenfeld — Wolfgang Wessels

Das Ziel bleibt bestehen! Die politische Auseinandersetzung um die Europäische Union

GASTON THORN

War die Europäische Gemeinschaft ein Irrtum?

Die Begeisterung für das Ziel einer europäischen Einigung hat bei Bürgern und Politikern in den letzten Jahren merklich abgenommen. Die Existenz der Europäischen Gemeinschaft gehört heute zu unserem politischen Alltag und gilt als Selbstverständlichkeit. Bei vielen Beobachtern dominieren die negativen Aspekte wie Butterberge, Weinseen und Rindfleischhalden die europäische Landschaft. Eurokratenschelte, Zahlmeisterklagen und buchhalterisches Gezänk verstellen häufig den Blick für das Erreichte und das Notwendige.

Von einer überzeugenden, einer vitalen politischen Leitidee ist kaum noch etwas zu spüren. Dies wurde nicht zuletzt auch in den hinter uns liegenden Verhandlungen der Regierungen der EG-Mitgliedstaaten um eine Reform der Europäischen Gemeinschaft deutlich. Statt eines weitreichenden und tragfähigen Gesamtkonzepts in Richtung auf eine Europäische Union wurde in der im Dezember 1985 von den Staats- und Regierungschefs vereinbarten ‚Einheitlichen Europäischen Akte' eine pragmatische Fortschreibung bestehender Verfahren und Strukturen vereinbart. Bald schon werden neue Verhandlungen notwendig werden, denn mit dem Luxemburger Ergebnis vom Dezember 1985 ist der Reformbedarf der Gemeinschaft längst noch nicht gedeckt.

Mancher Beobachter inner- und außerhalb Europas mag sich angesichts dieser offensichtlich geringen Reformfähigkeit der Europäischen Gemeinschaft und angesichts der nach wie vor vorhandenen drängenden Probleme die Frage stellen, ob sich der immense politische Aufwand für Europa, jene hektische Betriebsamkeit der europapolitischen Akteure heute überhaupt noch lohnt. Der deutliche Graben zwischen großen europäischen Worten und kleinen europäischen Taten erscheint vielfach als so groß, daß sich unvermeidlich irgendwann die Frage aufdrängt, ob die Gründung der Europäischen Gemeinschaft nicht insgesamt ein historischer Irrtum war. Dies war jedoch keineswegs der Fall.

Der bestimmende Grundzug der europäischen Geschichte war und ist die politische und regionale Vielfalt, der beständige Wechsel zwischen Miteinander, Nebeneinander und Gegeneinander unserer Völker. Regelmäßig wiederkehrende Kriege gehörten ebenso zur europäischen Wirklichkeit wie Hungersnöte, Unterdrückung und Vertreibungen. Nach der Katastrophe zweier Weltkriege trat jedoch mit dem Beginn des europäischen Einigungswerks eine entscheidende neue Etappe der europäischen Geschichte ein: Eine kleine Gruppe weitsichtiger europäischer Politiker setzte sich das Ziel, die gespaltenen europäischen Nationen mit ihrer konfliktreichen Geschichte zu einer politischen Schicksalsgemeinschaft zusammenzuschmieden, um so den Frieden dauerhaft zu sichern und zugleich den wirtschaftlichen Wohlstand der europäischen Bürger zu mehren.

Die Abschaffung der Zölle; die dynamische Entwicklung eines großen Marktes; die Einführung eines europäischen Währungssystems, das uns trotz weltweit turbulenter Finanzverhältnisse eine relativ große Stabilität sichern konnte; ein neues Gewicht und eine neue Rolle in den internationalen Wirtschaftsbeziehungen; die Festlegung gemeinsamer Politiken auf verschiedenen Gebieten; die Aufnahme von mittlerweile sechs neuen Mitgliedstaaten; der Abschluß zahlreicher Kooperationsabkommen mit Ländern der Dritten Welt, von denen das Lomé-Abkommen weltweit als ein entwicklungspolitisches Modell gilt; ein aus allgemeinen Wahlen hervorgegangenes Europäisches Parlament – all das zeugt von Vitalität und Anziehungskraft. Vor allem aber hat sich die Gemeinschaft der Sechs, der Neun, der Zehn und jetzt der Zwölf zu einem Herzstück europäischer Stabilität entwickelt. Sie hat wesentlich dazu beigetragen, daß Europa vierzig Jahre allen Krisen zum Trotz in Frieden leben konnte. Die europäische Einigung ist angewandte, ist konkrete Friedenspolitik. Und bis auf weiteres bleibt sie wohl die erfolgreichste Friedenspolitik überhaupt in diesem Jahrhundert.

Die Europäische Gemeinschaft ist heute zu einer der wohlhabendsten und höchst entwickelten Regionen dieser Erde geworden, zum weltweit wichtigsten Handelspartner und zum bedeutendsten Helfer für die Dritte Welt. Wir sollten das nicht vergessen, nicht als selbstverständlich hinnehmen. Gerade heute nicht, wo wir in einer tiefen Anpassungskrise stecken. Wir sollten daraus vielmehr endlich lernen für die Gestaltung unserer Zukunft.

Dieses positive Bild von dem europäischen Einigungswerk kontrastiert deutlich mit der eingangs dargelegten Kritik an Europa, die nicht an den Zielen und Wesensmerkmalen der Einigung, sondern einseitig an einzelnen Schwachstellen und Auswüchsen der bestehenden Gemeinschaft ausgerichtet ist. Dieses Bild beweist, wie recht die Gründungsväter der Gemeinschaft hatten, auf die Karte der europäischen Einigung zu setzen. Es zeigt auch, wie recht wir hätten, ihr Werk konsequent fortzusetzen. Nur, wenn die Basiskonzeption der Verträge von Paris und Rom richtig war – und dafür spricht vieles –, wir aber dennoch immer mehr in eine Sackgasse geraten sind, dann müssen seit den fünfziger Jahren bedeutsame Veränderungen in den politischen Rahmenbedingungen eingetreten sein, auf die von den politisch Verantwortlichen nicht in hinreichendem Maße reagiert worden ist.

Europa hat es immer schwer gehabt

In der europäischen Einigungsgeschichte gab es von Anfang an sicher eine ganze Reihe europäischer Irrungen und Wirrungen. Der Mensch neigt gerne dazu, aus seiner persönlichen Erinnerung heraus die Geschichte zu verschönen und zu glätten. Doch seien wir ehrlich: Europa hat es zu allen Zeiten schwer gehabt. Niederlagen wechselten mit Erfolgen, es gab Krisen und Rückschläge, von den ungezählten verpaßten Gelegenheiten ganz zu schweigen.

Erinnern wir uns nur an die ersten Jahre: Nach dem glänzenden Start der Europäischen Gemeinschaft für Kohle und Stahl im Jahr 1951 brachte drei Jahre später das Scheitern der Europäischen Verteidigungsgemeinschaft auch das vorläufige Ende des politischen Zusammenschlusses. Der Weg zu einer schnellen Integration war blockiert. Wieder drei Jahre später wurden die Verträge von Rom unterzeichnet, ein erneuter Sprung nach vorn auf dem weiten Weg nach Europa. Die in den Römischen Verträgen angelegte Eigendynamik erlitt jedoch in den sechziger Jahren einen schweren Rückschlag. Ich denke an den unheilvollen Kompromiß von Luxemburg, der alles andere, nur kein arbeitsfähiger Kompromiß war. Die Mitgliedstaaten waren damals übereingekommen, keine Mehrheitsbeschlüsse im Rat zu treffen, denen „sehr wichtige Interessen eines oder mehrerer Partner“ entgegenstehen. Man war sich darüber einig, trotz bestehender Uneinigkeit über das Entscheidungsverfahren im Ministerrat weiterzumachen. Doch ist der darin zum Ausdruck kommende Dissens in der Folgezeit immer stärker als Vetorecht, als Möglichkeit jedes einzelnen Mitgliedstaates, Entscheidungen nach seinem Belieben zu blockieren, interpretiert worden und hat eine weit über das Notwendige hinausgehende Tendenz zur Einstimmigkeitspraxis zementiert. Das Ergebnis bestand in einer Verzerrung des von den Verträgen gewollten institutionellen Gleichgewichts der Gemeinschaft und in der Erschwerung der gemeinsamen Willensbildung bis zur Entscheidungsunfähigkeit. Dies ist bislang eine der wohl folgenschwersten Fehlentscheidungen in der kurzen Geschichte der europäischen Einigung gewesen – ein Irrtum jedenfalls, der bis heute in manchmal verhängnisvoller Weise fortwirkt. Ein Aufbauwerk wie die Europäische Gemeinschaft kann sich nicht entwickeln ohne einen geeigneten institutionellen Rahmen mit einem effizienten demokratischen Entscheidungsverfahren. Aus dieser Sicht ist die Einstimmigkeitspraxis in der Tat fatal. Zudem steht sie im Gegensatz zu Geist und Buchstaben der Verträge.

Die Handlungsfähigkeit der Europäischen Gemeinschaft und ihre Glaubwürdigkeit stehen und fallen mit der Bereitschaft der Mitgliedstaaten, das gemeinsame Recht rigoros zu respektieren. Das macht die Gemeinschaft äußerst verwundbar; denn es löst nur allzu leicht Kettenreaktionen aus. Wenn der eine gegen die Spielregeln verstößt und daraus Gewinn ziehen kann, warum sollte es der andere nicht auch versuchen? Wenn der eine für sich Privilegien herauspressen kann, warum sollte sie dann der andere nicht auch für sich beanspruchen?

Wir sind auf diese Weise nach und nach wieder unmerklich von der Entscheidungsbildung in einer Gemeinschaft zu klassischen Regierungsverhandlungen zwischen uneingeschränkt souveränen Staaten zurückgekehrt; zu Regierungsverhandlungen, bei denen Vor- und Nachteile aus der Zugehörigkeit zur Gemeinschaft immer mehr von Fall zu Fall austariert wurden, ohne den Gesamtzusammenhang zu sehen. Mit den bekannten Konsequenzen: Wichtige Entscheidungen sind ständig hinausgeschoben worden, und der Einigungsprozeß verlor seine Dynamik: schon im Europa der Sechs, – aber natürlich erst recht im heutigen Europa der Zwölf. Schon in den sechziger Jahren, als noch eine allgemeine Wachstumseuphorie vorherrschte und die Dinge leicht zu gehen schienen – aber erst recht nach den Schocks der siebziger Jahre, als Europa in eine tiefe Anpassungskrise geriet und überall die nationalen Egoismen aufs neue durchbrachen. Kein Wunder, daß wir uns am Ende immer mehr präsentieren als eine Krisengemeinschaft von Staaten, die zwar aufeinander angewiesen sind und dies auch wissen, die aber weder einzeln noch zusammen in der Lage sind, ihre Probleme zu lösen. Insgesamt bleibt bezüglich des Entscheidungsprozesses der Gemeinschaft heute folgendes fatale Bild: Die Kommission schlägt vor, das Europäische Parlament drängt, der Ministerrat zaudert – und nichts geschieht. So können wir die großen inneren und äußeren Herausforderungen, vor die sich Europa gestellt sieht, keinesfalls meistern!

Die notwendigen Veränderungen

Drei Fragen müssen in den vor uns liegenden Jahren geklärt werden: Erstens brauchen wir Klarheit über die institutionellen und materiellen *Ziele* der europäischen Einigung. Europa muß sich weiterentwickeln in Richtung auf eine handlungsfähige, auf demokratischen Prinzipien basierende föderalistische Gemeinschaft der europäischen Völker: die Europäische Union. Doch sind bei der Festlegung der Ziele nicht nur die großen Ideale der Denkschriften und Deklarationen angesprochen, so sehr wir auch in bestimmten Situationen Ideale benötigen. Ich denke vielmehr auch an die pragmatische Festlegung von konkreten Arbeits- und Aktionsprogrammen mit klaren Zwischenzielen für jeweils zwei bis drei Jahre, die sich an dem langfristigen Ziel der Europäischen Union orientieren müssen. Dadurch soll es möglich werden, den Idealen schrittweise, doch spürbar näher zu kommen.

Zweitens brauchen wir Klarheit über die *Mittel*. Dies betrifft sowohl die der Gemeinschaft zur Verfügung gestellten Finanzen, als auch die Kompetenzen der Gemeinschaft zur Lösung konkreter Aufgaben. Es hat nur dann Sinn, über gemeinsame Aktionsprogramme für die Zukunft Europas, über die Vertiefung der europäischen Integration und über die Erweiterung der Gemeinschaft zu reden, wenn unsere Mitgliedstaaten bereit sind, der Gemeinschaft die entsprechenden Befugnisse hierfür zu übertragen und das zu finanzieren, was sie gemeinsam beschlossen haben. Dies betrifft die Forschungs- und Technologiepolitik genauso wie die Regionalpolitik zugunsten der wirtschaftlich schwächeren Mitgliedstaaten und die Kooperation mit den Staaten der Dritten Welt. Ohne klare Kompetenzabgrenzung zwischen Gemeinschaft und Mitgliedstaaten und ohne eindeutige Mittelzuweisung an die Gemeinschaft kann eine demokratische Kontrolle weder auf europäischer Ebene durch das Europäische Parlament, noch auf nationaler Ebene durch die Parlamente der Mitgliedstaaten sichergestellt werden. Dies mag einigen nationalen Politikern ein Dorn im Auge sein, doch mit Sonntagsreden und feierlichen Erklärungen alleine bringt man die europäische Einigung nicht voran.

Drittens: Europa braucht Klarheit über den *institutionellen Rahmen*, in dem wir uns bewegen wollen. Das europäische Einigungswerk ist eine sehr junge Konstruktion. Sie kann nicht, wie die meisten ihrer Mitgliedstaaten, auf eine lange Geschichte zurückblicken, die verbindet. Ihre Handlungsfähigkeit hängt deshalb ganz entscheidend davon ab, daß es einen klar definierten institutionellen Rahmen mit festen Regeln gibt, die von allen rigoros respektiert werden. Wir haben einen solchen Rahmen in den Gründungsverträgen der Gemeinschaft. Er ist zweckmäßig und ausgewogen, und wir sollten ihn endlich wieder konsequent ausfüllen, etwa durch die systematische Rückkehr zu Mehrheitsentscheidungen, wo immer dies vorgesehen ist. Wir sollten ihn aber auch anpassen und ergänzen. Die Europäische Gemeinschaft sieht sich neuen Aufgaben gegenüber, an die vor dreißig Jahren noch niemand denken konnte. Darüber hinaus hat sich im Laufe der Zeit eine Grauzone von neuen Einrichtungen um das Vertragswerk herum gebildet, in enger Beziehung zu ihm und doch nicht von ihm vorgesehen. Hierzu gehören die regelmäßigen Treffen des Europäischen Rates, der Ausbau der politischen Zusammenarbeit, die Direktwahl des Europäischen Parlaments und der Eintritt in die erste Stufe des Europäischen Währungssystems.

Es ist jetzt an der Zeit, all diese Einrichtungen, Aktivitäten und Initiativen wieder zusammenzufassen und zu ordnen. Denn im Europa der

Zwölf kann es nur *eine* Gemeinschaft geben. Alles andere führt zu Zusammenhanglosigkeit, Verschwommenheit und Kompetenzkonflikten bis hin zur Zersetzung des gesamten Systems.

Die Europäische Union ist gefordert

„Ein immer engerer Zusammenschluß der europäischen Völker" – das war von Anfang an das in der Präambel des EWG-Vertrags niedergelegte große Ziel des europäischen Einigungswerkes. Die Wirtschaftsgemeinschaft wurde von den Gründungsvätern nur als erster Grundstein für eine weitere und vertiefte Gemeinschaft angesehen. Nicht wirtschaftlicher Interessenverband, sondern Zusammenschluß der Völker – Schicksalsgemeinschaft der Menschen – das ist das oberste Ziel.

Wenn wir dieses Ziel akzeptieren, dann ist heute, fast 35 Jahre nach der Gründung der Montan-Union, fast 30 Jahre nach der Gründung der Europäischen Wirtschaftsgemeinschaft, die Forderung nach der Politischen Union Europas nur folgerichtig. Wenn die Wirtschaftsgemeinschaft auch heute noch unvollendet ist, dann kann das nur ein Ansporn sein, die wirtschaftliche Integration zu verstärken. Es kann dagegen unmöglich als Vorwand dienen, die politische Einigung immer weiter aufzuschieben.

Die wirtschaftliche Integration ausbauen und die politische Union aufbauen: Das sind die großen Herausforderungen für das Europa der zweiten Generation. Wenn es gelingen soll – und es muß gelingen – dann brauchen wir auch endlich wieder einen reibungslos funktionierenden institutionellen Rahmen. Es gehört in gewissen Kreisen zum guten Ton, skeptisch-besserwissend zu lächeln, wenn dieses Thema angeschnitten wird. Das sei wohl das Steckenpferd all jener, heißt es da, die wehmütig an die Anfangszeiten der Gemeinschaft zurückdächten, die noch nicht begriffen hätten, daß solche Debatten steril und überholt seien.

Wir kennen diese Argumente. Sie stammen von jenen, die gerade noch wirtschaftlichen Pragmatismus anzubieten haben, aber kaum mehr politische Perspektiven, denen die konsequente Integration Europas immer schon ein Dorn im Auge war, die Europa deshalb auf ein Verfahren zwangloser Kooperation reduzieren möchten. Möglichst einer Kooperation, wo die Teilnahme von Fall zu Fall in das Belieben jeder einzelnen Regierung gestellt ist. Wo der Druck der gemeinsamen Entscheidung fehlt, der die Integration so lästig macht. Wo aus der europäischen Einigung ein Europa à la carte wird. Ein Europa, in dem die Kommission nur noch Verwaltungssekretariat mit Studienabteilungen wäre. Ein Europa, in dem das Europäische Parlament zum überflüssigen Luxus würde, Kooperation ohne Integration lautet ihre Zauberformel. Doch es ist nur fauler Zauber. Denn wer das will, der mißachtet, der verleugnet die Idee und das Wesen des europäischen Einigungswerkes.

Das Ziel des Zusammenwachsens der Völker Europas – die Europäische Union – muß anders aussehen. Vier Dinge liegen mir bei der Diskussion um das zukünftige Aussehen Europas besonders am Herzen:

– Erstens muß die Europäische Union über ein handlungsfähiges und demokratisch legitimiertes Entscheidungssystem verfügen.
– Zweitens sollten der Union nur die Zuständigkeiten übertragen werden, die sie wirksamer als die Staaten auszuüben vermag, wobei es möglich sein muß, die Ausübung dieser Kompetenzen nach und nach zu steigern, um einen reibungslosen Übergang zu verwirklichen.
– Drittens brauchen wir in Westeuropa eine gemeinsame Außenpolitik und eine engere Abstimmung in sicherheitspolitischen Fragen. In der gegenwärtigen Lage Europas wäre es schlichtwegs ein Widerspruch in sich, wollte man einen europäischen Wirtschafts- und Sozialraum schaffen und eine europäische Außenpolitik entwickeln, aber jeden Gedanken daran und jede Diskussion darüber ausschließen, wie die Sicherheit dieses Raumes am besten gewährleistet ist.
– Viertens schließlich benötigt die Europäische Union – unter Beachtung föderalistischer Prinzipien – auch eine gemeinsame europäische Bildungs- und Kulturpolitik, deren Ziel es sein muß, mehr Verständnis für das europäische Einigungswerk zu wecken und das Zusammengehörigkeitsgefühl unserer Bürger zu stärken. Nicht Indoktrinierung, aber vielfältige Information – das ist eine unendlich wichtige Aufgabe, wenn das Werk gelingen soll. „Es reicht nicht aus" – so Leo Tindemans in seinem Bericht zur Europäischen Union –, „daß unsere Schicksalsgemeinschaft eine Realität ist, sie muß auch als solche verstanden werden."

Die Verwirklichung dieser Forderung ist eine ehrgeizige Aufgabe und läßt sich sicherlich nicht von heute auf morgen erreichen. Doch sollten wir das Ziel nicht aus den Augen verlieren.

Vom Vertragsentwurf zur Einheitlichen Akte

Das Europäische Parlament hat am 14. Februar 1984 den ‚Entwurf eines Vertrags zur Gründung der Europäischen Union' vorgelegt, in welchem den vorstehend skizzierten Anliegen weitgehend Rechnung getragen wird. Ich begrüße und unterstütze entschieden diese Initiative, denn sie ist ein eindrucksvolles Manifest des politischen Willens, die Europäische Gemeinschaft weiterzuentwickeln zur Europäischen Union. Selbst wenn ich dem Entwurf aufgrund meiner Erfahrungen nicht in allen Punkten voll zustimmen kann, so ist es doch ein guter Entwurf. Das schon Erreichte wird gewahrt. Es wird angepaßt, abgesichert und ergänzt. Und vor allem: Alle europäischen Aktivitäten werden unter einem Dach zusammengefaßt, kein verwirrendes Nebeneinander mehr von vertraglichen Institutionen, außervertraglichen Einrichtungen und anderen kooperativen Elementen.

Auch in anderer Hinsicht stimme ich dem Entwurf des Parlaments voll zu: Die Kommission muß zurückfinden zu ihrer Schlüsselrolle als Motor der europäischen Integration, sie muß ihr Vorschlagsrecht uneingeschränkt ausspielen können. Aber auch das Europäische Parlament muß spürbar gestärkt werden in seinen Befugnissen. Erst durch seine Direktwahl gewinnt die Gemeinschaft ihre demokratische Legitimation. Es ist deshalb nur recht und billig, daß dieses Parlament eine Rolle bei der Meinungsbildung und Entscheidungsfindung erhält, die seiner Legitimation entspricht, und daß es seine demokratische Kontrollfunktion voll ausüben kann. Wer ein verantwortungsvolles Europa-Parlament will – und welcher demokratische Europäer könnte das nicht wünschen – der muß diesem Parlament auch eine klare europäische Verantwortung mit den dazugehörigen Kompetenzen geben. Das ist das mindeste.

Ich habe am 12. Februar 1984 bei der Schlußberatung des Vertragsentwurfs im Europäischen Parlament als amtierender Präsident der EG-Kommission betont, daß wir zum Kampf um zweierlei angetreten sind: einmal darum, die Gemeinschaft lebendig und lebensfähig zu erhalten und zum anderen darum, ihre Umwandlung in eine echte Europäische Union vorzubereiten. Hierbei kommt dem direkt-gewählten Europäischen Parlament eine besondere Bedeutung zu, denn es vertritt die europäischen Völker, und die europäischen Völker wollen – das wird in allen Meinungsumfragen bestätigt – bei aller Skepsis über die vorhandenen Mißstände der gegenwärtigen Gemeinschaft mit wachsender Ungeduld die Integration Europas.

Heute – nach Abschluß der Arbeiten der Regierungskonferenz zur Reform der Römischen Verträge – kann ich feststellen, daß meine Einschätzung vom Februar 1984 richtig war: Der Vergleich zwischen den wenig weitreichenden Vereinbarungen der ‚Einheitlichen Europäischen Akte‘ und dem Inhalt des Vertragsentwurfs belegt einmal mehr, daß die Debatte zwischen den Vertretern der Völker und zwischen den dort repräsentierten transnationalen politischen Kräften fruchtbarer sein kann als Verhandlungen zwischen Regierungsvertretern. Nach wie vor vertrete ich die Ansicht, daß es realistisch ist, daß sich das Parlament mit dem Rat die Gesetzgebungsgewalt teilt und die Politische Zusammenarbeit in das institutionelle Gemeinschaftssystem integriert wird. Beide Ziele wurden mit der Einheitlichen Akte nicht hinreichend erfüllt. Hier werden in absehbarer Zeit weitere politische Vorstöße unternommen werden müssen, um die Gemeinschaft dem Ziel der Europäischen Union näher zu bringen.

Die Staats- und Regierungschefs der EG haben sich auf die Vorschläge des Vertragsentwurfs des Europäischen Parlaments nicht eingelassen. Sie wählten stattdessen einen anderen Weg und setzten eine Regierungskonferenz ein.

Hierbei orientierte man sich an einem historischen Vorbild: der Konferenz von Messina, die im Juni 1955 mit der Einberufung des ‚Spaak-Ausschusses' die Grundlagen zur Errichtung der Europäischen Wirtschaftsgemeinschaft schuf. Doch mußte man vor Illusionen warnen: Das, was wir Konferenz von Messina nennen, war sorgfältig vorbereitet und brauchte doch 14 Monate harter Arbeit, bis das Ergebnis auf dem Tisch lag. Messina, das waren manchmal zähe Verhandlungen, das war viel politischer Wille, guter Wille, und das war auch eine gehörige Portion Mut zum Risiko.

Die Voraussetzungen für das Gelingen einer solchen Konferenz waren 1985 gewiß nicht besser als damals. Die teilweise negativen Erfahrungen mit der EG hatten den Schwung der Anfangsjahre gebremst, drei Staaten äußerten grundsätzliche Bedenken gegen die Konferenz, die Ziele der Teilnehmerstaaten gingen weit auseinander. Trotz dieser Schwierigkeiten ging 1985/86 alles viel schneller als dreißig Jahre zuvor. Binnen weniger Wochen war die Hauptarbeit geleistet. – Das Ergebnis ist entsprechend: ein Minimalkompromiß, der mit dem großen Wurf der ersten Messina-Konferenz nicht zu vergleichen ist. Die Beschlüsse von Luxemburg sind nicht ausreichend. Die politischen Erwartungen und Zielsetzungen, die mit der Regierungskonferenz verbunden waren – eindeutigere Zuständigkeiten für die EG, mehr Kompetenzen für das Europäische Parlament und Abkehr vom Einstimmigkeitsprinzip im Rat, also Weiterentwicklung zu mehr Demokratie und Effektivität – sind nicht oder nur unvollkommen erreicht worden.

Zwar muß man anerkennen, daß der Rat in Zukunft bei wichtigen Fragen, insbesondere bei solchen, die sich mit der Vollendung des Binnenmarktes befassen, mit Mehrheit entscheiden kann, gleichzeitig ist es aber unabdingbar, daß der Rat – ebenso wie das Europäische Parlament – innerhalb einer bestimmten Frist entscheiden muß. Denn die Beibehaltung der oben schon beklagten Praxis, daß Vorlagen der Kommission jahrelang unerledigt liegen bleiben, ist nicht akzeptabel und uns europäischen Bürgern nicht zumutbar. Die Regelungen der Einheitlichen Akte sind in diesem Punkt unbefriedigend, denn dem Rat wurden für die Festlegung eines gemeinsamen Standpunktes zu den Vorschlägen der Kommission keinerlei zeitliche Fristen gesetzt. Damit besteht weiterhin die Gefahr, daß wichtige Entscheidungsvorlagen unerledigt in den Ratsschubladen verschwinden. Die Luxemburger Beschlüsse bestätigen trotz geringfügiger Verbesserungen den Trend zu einer Abkehr vom bisherigen Integrationsprinzip der EG. Mehr und mehr tritt internationale Kooperation an die Stelle supranationaler Integration. Damit wird der historisch einmalige Weg des europäischen Zusammenschlusses schrittweise verlassen.

Trotz dieser Bedenken bleibt kaum etwas übrig, als die schnelle Realisierung der Einheitlichen Akte zu wünschen. Denn sie ist – abgesehen von der Reform der EG-Finanzverfassung – der erste Versuch überhaupt, die Römischen Verträge weiterzuentwickeln und die EG an die politische und wirtschaftliche Entwicklung anzupassen.

Wie geht es weiter?

Die ‚Einheitliche Europäische Akte' ist nur ein kleiner Schritt, nicht das Ende der Bemühungen um eine Weiterentwicklung der Europäischen Gemeinschaft. Das große Ziel einer Europäischen Union bleibt unverändert bestehen. Bis dahin ist es ein weiter, ein anstrengender Weg. Niemand kann heute mit Sicherheit sagen, wohin er führen wird. Doch in einem Punkt besteht Klarheit: Europa wird nur dann eine Zukunft haben, wenn unsere Mitgliedstaaten bereit sind, in die Gemeinschaft zu investieren. Dabei geht es nicht nur um die Bereitstellung von Geld, von neuen Finanzmitteln, obwohl das auch dazu gehört, sondern auch um die Bereitschaft zu politischen, ja moralischen Investitionen. Wer Europa will, der muß auch verzichten, der muß auch zurückstecken können.

Dies alles wird viel Überzeugungsarbeit kosten. Hierbei sind vor allem auch die in der Gemeinschaft tätigen gesellschaftlichen Kräfte gefordert. Eine Europäische Union kann nur auf einer breiten Zustimmung und Unterstützung der Bürger Europas aufgebaut werden. Das Europäische Parlament hat am 16. Januar 1986 angekündigt, bis zum Jahresanfang 1988 eine Bilanz der Gesamtergebnisse im Rahmen der Anwendung der ‚Einheitlichen Europäischen Akte' zu erstellen, um rechtzeitig Reformvorschläge ausarbeiten zu können, die den Bürgern anläßlich der dritten Europa-Wahlen von 1989 vorgestellt werden sollen. Damit ist die Marschroute für eine neue europäische Reformkonjunktur vorgezeichnet. Bürger, nationale Parlamente, Parteien und nicht zuletzt die gesellschaftlichen Kräfte in Europa sind aufgefordert, das Europäische Parlament in seinem Kampf für eine echte Europäische Union zu unterstützen. Das Ringen um eine Europäische Union muß weitergehen.

Die Reformbilanz der Europäischen Gemeinschaft: ‚Bundesrepublik Europa' als Perspektive?

WERNER WEIDENFELD

1. Die politische Motivation nach Ende des Zweiten Weltkrieges

Die Geschichte der Einigung Europas ist von mehreren Konstanten geprägt, die in den kommenden Jahrzehnten ihre Bedeutung nicht verlieren werden, auch wenn sich die inhaltliche Substanz der einzelnen Faktoren wandelt. Zwar existieren in Westeuropa bedeutsame politische Kräfte, für die ein Zusammenschluß Europas einen bedeutsamen Eigenwert darstellt, doch war europäische Integration immer auch eine Antwort auf internationale Herausforderungen; mit unterschiedlichen Akzenten hat die internationale Umwelt für den Prozeß der Einigung gewaltige Schubkräfte freigelegt. Es zeichnet sich ab, daß die künftige Entwicklung des internationalen Systems, da sie alle Mitgliedstaaten in ähnlicher Weise trifft, die Notwendigkeit weitergehender Integration unterstreichen wird. Ohne gemeinsame Interessen der Mitgliedstaaten würde die Gemeinschaft wohl bald wieder zerfallen.

Zu fragen ist, ob diese gemeinsamen Interessen zukünftig tragfähig bleiben. Die Gemeinschaft hat immer über einen gewissen Grundbestand gemeinsamer historischer Erfahrungen für die jeweilige Zukunftsbewältigung verfügt. Das ahistorische Handeln aus dem punktuellen Augenblick würde den Einigungsprozeß um wesentliche Elemente der Selbsterfahrung berauben. Zu fragen ist, welche historischen Erfahrungen im Gesamtüberblick heute in den Prozeß europäischer Einigung einzubringen sind.

Am Anfang der Organisation europäischer Einigung stand die Erfahrung nationalstaatlicher Ohnmacht. Die Idee des Nationalstaates war in Europa im Zweiten Weltkrieg tief erschüttert worden[1]. Dies war, zumindest teilweise, eine Reaktion auf die Verabsolutierung der Nation, in deren Namen Hitler Europa der deutschen Herrschaft zu unterwerfen versucht hatte. Darauf basierte nun ein lebendiges Mißtrauen gegen den Gedanken des isolierten Nationalstaates. Da sich die Nationalstaaten außerdem als unfähig erwiesen hatten, der deutschen Expansion rechtzeitig Einhalt zu gebieten, entstanden auch aus diesem Grunde Zweifel, ob sie fähig seien, nach dem Kriege eine neue, stabilere Ordnung zu schaffen.

Daneben dominierte in der gesamten westlichen Welt nach dem Zweiten

Weltkrieg der Wunsch nach Sicherheit. Die einzelnen Staaten hatten den Krieg nicht zu verhindern vermocht, und so hoffte man, daß ein geeintes Europa hierbei erfolgreicher sein würde. Es galt Sicherheit vor und für Deutschland[2], vor allem aber Schutz vor der Gefahr einer weiteren kommunistischen Expansion zu erreichen. Dieses Gefühl der Bedrohung durch den Kommunismus[3], dem man sich in den vergleichsweise kleinen Nationalstaaten der westeuropäischen Halbinsel allein relativ hilflos ausgeliefert fühlte, wurde zu einem zentralen Antrieb des Einigungsprozesses.

Damit verband sich die Erwartung wirtschaftlicher Prosperität und gemeinsamer Macht. Es war offenkundig, daß die westeuropäischen Nationalstaaten viel von ihrer früheren Macht verloren hatten. In den unmittelbaren Nachkriegsjahren spielte kein westeuropäisches Land, wenn man England in gewissem Rahmen einmal ausnimmt, in der Weltpolitik eine relevante Rolle. Man hoffte, daß die westeuropäischen Staaten durch ein geeintes Europa viel von der Macht, dem Einfluß und letztlich auch der Souveränität wiedererlangen könnten, die sie einzeln verloren hatten.

Die internationale Konstellation enthielt also ein erhebliches Druckpotential, das den Prozeß der Einigung forcierte:
- das Gefühl der Bedrohung durch den Kommunismus mit zunehmender Etablierung des Ostblocks;
- die amerikanische Unterstützung dieses Projekts der Einigung in der Erwartung weltpolitischer Entlastung und der Öffnung neuer, großer Märkte;
- der wechselseitige Wunsch der westeuropäischen Staaten, sich gegenseitig – auch mit den jeweiligen Wirtschaftspotentialen – zu binden, um neue gefährliche Alleingänge auszuschalten.

Bezeichnenderweise gerät in den folgenden Jahrzehnten der Integrationsprozeß in krisenhafte Phasen[4], wenn der Druck der internationalen Konstellation nachläßt, etwa indem sich das Gefühl der Bedrohung durch die Sowjetunion im Zuge der Entspannungspolitik reduziert; oder wenn die amerikanische Politik im Zuge der Enttäuschung über die ausbleibende weltpolitische Entlastung durch Europa ihre Forcierung des Integrationsprozesses deutlich zurückstellt; oder wenn der nationale Egoismus einzelner westeuropäischer Staaten zu wirtschafts- und handelspolitischen Alleingängen führt: Immer dann läßt sich eine deutliche Abschwächung der europäischen Schubkräfte feststellen. Der Prozeß der Integration steht also in einer sehr sensiblen Interdependenz mit den Entwicklungen der internationalen Umwelt.

Betrachtet man nun die Geschichte der politischen Organisation Europas nach dem Zweiten Weltkrieg, so bietet sich ein mindestens ebenso vielschichtiges Bild. Europarat, Europäische Gemeinschaft für Kohle und Stahl (EGKS), Europäische Politische Gemeinschaft (EPG), Europäische Verteidigungsgemeinschaft (EVG), Westeuropäische Union

(WEU), Europäische Atomgemeinschaft (Euratom) und Europäische Wirtschaftsgemeinschaft (EWG), Fouchet-Pläne, deutsch-französischer Freundschaftsvertrag – eine verwirrende Vielfalt der Ansätze, die es dem Beobachter nicht leicht machen, die Konstanten herauszudestillieren. Dennoch verweist der Rückblick auf die vergangenen Jahrzehnte vor allem auf zwei Komponenten, die mit aller Wahrscheinlichkeit den Einigungsprozeß auch in Zukunft prägen werden:

2. *Der pragmatische und der experimentierende Grundzug der europäischen Einigung*

Manche Theoretiker der Integration waren geneigt, die europäische Einigung als einen Automatismus anzusehen[5]. Die Geschichte hat sie gründlich widerlegt. Nach Jahrhunderten der Eigenstaatlichkeit vollzieht sich eine supranationale Einigung nicht durch einen einzigen, großen historischen Akt. Sie bedarf vielmehr zahlreicher Versuche, mannigfacher Ansätze und der Bündelung möglichst vieler Motive und Interessen. Eine schematische, starre Form der europäischen Organisation hätte die Unterstützung wohl bald erlahmen lassen. Zum Ärger mancher orthodoxer Europäer, sicher aber auch zum Nutzen weiterer Integrationsschritte hat sich der Einigungsprozeß sehr flexibel auf neue Konstellationen und neue Interessenlagen eingestellt.

Als beispielsweise die weltpolitische Mitverantwortung der Europäischen Gemeinschaft immer deutlicher wurde, verständigte man sich auf die sogenannte ‚Europäische Politische Zusammenarbeit‘ (EPZ), eine flexible Form außenpolitischer Kooperation, die außerhalb des in den Römischen Verträgen fixierten Gemeinschaftsverfahrens verläuft. Ein starres Festhalten an der Vorstellung, auch auf außenpolitischem Gebiet dürfe nur die herkömmliche Gemeinschaftsprozedur zum Tragen kommen, hätte eine solche Zusammenarbeit innerhalb der Gemeinschaft wohl unmöglich gemacht.

Als ein weiteres Beispiel mag die Einrichtung des ‚Europäischen Rates‘ gelten, der regelmäßigen Gipfelkonferenz der Staats- und Regierungschefs, die man schuf, als man bemerkte, daß die Gemeinschaft dringend eines neuen politischen Zentrums bedurfte, in dem die wesentlichen Machtpotentiale gebündelt werden konnten.

Als deutlich wurde, daß die europäischen Staaten ihre Sicherheitspolitik verstärkt abstimmen mußten, verlor man sich nicht in einen langwierigen Kampf um eventuelle Kompetenzerweiterungen der Europäischen Gemeinschaft, sondern gründete die sogenannte ‚Euro-Group‘, einen Zusammenschluß des europäischen Teils der NATO. Die institutionelle Vielfalt bot so einen flexiblen Ausweg.

Mit der pragmatischen Methode korrespondiert der experimentierende Aspekt. Der Gedanke der europäischen Einigung war nie nur mit einem einzigen Modell oder nur einem einzigen Konzept gekoppelt. Dies hätte auch die Gefahr provoziert, daß mit dem Scheitern eines einzelnen Ansatzes die gesamte Idee hätte Schaden leiden müssen. Ohne eine solche starre Fixierung auf ein geschlossenes Modell konnte der Einigungsprozeß je nach gegebener Situation an völlig unterschiedlichen Materien der Politik ansetzen und von dort aus neue Fortschritte erwarten. So kam beispielsweise nach dem Scheitern der sicherheitspolitischen Bemühungen im Rahmen der Europäischen Verteidigungsgemeinschaft[6] der Versuch der wirtschaftlichen Integration mit den Römischen Verträgen; nach dem Scheitern der Fouchet-Verhandlungen kam der Versuch einer politischen Kerngemeinschaft über den deutsch-französischen Vertrag[7]; nach dem Zusammenbruch des Stufenplanes einer Wirtschafts- und Währungsunion gelang schließlich die Einigung auf ein gemeinsames Währungssystem. Diese wenigen Beispiele zeigen bereits, wie weitgehend die Europapolitik von einem tastenden, versuchsweisen Vorgehen gekennzeichnet ist. Insofern verkennt die häufig vertretene These, das Scheitern der Europäischen Verteidigungsgemeinschaft habe im Grunde das Ende einer schöpferischen und offensiven Europapolitik angezeigt, die geradezu fundamentale Bedeutung jenes experimentierenden Grundzuges. Besonders deutlich wird dieser Eindruck dann, wenn man die wichtigsten Stationen der Integration einzelnen Modellen und Strategien zuordnet:

Als nach dem Zweiten Weltkrieg zahlreiche Persönlichkeiten und gesellschaftliche Vereinigungen zur Einigung Europas aufriefen, da hatten sie zweifellos sehr weitgehende Pläne[8]. Supranationale, parlamentarisch kontrollierte Institutionen sollten geschaffen werden. Dennoch einigte man sich zunächst nur auf einen ersten, relativ bescheidenen Schritt. Man wollte ein Forum des Meinungsaustausches, eine Tribüne europäischer Meinung bilden[9]. Der im Jahre 1949 gegründete ‚Europarat' ist insofern unter den denkbaren Integrationstypen am besten als Kommunikationsmodell zu klassifizieren.

Nach Gründung des Europarates setzte man nun nicht einfach diese Kommunikationsstrategie fort, sondern verlagerte mit der Gründung der Europäischen Gemeinschaft für Kohle und Stahl (EGKS)[10] und der Unterzeichnung des EVG-Vertrages im Jahre 1952 den Schwerpunkt auf einen anderen Integrationstyp: das funktionalistische Modell. Damit ist der Gedanke gemeint, zunächst für einen einzelnen Sektor bzw. für einzelne Funktionen die Integration zu realisieren. Der Funktionalismus geht davon aus, daß sich dadurch ein gewisser sachlogischer Druck zur Übertragung immer weiterer Funktionen ergibt, bis sich schließlich eine umfassende Union erreichen läßt[11].

Als Antwort auf das Gelingen einer Teilintegration, in diesem Falle der EGKS und der angestrebten EVG, erfolgte das Bemühen um eine allgemeine politische Ergänzung: das konstitutionelle Modell. Am 10.9.1952 beschlossen die sechs Außenminister bei ihrem ersten Treffen als Rat der Europäischen Gemeinschaft für Kohle und Stahl, die erweiterte Versammlung der EGKS solle als ‚Ad-hoc-Versammlung' die Verfassung einer ‚Europäischen Politischen Gemeinschaft' ausarbeiten. Der am 10.3.1953 dem Rat vorgelegte Verfassungsentwurf[12] sah in seinen 117 Artikeln ein dichtes Geflecht institutioneller Regeln mit starken supranationalen Akzenten vor; neben einem Parlament mit zwei Kammern (Senat, Völkerkammer) sollten ein Exekutivrat, ein Rat der nationalen Minister, ein Gerichtshof und ein Wirtschafts- und Sozialrat eingerichtet werden. Das EPG-Projekt sollte mit seinem ausgeprägt konstitutionellen Fundament einerseits Europäische Gemeinschaft für Kohle und Stahl und Europäische Verteidigungsgemeinschaft verknüpfen, andererseits auch in anderen Bereichen (Außen- und Wirtschaftspolitik) tätig werden. Mit dem Scheitern der Europäischen Verteidigungsgemeinschaft in der französischen Nationalversammlung[13] entfiel auch für diesen europäischen Verfassungsentwurf die Geschäftsgrundlage. Danach erfolgte ein Rückgriff auf das in Ansätzen bewährte funktionalistische Modell, wenn auch mit stark föderalistischen Begleitüberlegungen. Die Einrichtung von EWG und Euratom setzte die Grundlinie sektoraler Integration fort.

Nachdem die Römischen Verträge vom 25. März 1957 recht zügig umgesetzt zu werden versprachen, erfolgte – fast parallel zur Entwicklung in der ersten Hälfte der fünfziger Jahre – der erneute Versuch, einen allgemeinen politischen Rahmen zu schaffen. Die Fouchet-Verhandlungen, die auf Grund eines Beschlusses der Bonner Gipfelkonferenz vom 18. Juli 1961 aufgenommen wurden, folgten nun allerdings nicht dem früheren supranationalen, konstitutionellen Konzept, sondern wandten sich einem neuen Modell zu: dem intergouvernementalen Konzept. Die Fouchet-Pläne sahen ein Verfahren der lockeren politischen Abstimmung der EG-Mitgliedstaaten vor, das eher herkömmlichen internationalen Prozeduren entsprach. Als man sich 1962 nicht über eine solche Perspektive und ebenso auch nicht über den möglichen Beitritt Großbritanniens zur EG einigen konnte, waren damit auch die Fouchet-Verhandlungen gescheitert.

Der nächste Schritt, der deutsch-französische Freundschaftsvertrag des Jahres 1963, wurde von Adenauer und de Gaulle in der Absicht vollzogen, eine dichte politische Zusammenarbeit zu schaffen, der sich auf Dauer die übrigen EG-Mitgliedstaaten nicht würden entziehen können. Der Freundschaftsvertrag sollte also auch ein Umweg zur politischen Gemeinschaft Europas sein. Hier schlug sich das Konzept eines regionalen Kerneuropa nieder, das eigentlich zu allen Zeiten der europäischen Einigung – wenn auch mit sehr unterschiedlichen Varianten – diskutiert wurde.

Die Krisen und die Stagnation der EG in den sechziger Jahren führten zu dem Rückgriff auf gewisse Vorstellungen eines intergouvernementalen

Konzerts: Man schuf die sogenannte Europäische Politische Zusammenarbeit (EPZ)[14], den Verbund der EG-Mitgliedstaaten, insbesondere für Fragen der Außenpolitik. Die Unsicherheiten in der Zielperspektive ließen die Europäische Gemeinschaft nicht nur neue institutionelle Akzente setzen (Gipfelkonferenzen, EPZ, Europäischer Rat), sondern mit der Vereinbarung, eine ‚Europäische Union' anzustreben, formulierte man einen allgemeinen Rahmen, dessen inhaltliche Auffüllung dann vom Tindemans-Bericht (29. Dezember 1975)[15] vorgenommen werden sollte. Tindemans nahm nun nicht Zuflucht bei einer der orthodoxen Strategien oder einem der eingeführten Modelle, sondern formulierte mit starker Betonung der inhaltlichen Fragen der europäischen Politik einen eigenen Zugang, den man wohl in präziser Form mit dem Stichwort des pragmatischen Minimalismus kennzeichnet.

Zunächst mag diese Inventarisierung der europapolitischen Modelle verwirrend wirken. Aber bei eingehender Analyse wird deutlich, daß die Entwicklung zwischen zwei konzeptionellen Polen pendelt: zwischen der Idee einer neuen supranationalen Einheit und der Idee eines lockeren, eher traditionell orientierten intergouvernementalen Konzerts der Staaten.

3. Von den Reformberichten der 70er und 80er Jahre bis zur ‚Einheitlichen Europäischen Akte'

Nicht ohne Grund beginnt die intensivierte Reformdiskussion in der ersten Hälfte der 70er Jahre. Zu diesem Zeitpunkt sind die zentralen Aufträge der Römischen Verträge (Einrichtung gemeinsamer Institutionen, Vergemeinschaftung zentraler politischer Bereiche wie Landwirtschaft, friedliche Nutzung der Atomenergie, Gemeinsamer Markt, Freizügigkeit) erfüllt. Die Gemeinschaft stößt an die Grenzen der Logik der Römischen Verträge. Die Dynamik der Gründergeneration scheint verbraucht. Eine erste Epoche der Integration ist offenbar abgeschlossen; es stellt sich die Frage, welcher Idee und welchen Zielen die zweite Epoche folgen soll. Der Status quo der Integration verlangt am Anfang der 70er Jahre dringend nach der Ergänzung durch weitere Maßnahmen:

- Die institutionelle Stagnation läßt nach der Reform einzelner Organe und nach der Einrichtung neuer Institutionen rufen.
- Der Gemeinsame Markt bedarf der Ergänzung durch eine gemeinsame Wirtschafts- und Währungspolitik.
- Die ökonomischen Disparitäten innerhalb der EG zwingen zu einer gemeinsamen Regional- und Sozialpolitik.
- Die Umstellung der EG-Finanzierung auf Eigenmittel fordert die Kompetenzerweiterung des Europäischen Parlaments, insbesondere in der Haushaltspolitik.
- Der gemeinsame Außenhandel und das große ökonomische Gewicht der EG verlangen nach einer gemeinsamen Außenpolitik.

Dies alles führt dazu, daß die Europäische Gemeinschaft am Anfang der 70er Jahre beginnt, ihr Reflektieren über ihre eigene Reform konzentrierter und intensiver durchzuführen. Sie gibt Berichte in Auftrag, deren Ergebnisse als Entscheidungshilfen dienen sollen. Am Ende wird es dann ein Jahrzehnt der Reformberichte. U.a. werden erstellt: der Vedel-Bericht (1972)[16], der Tindemans-Bericht (1975)[17], der Spierenburg-Bericht (1979)[18], der Bericht der Drei Weisen (1979)[19], der Mandatsbericht der Kommission (1981)[20], das Französische Memorandum (1981)[21], die Feierliche Deklaration zur Europäischen Union (1983)[22] und nicht zu vergessen die zahlreichen Reformberichte des Europäischen Parlaments[23].

Ihrer Intention nach sind alle Berichte auf eine Steigerung von Effizienz und Transparenz des EG-Entscheidungsprozesses gerichtet. Ihrem politischen Ergebnis nach liegt ihre Bedeutung eher in der Steigerung der Transparenz von Problemen und Diskussionen, als etwa in einer durch sie gewachsenen politischen Handlungsfähigkeit der EG. Am deutlichsten auf diese durch öffentliche Resonanz zu steigernde Durchschaubarkeit der Integrationsprozesse angelegt waren der Tindemans-Bericht und die Feierliche Deklaration.

Aus der Analyse der Reformberichte lassen sich einige Folgerungen ziehen, die bei der Fortsetzung der Bemühungen um die Errichtung einer politischen Union in den 80er Jahren eigentlich größerer Beachtung bedurft hätten und weiterhin einkalkuliert werden sollten:

Die Berichte sind jeweils Reaktionen auf großen politischen Problem- und Reformdruck. Die Anlässe für ihre Erstellung ergaben sich aus Anpassungsnotwendigkeiten der Europäischen Gemeinschaft an jeweils neue politische Gegebenheiten. Die Berichte folgen unterschiedlichen methodischen Ansätzen in der Erarbeitung der Texte. Sie reichen von der Form wissenschaftlicher Gutachten (Vedel-Bericht) über den Versuch der Integration relevanter politischer Strömungen (Tindemans-Bericht) bis hin zu bilateralen diplomatisch-politischen Initiativen (Genscher-Colombo-Plan zur Feierlichen Deklaration).

Eine Reihe von Einzelforderungen aus den Berichten wurde inzwischen erfüllt, wobei allerdings der Anteil der Berichte selbst an dieser Realisierung im einzelnen nur schwer belegbar ist. Zu diesen inzwischen erfüllten Forderungen zählen z.B. die Verbesserung des Informationsflusses zwischen Ministerrat und Europäischem Parlament, die Direktwahl des Parlaments, einige Reformschritte im Agrarbereich, die Aufstockung der Finanzmittel, verwaltungstechnische Vereinfachungen, eine stärkere Effizienz der Arbeit im Ausschuß der Ständigen Vertreter, die Jahresberichte der EPZ und die Berichterstattung des Europäischen Rates im Europäischen Parlament sowie ein verstärktes Engagement der EG in der Entwicklungspolitik.

Im Laufe der Reformdiskussion findet eine thematische Schwerpunktverlagerung statt. Die Reformdiskussion beginnt zunächst mit institutionellen Fragestellungen. Sie wendet sich dann Mitte der 70er Jahre verstärkt der gesellschaftspolitischen Ausgestaltung der Europäischen Gemeinschaft und der Schärfung europäischen Bürgerbewußtseins zu. Ende der 70er und Anfang der 80er Jahre kehrt die Diskussion dann wieder zu vornehmlich institutionellen Fragestellungen zurück. Diese institutionelle Debatte hat aber zu keinem Zeitpunkt eine grundlegende Reform der Entscheidungsprozesse berücksichtigt, sieht man von zaghaften Andeutungen im Vedel-Bericht ab.

Wer erwartet, in den Reformberichten die jeweils dringlichsten Aufgabenstellungen als Kernthema zu sehen, der sieht sich enttäuscht. Zentrale Konfliktmaterien werden weitgehend ausgeklammert: die grundlegende Reform des institutionellen Gefüges insgesamt, die umfassende Reform des Agrarmarktes, die Konturen einer effizienten europäischen Sicherheitspolitik, die Steigerung der außenpolitischen Handlungsfähigkeit der EG über eine differenziertere Beschreibung der bestehenden Praxis hinaus.

In dem Jahrzehnt der Reformberichte sind mehrere Trends zu beobachten: hin zu einer Dominanz des pragmatischen Aspekts, hin zu einer europapolitischen Ernüchterung, weg von den weit ausholenden Zielsetzungen, hin zur Absicherung der bestehenden politischen Praxis, hin zur Betonung des intergouvernementalen Aspekts, hin zu vagen Formulierungen (so ist z.B. die Präzision des Vedel-Berichts von keinem späteren Bericht wieder erreicht worden).

Die Reformberichte haben in erster Linie die Diskussion von interessierten Teilöffentlichkeiten kanalisiert; sie waren also vornehmlich Kommunikationsinstrumente. Der eigentliche Wert der Reformberichte liegt in dieser langfristigen Komponente der Strukturierung europapolitischer Kommunikationsprozesse. Insofern müssen vor allem die langfristigen Wirkungen der Berichte beachtet werden. Die Reformberichte haben zugleich den politischen Problemdruck kurzzeitig reduziert, indem sie das Aufgreifen von Forderungen signalisiert haben, ohne daß die EG zu konkreten Entscheidungen und zu konkreten Handlungen gezwungen worden wäre; die Berichte sind jeweils die ersten – und politisch ungefährlichsten – Reaktionen des politischen Systems EG auf entsprechenden Problemdruck. Der Auftrag zu den Reformberichten ist zweifellos eine Variante des Krisenmanagements, ohne daß die Krise substantiell gemeistert wird. Die Reformberichte verschaffen den Verantwortlichen Zeitgewinn – und sei es um den Preis der langfristigen Verschärfung der Krise. Ein Überblick über die Geschichte der Reformberichte zeigt, daß sie letztlich nicht aus der Zwickmühle herauskommen, entweder ein idealtypischer Text mit wissenschaftlicher Präzision aber relativ geringer politischer Realisierbarkeit zu sein, oder aber ein politischer Konsensbericht,

der sich weitgehend auf unscharfe Formulierungen zurückzieht. Zudem verfolgen sie unterschiedliche Leitbilder und unterschiedliche Reformstrategien kurz-, mittel- und langfristiger Art. Sie signalisieren damit, daß offenbar die europäische Heterogenität nur schwer noch konstruktiv zu bündeln und in einen gemeinsamen Zukunftsentwurf umzusetzen ist.
Der Entscheidungsdruck, der durch das krisenhafte Erscheinungsbild der EG und durch die Konsequenzen fordernden Reformberichte der 70er und 80er Jahre vor allem auf dem Europäischen Rat lag, konnte allein durch die Feierliche Deklaration von Stuttgart nicht gemildert werden. Auf seinem Gipfel in Fontainebleau im Juni 1984[24] einigte sich der Europäische Rat folgerichtig nicht nur auf ein Finanzpaket im Sinne eines aktuellen Krisenmanagements, er installierte auch zwei Reform-Kommissionen: den ‚Ad-hoc-Ausschuß für ein Europa der Bürger' (Adonnino-Komitee)[25] und den ‚Ad-hoc-Ausschuß für institutionelle Fragen' (Dooge-Komitee)[26]. Beide Ausschüsse legten beim Mailänder Gipfel der Staats- und Regierungschefs im Juni 1985 ihre Abschlußberichte vor. Hinzu kamen eine ganze Reihe von Reformpapieren aus der Feder einzelner Mitgliedsregierungen[27].

Auf dieser Grundlage stellte der Mailänder Gipfel dann die Weichen[28] zugunsten einer Regierungskonferenz zur Änderung und Ergänzung der Römischen Verträge. Die Regierungskonferenz, an deren Vorbereitung und Durchführung alle zwölf Staaten mitwirkten, erarbeitete die ‚Einheitliche Europäische Akte'[29], die vom Luxemburger Gipfel (2./3.12.1985) verabschiedet wurde, und deren Einzelformulierungen die dazu ermächtigten Vertreter der Mitgliedsregierungen in den Wochen danach endgültig fixierten. Sieht man von einer Fülle eher ornamentaler Glättungen ab, so sind drei Punkte dieser Übereinkunft von langfristiger und struktureller Bedeutung:

- Die Regierungskonferenz und der Luxemburger Gipfel haben nicht den Weg der Schaffung neuer Organisationsformen fortgesetzt. Sie haben vielmehr den Versuch einer Bündelung der bestehenden Organisationsvielfalt unter einem rechtlichen Dach betrieben. Die ‚Einheitliche Europäische Akte' führt die EPZ mit der EG zusammen.
- Die Regierungskonferenz und der Luxemburger Gipfel haben für den Bereich des Binnenmarktes ein neues Beschlußverfahren in Korrigierung der Römischen Verträge fixiert. Dieses neue Verfahren sieht qualifizierte Mehrheitsentscheidungen im Ministerrat – statt der bisherigen Einstimmigkeit – vor, stärkt die Stellung des Parlaments, formuliert jedoch zugleich eine Fülle von Ausnahmen, bei denen die Einstimmigkeitsregel bestehen bleibt. Die Luxemburger Vereinbarung vom 27. Januar 1966[30], auf die sich die Praxis der Einstimmigkeit im Ministerrat bezieht, wurde nicht berührt. Von einer tiefgreifenden Korrektur des EG-Entscheidungsverfahrens kann also keine Rede

sein. Es bleibt außerdem abzuwarten, ob der Verpflichtung, den Binnenmarkt bis 1992 vollenden zu wollen, eine höhere Bedeutung beikommt als bisherigen Fristen, die sich die Europäische Gemeinschaft selbst gesetzt – und nur selten eingehalten hat.

- Die ‚Einheitliche Europäische Akte' gießt das bisherige politische Verfahren der EPZ – ergänzt durch die Schaffung eines Sekretariats – in eine rechtliche Form. Eine lockere politische Übereinkunft, mit der Anfang der 70er Jahre eines der letzten Tabus nationaler Souveränität übersprungen worden war, ist so zu einem festen Rechtsgebäude mit entsprechender Bindewirkung geworden. Möglicherweise liegt hier eine erfolgversprechende Strategie auch für andere Felder der Integration: Man beginnt zunächst mit einer lockeren, jederzeit widerrufbaren Kooperation, die dann allmählich an Dichte gewinnt und schließlich in eine rechtlich abgesicherte Verpflichtung übergeht.

Alles in allem gesehen bleibt dennoch der Eindruck, daß am Ende einer jahrelangen ‚Reformschlacht', nach vielversprechenden Ankündigungen und großer europapolitischer Rhetorik, nach unzähligen Nachtsitzungen ebenso unzähliger Gremien nur ein Minimalkompromiß herauskam. Europa mußte sich einmal mehr mit einem kleinen Schritt in Richtung einer Politischen Union begnügen. Die Reformkraft der zwölf EG-Regierungen dürfte unterdessen zumindest auf mittlere Sicht ausgezehrt sein.

4. Die Perspektive einer Europäischen Verfassung: Die ‚Bundesrepublik Europa'

Eine alte Idee erlebt zur Zeit ihre Neuauflage. Es handelt sich um die Idee, Europa eine Verfassung zu geben. Dieser Gedanke ist im Grunde so alt wie das Konzept der Einigung Europas selbst. Viele Kapitel der Geistesgeschichte variieren den Verfassungsbedarf; der Bogen ist von Abbé de Saint Pierre[31] über Immanuel Kant[32] bis zu Johann Kaspar Bluntschli[33] zu schlagen. Auch die Widerstandsbewegungen gegen Hitler[34] reflektierten diesen Gedanken. Im Jahre 1953 präsentierte die Erweiterte Parlamentarische Versammlung der Europäischen Gemeinschaft für Kohle und Stahl einen kompletten Verfassungsentwurf[35]. Dieser Entwurf ist bis zum heutigen Tag bloß Papier geblieben: Mit dem Scheitern der Europäischen Verteidigungsgemeinschaft in der französischen Nationalversammlung entfiel seine Geschäftsgrundlage. Die europäische Verfassungsdebatte ebbte ab.

Erst 1983 – im Vorfeld der 2. Europawahlen – wurde dieses Thema wieder aufgenommen; diesmal vom Europäischen Parlament. Am 14. Februar 1984 verabschiedete es schließlich den Entwurf eines Vertrages zur Gründung einer Europäischen Union[36].

Der Vertragsentwurf enthält Regelungen zum Entscheidungsprozeß, die zweifellos die Handlungsfähigkeit, Effizienz und Transparenz der Europäischen Integration wesentlich erhöhen würden. Durch die starke Kompetenzausweitung des Europäischen Parlaments könnten zudem die Legitimationsgrundlagen der Europapolitik ausgebaut werden. In umfassender Form greifen würden diese Reformvorschläge jedoch erst nach Abschaffung des nationalen Veto-Rechts, zehn Jahre nach Inkrafttreten des Vertrages.

Der Vertragsentwurf enthält zu den politischen Materien der Europäischen Union eine Fülle von Regelungen, die vor Ratifizierung im einzelnen sorgfältig auf ihren Sinn und ihre Konsequenzen geprüft werden sollten. Der Verfassungsvorstoß des Europäischen Parlaments muß in die breiter geführte Reformdiskussion eingeordnet werden. Er hat bisher bereits neue Anstöße für die Beratungen zwischen den Regierungen und im Europäischen Rat gegeben, wie vor allem die Gipfel von Fontainebleau und Mailand gezeigt haben. Es mag sein, daß das Europäische Parlament bei seinem Vorstoß lediglich diese Impulsgebung beabsichtigt hat. Es ist auch anzunehmen, daß das Europäische Parlament in absehbarer Zukunft einen gestrafften und komprimierten neuen Vertragsentwurf vorlegen wird. Im Blick auf beide Adressaten erscheint es wichtig, möglichst präzise Stärken und Schwächen des vorliegenden Entwurfs zu benennen.

Gerade dieser Vertragsentwurf dokumentiert, daß die Geschichte der Bemühungen um eine politische Union nicht unter einem Defizit an Ideen leidet; sie leidet vielmehr an einem Realisierungsdefizit. Vor diesem Hintergrund fällt es seit geraumer Zeit relativ schwer, eine gewisse integrationspolitische Originalität zu vermitteln. In der jahrzehntelangen Reformdiskussion der EG ist das Terrain intellektuell einigermaßen abgegriffen. Das inflatorische Ansteigen der Zahl der Reformberichte signalisiert eher Handlungsunsicherheiten; im Rückblick erscheint dies alles als eine ‚Geschichte verpaßter Chancen‘, die ein realistisches Raster auch für künftige Spielräume vermittelt.

Jede Überlegung zu einem neuen europapolitischen Aufbruch – wann immer er auch kommen möge – muß fünf Prämissen berücksichtigen:

– Man muß das europapolitische Kalkül an den wirklich vorhandenen Machtpotentialen festmachen[37]. Das europäische Pathos löst sich schnell auf, wenn das machtpolitische Deklinieren begonnen hat. Damit sind als Träger der Reform jene Regierungen bzw. Regierungschefs ausgemacht, die mit der europäischen Integration mehr verbinden als ökonomische Gesichtspunkte und mehr verbinden als eine eher technische Einrichtung.
– Die gegenwärtigen politischen Konstellationen legen ein konzertiertes deutsch-französisches Vorgehen nahe. Ein solcher geschlossener Führungsimpuls würde manchen Vorschlag, der heute unter den zwölf

Mitgliedstaaten der Europäischen Gemeinschaft keinesfalls durchsetzbar erschiene, dann als realisierbar darstellen lassen. Die europapolitischen Erfahrungen zeigen, daß potente Führung entsprechende Sogwirkung auf ursprünglich Abseitsstehende ausübt.

– Die Wahrung des heute gegebenen integrationspolitischen Bestandes darf nicht gefährdet werden. Die Erhebung des Gedankens der abgestuften Integration zum Handlungsprinzip innerhalb des Kernbereiches der Römischen Verträge würde sich auf kurz oder lang zum Sprengsatz der Gemeinschaft entwickeln. Von der Abstufung würde eine immense negative Sogwirkung ausgehen. Dieses harte Urteil gilt jedoch nicht für Abstufungen in peripheren Sektoren oder bei Vertragsänderungen[38].
– Die Geschichte der Europäischen Integration ist – wie oben gezeigt – gekennzeichnet von der Tradition einer flexiblen Organisationsvielfalt. Man hat nicht eine einmal bestehende Organisation permanent korrigiert, sondern man hat weitere Institutionen mehr oder weniger dicht daneben gestellt.
– Jeder neue Ansatz der Europapolitik muß die heute bestehenden strukturellen Defekte der Europäischen Gemeinschaft zu vermeiden suchen. Dies betrifft insbesondere die drei Mängelanzeigen, die die Handlungsfähigkeit der Gemeinschaft erheblich beeinträchtigen: Es fehlt ihr an einem effizienten politischen Führungsinstrument. Es fehlt ihr an einem angemessenen parlamentarischen Unterfutter, das bei markanten Eingriffen – etwa in den Arbeitsmarkt – die sofort auftauchenden Legitimationszweifel der Europapolitik beseitigen könnte. Und es fehlt ihr an einer unmittelbar begreifbaren Symbolik, die die Loyalität seitens der Bürger fördern könnte und ohne die kein kompliziertes politisches System auf Dauer existenzfähig ist.

Die Summe aus diesen Prämissen führt zu einer logischen Konsequenz für einen möglichen weiteren Reformschritt in der Europapolitik: eine deutsch-französische Initiative zur Gründung der Europäischen Union in Ergänzung zu den bestehenden europäischen Organisationen, wobei die übrigen EG-Mitglieder zu dieser Europäischen Union eingeladen werden sollten. Realistischerweise ist allerdings davon auszugehen, daß die Europäische Union deutlich weniger als zwölf Mitglieder umfaßt, zumindest aber die beiden Staaten Frankreich und die Bundesrepublik Deutschland.

Erfolgversprechend kann ein solcher Plan jedoch nur sein, wenn er sich nicht an ein Sammelsurium augenblicklich populärer Detail-Aufgaben bindet, sondern wenn er sich auf einige wenige, einfache, unmittelbar plausible Konstruktionselemente stützt und sich zugleich von all den lähmenden Einzelmaterien so weit wie möglich freihält. Nicht zuletzt im Blick auf die notwendige öffentliche Unterstützung kommt es darauf an, ein unmittelbares einsichtiges Konstruktionsprinzip für die Europäische Union zu wählen.

Dieses Konstruktionsprinzip hält die klassische Staatszwecklehre bereit: Der Staat soll den Frieden nach Innen und nach Außen sichern.

Da sich ja bisher souveräne Staaten zu einem neuen Staatengebilde einer Europäischen Union zusammenschließen würden, so wäre die Organisationsweise zwangsläufig föderalistischer Natur. Die Europäische Union – oder anders ausgedrückt: die Bundesrepublik Europa – würde also zunächst lediglich mit Aufgaben und Kompetenzen ausgestattet, die der Friedenssicherung nach Innen und Außen zuzuordnen sind.

Materiell würde die Europäische Union umfassen: die bisherigen Materien der EPZ; sicherheitspolitische Kompetenzen, wobei zu prüfen wäre[39], ob die sicherheitspolitische Ausstattung sich auf politisch-programmatische Fragen beschränkt oder auch organisatorische Elemente umfaßt – angefangen von den heute mit der WEU verfolgten Perspektiven, über sicherheitstechnologische Kooperation, die Schaffung einer Rüstungsagentur, die Einrichtung einer europäischen Gruppe vergleichbar der Nuklearen Planungsgruppe der NATO, bis hin zu einer engen Organisationsverzahnung mit der NATO, so wie es beispielsweise im EVG-Vertrag vorgesehen war. Im Blick auf die Friedenssicherung nach Innen würde die Europäische Union die Aufhebung der Binnengrenzen bedeuten, verbunden mit der Übertragung der dort bisher wahrgenommenen Aufgaben auf die Institutionen der Europäischen Union.

Die Europäische Union regelt den Erwerb und den Verlust der Europäischen Staatsbürgerschaft. Diese tritt als doppelte Staatsangehörigkeit neben die jeweilige nationale Staatsbürgerschaft. Mit einer solchen Staatsbürgerschaft sind bestimmte Rechte und Pflichten verbunden, z.B. das aktive und passive Wahlrecht, das Recht auf Zugang zu öffentlichen Bildungseinrichtungen, das Verbot der Diskriminierung, das Gebot des gleichen Zugangs zu jedem öffentlichen Amt.

Die Entscheidungsprozeduren müßten all jene Defekte sorgfältig vermeiden, die zur beschränkten Effizienz der Europäischen Gemeinschaft heute beitragen (also die fehlende Führungsinstanz, der fehlende parlamentarische Unterbau, die fehlende europäische Symbolik). Die Erfahrung mit der EG-Kommission zeigt, daß auf Dauer eine Institution keine Führungskraft entwickeln kann, wenn sie aus dem Gefüge der real vorhandenen Machtpotentiale abgesondert ist. Die Führungsinstanz der Europäischen Union muß daher die Versammlung der Staats- und Regierungschefs sein – also ein Gremium, das dem Europäischen Rat nachempfunden wird. Dieser ‚Europäische Rat‘ wählt mit qualifizierter Mehrheit den Europäischen Präsidenten. Damit würde ein zentraler Mangel der Europasymbolik – die fehlende Personalisierung – angegangen. Im

‚Europäischen Rat' übernimmt jedes Mitglied die Verantwortung für ein europäisches Ressort. Den administrativen Unterbau bildet ein Sekretariat. Der Europäische Präsident leitet die Sitzungen des Europäischen Rates, vertritt die Europäische Union nach Außen und akkreditiert die Botschafter aus Drittstaaten bei der Europäischen Union. Entscheidende europapolitische Fortschritte erscheinen nur möglich, wenn in dieser Form die eigentlichen politischen Machtträger – nämlich die Regierungschefs – in die europäische Verantwortung genommen werden, wenn sie damit ein eigenes, vitales Risiko in Sachen Europa übernehmen und wenn dies unmittelbar begreifbar – nämlich in symbolischer Form der Personalisierung – übersetzt wird.

Zur konkreten Organisation der Entscheidungsprozeduren erscheint es sinnvoll, historische Analogien heranzuziehen, z.B. die Bildung des Norddeutschen Bundes 1867 oder die Schaffung des Deutschen Reiches 1871. Das institutionelle Grundproblem lautet ja, wie sich souveräne Staaten zu einem neuen Staat zusammenschließen können, ohne befürchten zu müssen, von diesem neuen Staat gänzlich aufgesaugt zu werden. Es muß also sichergestellt sein, daß die Gründungsstaaten nicht über den ursprünglichen Rahmen hinaus ihrer Souveränitätsrechte verlustig gehen. Die Analogie zwischen Reichsverfassung von 1871 und der Staatsverfassung einer Europäischen Union/Bundesrepublik Europa liegt – bei aller Unterschiedlichkeit der politischen Umstände – auf der Hand: Souveräne Staaten schließen sich per Vertrag zu einem Bund zusammen. Die Gesetzgebung vollzieht sich in einem Zwei-Kammer-System: dem Europäischen Parlament, bestehend aus jenen direkt-gewählten Abgeordneten des bereits bisher schon bestehenden direkt-gewählten Europäischen Parlaments, deren Herkunftsstaaten Mitglied der Europäischen Union sind; dem Bundesrat, zusammengesetzt aus Vertretern der Mitgliedstaaten, entweder der Regierungen oder der nationalen Parlamente. Verfassungsänderungen sind nur möglich, wenn alle betroffenen Mitgliedstaaten zustimmen. Die Verfassung verzichtet – so wie dies 1871 der Fall war – auf alle doktrinären Erörterungen von Souveränität und Staatsgewalt und beschränkt sich auf organisatorische Bestimmungen. Alle Aufgaben und Kompetenzen, die nicht ausdrücklich in der Verfassung anders geregelt werden, verbleiben bei den Mitgliedstaaten. Zu den Aufgaben des Bundes gehören nur einige ganz wenige Themen, bei denen von vornherein klar ist, daß der einzelne Staat damit längst überfordert ist.

Kurz zusammengefaßt: Die Logik der bisherigen Integrationsorganisation läßt sich nicht beliebig verlängern. Es erscheint sinnvoll – ganz in der Tradition der Europapolitik – einen ergänzenden Vertrag zu schließen, der die Aufgaben und Reformnotwendigkeiten der Europäischen Gemeinschaft nicht tangiert. Dieser neue Vertrag muß einer einfachen, stringenten Idee entspringen und zugleich einer einfachen Systematik folgen. Zweitrangig erscheint, wieviele Mitglieder diese neue Organisation, die Republik Europa, zählt. Die Zuordnung zu den bestehenden europäischen Institutionen wäre so zu regeln, wie dies bei jeder Neubegründung bisher geschehen ist: Wo immer möglich, sollten die Organe fusionieren, wo immer möglich, sollten zumindest Teil-Identitäten hergestellt werden – was sich z.B. beim Europäischen Parlament und beim Europäischen Rat anbietet. So könnten aufwendige Neu-Organisationen vermieden werden.

Bei allem begründeten Skeptizismus zur Europäischen Integration, bei aller zermürbenden Krisenreflexion der zurückliegenden Jahre mag ein solcher Vorschlag zur Umsetzung der bisherigen Reformankündigungen andeuten, daß die Hoffnung auf europapolitische Originalität noch nicht total verblichen ist; ganz im Sinne jenes europapolitischen Merksatzes von Jean Monnet: „Solange man es nicht versucht hat, kann man nicht sagen, eine Sache sei unmöglich“[40].

Anmerkungen

1 Siehe dazu u.a. Walter Lipgens, Die Anfänge der Europäischen Einigungspolitik 1945–1950, Erster Teil: 1945–1947, Stuttgart 1977.

2 Vgl. Hans-Peter Schwarz, Vom Reich zur Bundesrepublik. Deutschland im Widerstreit der außenpolitischen Konzeptionen in den Jahren der Besatzungsherrschaft 1945–1949, Neuwied/Berlin 1966.

3 Siehe weiterführend Boris Meissner, Rußland, die Westmächte und Deutschland. Die sowjetische Deutschlandpolitik 1943–1953, Hamburg 1953.

4 Siehe dazu Gerda Zellentin, Krisen der europäischen Integration. Ursachen und Wirkungen, in: Integration, Bonn 1970, Nr.1, S. 20–37; Dirk Läufer, Krisen in den Europäischen und Atlantischen Organisationen, Berlin 1974.

5 Als Überblick s. Rudolf Hrbek, Integrationstheorien als Erklärungshilfe und politische Handlungsanleitung, in: Der Bürger im Staat, Stuttgart 1972, Nr. 4, S. 194–198; Leon Lindberg u. Stuart Scheingold (Hrsg.), Regional Integration. Theory and Research, Cambridge, Mass. 1971; Ernst Haas, Turbulent fields and the theory of regional integration, in: International Organization, Boston 1976, S. 173–212.

6 Siehe dazu Arnulf Baring, Außenpolitik in Adenauers Kanzlerdemokratie. Bonns Beitrag zur Europäischen Verteidigungsgemeinschaft, München/Wien 1969; Paul Noack, Das Scheitern der Europäischen Verteidigungsgemeinschaft, Düsseldorf 1977.

7 Sehr aufschlußreich dazu Thomas Jansen, Die Entstehung des deutsch-französischen Vertrages vom 22. Januar 1963, in: Konrad Adenauer und seine Zeit, Bd. 2, Stuttgart 1976, S. 249–271 und ganz aktuell Thomas Jansen, Europa: Von der Gemeinschaft zur Union, Bonn 1986.

8 Siehe ausführlich Heinrich Schneider, Leitbilder der Europapolitik, Bonn 1977; Martin Saeter, Europa politisch. Alternativen, Modelle und Motive der Integrationspolitik, Berlin 1974; zur historischen Einordnung s. jetzt Heinrich Schneider, Rückblick für die Zukunft. Konzeptionelle Weichenstellung der europäischen Einigung, Bonn 1986.

9 Vgl. Schneider, Leitbilder a.a.O., S. 193ff.; siehe auch Walter Lipgens, Europäische Integration, in: Richard Löwenthal u. Hans-Peter Schwarz (Hrsg.), Die zweite Republik, Stuttgart 1974, S. 519–553.

10 Vgl. insbes. William Diebold, The Schuman Plan, New York 1959.

11 Siehe kritisch dazu Heinrich Schneider, Funktionalismus und europäische Friedensordnung, in: Integration, Bonn 1971, Nr. 1, S. 61ff.; siehe auch Hans-Peter Schwarz, Europa föderieren – aber wie? Eine Methodenkritik der europäischen Integration, in: Demokratisches System und politische Praxis der Bundesrepublik, Festschrift für Theodor Eschenburg, hrsg. v. Gerhard Lehmbruch u.a., München 1971, S. 377–443.
12 Gedruckt in: Europa. Dokumente zur Frage der europäischen Einigung, Bd. 2, Bonn 1962, S. 947–976.
13 Siehe dazu Baring, a.a.O. (Anm. 6), Noack, a.a.O. (Anm. 6).
14 Siehe dazu u.a. Reinhard Rummel u. Wolfgang Wessels (Hrsg.), Die Europäische Politische Zusammenarbeit. Leistungsvermögen und Struktur der EPZ, Bonn 1978.
15 Die Europäische Union, Bericht von Leo Tindemans an den Europäischen Rat, Bulletin der Europäischen Gemeinschaften, Beilage 1/76.
16 Bericht der ad-hoc Gruppe für die Prüfung der Frage einer Erweiterung der Befugnisse des Europäischen Parlaments, „Bericht-Vedel", Brüssel 1972.
17 A.a.O. (Anm.15).
18 Vorschläge für eine Reform der Kommission der EG und ihrer Dienststellen. Auf Verlangen der Kommission von fünf unabhängigen Persönlichkeiten unter Vorsitz von Dirk Spierenburg erstellt, Brüssel 1979.
19 Bericht über die Europäischen Organe. Dem europäischen Rat vom Dreier-Ausschuß unterbreitet (Oktober 1979), hrsg. vom Rat der EG, Brüssel 1980.
20 Bericht der EG-Kommission an den Rat in Durchführung des Mandats vom 30. Mai 1980, in: Bulletin der EG, Beilage 1/81.
21 Neue Europa-Initiative: Memorandum der französischen Regierung, in: Bulletin der EG, 11/1981, S. 104–113.
22 Feierliche Deklaration zur Europäischen Union, verabschiedet vom Europäischen Rat in Stuttgart am 19.6.1983, in: Werner Weidenfeld u. Wolfgang Wessels (Hrsg.), Jahrbuch der Europäischen Integration 1983, Bonn 1984, S. 417–424.
23 Bericht-Antoniozzi, Dok. EP 1-739/81;
Bericht-Baduel-Glorioso, Dok. EP 1-226/81;
Bericht-Blumenfeld, Dok. EP 1-685/81;
Bericht-Diligent, Dok. EP 1-206/81;
Bericht-Hänsch, Dok. EP 1-216/81;
Bericht-Elles, Dok. EP 1-335/81;
Bericht-Van Miert, Dok. EP 1-207/81.
24 Vgl. Heinz Stadlmann, Der Europäische Rat, in: Werner Weidenfeld u. Wolfgang Wessels (Hrsg.), Jahrbuch der Europäischen Integration 1984, Bonn 1985, S. 33–41.
25 Der Abschlußbericht des Adonnino-Komitees ist in zusammenfassenden Auszügen abgedruckt in: Werner Weidenfeld u. Wolfgang Wessels (Hrsg.), Jahrbuch der Europäischen Integration 1985, Bonn 1986.
26 Der Abschlußbericht des Dooge-Komitees ist abgedruckt als Dokument Nr. 12 in diesem Band.
27 Abgedruckt in: Europa-Archiv, Bonn 1985, Folge 16, S. D 444–D 449.
28 Siehe Otto Schmuck u. Wolfgang Wessels, Die Mailänder Tagung des Europäischen Rates – Weder Fehlschlag noch Durchbruch zur Europäischen Union, in: Integration, Bonn 1985, Nr. 3, S. 95–102.
29 Die Akte ist abgedruckt als Dokument Nr. 22 in diesem Band.
30 Siehe zur kritischen Würdigung der Luxemburger Vereinbarung: Rolf Lahr, Die Legende vom „Luxemburger Kompromiß", in: Europa-Archiv, Bonn 1983, Folge 8, S. 223–232; zur aktuellen Ergänzung: Jean-Paul Jacqué, Ein neuer „Luxemburger Kompromiß"? Der Europäische Rat und die Reform der Gemeinschaft, in: Integration, Bonn 1986, Nr. 1, S. 26–33.
31 Abbé Castel de Saint-Pierre, Der Traktat vom ewigen Frieden, 1713, hrsg. v. Wolfgang Michael, Berlin 1922.
32 Immanuel Kant, Zum ewigen Frieden, in: Kants Werke, Akademie – Textausgabe, Bd. VIII, Nachdruck, Berlin 1968, S. 341–386.

33 Johann Kasper Bluntschli, Die Organisation des europäischen Staatenvereins, in: Die Gegenwart, Bd. 13, S. 131ff.
34 Walter Lipgens, Europa-Föderationspläne der Widerstandsbewegungen 1940–1945, München 1968.
35 A.a.O., (Anm. 12).
36 Abgedruckt als Dokument Nr. 1 in diesem Band.
37 Vgl. Werner Weidenfeld, Muß es eigentlich immer zu zehnt sein? In: EG-Magazin, Bonn 1984, Nr. 3, S. 5f.
38 Zu verschiedenen Varianten eines Konzepts der abgestuften Integration vgl. Eberhard Grabitz (Hrsg.), Abgestufte Integration. Eine Alternative zum herkömmlichen Integrationskonzept? Kehl/Straßburg 1984; Bernd Langeheine/Ulrich Weinstock, Abgestufte Integration: weder Königspfad noch Irrweg. Zur Auseinandersetzung über die Weiterentwicklung der Europäischen Gemeinschaft, in: Europa-Archiv, Bonn 1984, Folge 22, S. 661–670; Zur Prüfung der konzeptionellen Rahmenbedingungen im allgemeinen vgl. Roland Bieber u.a., Integrationskonzepte auf dem Prüfstand, Baden-Baden 1983; Manfred Zuleeg (Hrsg.), Krisenvorsorge und Krisenmanagement in der Europäischen Gemeinschaft, Baden-Baden 1984; Beate Kohler, Ist die EG noch zeitgemäß? In: Aus Politik und Zeitgeschichte, Beilage B 23–24 zu ‚Das Parlament', Bonn 1984, S. 12–20.
39 Vgl. auch Karl Kaiser u.a., Die EG vor der Entscheidung. Fortschritt oder Verfall, Bonn 1983, insbes. S. 47–76.
40 Jean Monnet, Erinnerungen eines Europäers, München/Wien 1978, S. 406.

Die Debatte um die Europäische Union – Konzeptionelle Grundlinien und Optionen

WOLFGANG WESSELS

1. Die Reformdebatte als untrennbarer Bestandteil der Integrationspolitik

Zur europäischen Integration gehört untrennbar die Debatte über ihre Zukunft. Seit ihrer Gründung gilt die Europäische Gemeinschaft als änderungs- und ausbaubedürftig. Vorschläge zur Reform und Weiterentwicklung der Aufgaben, der Zuständigkeiten und der Verfahren der EG sind in allen Phasen der Integrationsgeschichte zahlreich vorgelegt worden[1]. Meilensteine der Reformdebatte waren: der 1953 von der Ad-hoc-Versammlung der Europäischen Gemeinschaft für Kohle und Stahl ausgearbeitete Entwurf eines Vertrages über die Satzung der Europäischen Gemeinschaft, die Fouchet-Pläne von 1961/62 zur Gründung einer Politischen Union, der Werner-Plan von 1970 zur stufenweisen Verwirklichung der Wirtschafts- und Währungsunion, der Tindemans-Bericht zur Europäischen Union von 1975 und der Vertragsentwurf des Europäischen Parlaments zur Gründung der Europäischen Union vom Februar 1984.

Mit Begriffen wie ‚europäischer Bundesstaat', ‚europäische Integration' oder ‚politische Union' wurde dabei vor 1970 eine Reihe von häufig bewußt unscharf gehaltenen Leitbildern für einen Prozeß zu einer neuen politischen Einheit, zur ‚finalité politique', angeboten[2]. Für die Diskussion seit Mitte der siebziger Jahre prägten die Regierungschefs der EG-Mitgliedstaaten auf ihrer Gipfelkonferenz von Paris 1972 mit ihrem Entschluß, „die Gesamtheit der Beziehungen der Mitgliedstaaten . . . in eine *Europäische Union* umzuwandeln"[3], den inhaltlich noch interpretationsbedürftigeren Begriff der Europäischen Union[4], der seither diffus einen Endzustand der Reformbemühungen umschreibt. Eine beträchtliche Anzahl von Plänen variierte und ergänzte unter diesem Signum die bereits zuvor entwickelten integrationspolitischen Grundkonzepte. Ohne Übereinstimmung bei Inhalten, Formen und Umsetzungsmodalitäten der Reformen signalisieren diese Vorschläge einen erheblichen, aber insgesamt auch wenig konkreten Fundus an Erwartungen und Unbehagen von nationalen Regierungen und Parteien sowie von EG-Organen gegenüber dem westeuropäischen Einigungswerk. Auch die Mehrheit der EG-Bürger erhoffte sich von der EG durchgängig über das letzte Jahrzehnt noch mehr Aktivitäten zur Bewältigung brennender Probleme[5] verbunden mit

Fortschritten im Integrationsprozeß, wobei das Meinungsbild widersprüchliche Züge trägt: Gefordert wird sowohl das Vorantreiben der Einigung als auch die möglichst vollständige Bewahrung der nationalen Kompetenzen; gemeinsame Lösungen werden befürwortet, aber sie sollen nationale Eigeninteressen nicht beeinträchtigen[6].

Viele dieser integrationspolitischen Programme werden bereits zu den tradierten, nicht weiter reflektierten Standardformeln westeuropäischer Politik gezählt, deren Überzeugungs- und Wirkungskraft auch durch rituelle Wiederholungen nicht erneuert werden können. Durch das Wiedererstarken der westeuropäischen Staaten gelten insbesondere föderalistische Visionen, die – als Antwort auf die Katastrophe des Zweiten Weltkrieges formuliert – den Integrationsprozeß als Sieg hoher Ideale auf dem Weg zur politischen Tugend postulierten[7], als überholt. Andere Initiativen werden als ‚Amtsutopie' von EG-Organen bezeichnet[8]. Derartige Charakterisierungen gehören aber auch bereits selbst schon zu den Stereotypen der integrationspolitischen Diskussion.

Die Vielfalt und Beharrlichkeit, welche die Bemühungen nach Reformen des EG-Systems über die letzten 40 Jahre der Integrationsgeschichte kennzeichnen, können nur zu einem geringen Teil auf überlieferte, in nicht mehr zeitgemäßen Doktrinen verfestigte Erwartungshaltungen zurückgeführt werden; sie sind als Folge eines EG-Systems zu betrachten, in dem der Problemhaushalt ständig vergrößert, ohne daß die Fähigkeit zur Problemlösung in gleichem Maße gesteigert wird. Die zunehmenden – teilweise direkt oder indirekt durch die Politik der Gemeinschaft mit verursachten – wechselseitigen Abhängigkeiten, angesichts derer ein Staat zentrale Aufgaben nicht oder nur durch eine intensive Zusammenarbeit mit anderen Staaten wirksam angehen kann[9], führt alle EG-Staaten dazu, ihre innen- und außenpolitischen Problemkataloge in die Gemeinschaft einzubringen, zumal sich viele – von den USA installierte und garantierte – Nachkriegsregeln für zentrale Politikfelder in Auflösung befinden[10]. Bei neuen und veränderten Herausforderungen wird – fast schon reflexhaft – der Ruf nach ‚europäischen Lösungen' laut.

Die kontinuierliche Ausweitung der gemeinsam erörterten und auch vielfältig gemeinsam angegangenen Probleme hat die Bedeutung des EG-Systems für die westeuropäischen Wohlfahrtsstaaten als einem – in einigen wichtigen Wirtschaftsbereichen sogar ausschließlichen – Handlungs- und Problemlösungsrahmen erhöht[11]. Die EG stellt einen besonders intensiv betriebenen Versuch der EG-Mitgliedstaaten dar, Problemstrukturen sowie Verfahren und Instrumente zur Problemlösung in Übereinstimmung zu bringen[12]. Diese Aktivitäten haben jedoch nicht – wie ursprünglich gehofft – zu einer klar strukturierten Einheit etwa in Form eines Bundesstaats geführt, vielmehr ist eine unüberschaubare Mischung von nationalen und EG-Instrumenten entstanden, die als ‚Verflechtungssystem'[13] oder als ,europäische Variante eines kooperativen Föderalismus'[14] bezeichnet wird: Die Mitgliedstaaten bündeln ihre Kompetenzen und Handlungsinstrumente untereinander und mit denen der Gemeinschaft, ohne daß eine neue eigenständige und umfassende Einheit gebildet wird. Entsprechend sind – bis auf die Parlamentarier – alle zentralen Akteure der politisch-administrativen Systeme der Mitgliedstaaten in langwierige Verhandlungen einbezogen: Von den Regierungschefs bis zu Referatsleitern der nationalen Ministerien bemühen sich Politiker und Beamte, nationale und gemeinsame Belange in Übereinstimmung zu bringen. Diese Realität wirkt sich unmittelbar auf die Reformneigung und -intensität aus. Die Schwierigkeiten des mühsamen, aber aus Eigeninteresse gewollten Entscheidungsprozesses lassen immer wieder Wünsche nach Reformen entstehen, die jedoch die zentrale Rolle der gegenwärtigen Entscheidungsakteure nicht grundsätzlich in Frage stellen sollen. Anpassungen machen die EG ständig komplizierter und damit angesichts der Aufgaben, die sie für die Mitgliedstaaten übernehmen soll, reformbedürftiger; gleichzeitig wird sie durch ihre zunehmende Bedeutung für die Bewältigung mannigfacher Aufgaben und durch das Beharrungsvermögen nationaler Akteure stabiler und reformresistenter. Die EG befindet sich in der Gefahr, in eine „Entscheidungsfalle"[15] zu geraten, aus der es – wegen des vorhandenen Interesses der EG-Regierungen an einem Fortbestehen ihrer nationalen Steuerungsmöglichkeiten – kaum ein Entrinnen zu geben scheint.

Die Umsetzung von Reformvorschlägen liegt ausschließlich bei den nationalen Regierungen. Die als Ergebnis verschiedener Reformkonjunkturen erzielten Übereinkünfte – wie beispielsweise die Einigung auf den EWG-Vertrag 1957, die Entscheidungen des Haager Gipfels 1969 zur Vollendung, Erweiterung und Vertiefung der EG, die Gründung des Europäischen Rats 1975 und der Beschluß zu den Direktwahlen 1976 oder auch die ,Einheitliche Europäische Akte' vom Februar 1986 – sind Produkte eines mühsamen, in der Regel vorweg kaum vorherzusehenden Verhandlungsprozesses, der von konvergierenden und auseinanderlaufenden Interessen und Motiven getragen wird, die sich bisher einem überzeugenden Erklärungsversuch entzogen haben. Die Ergebnisse der Integrationstheorien[16] zeigen nur mögliche ursächliche Faktorenbündel auf, ohne sie zu gewichten und aussagekräftig miteinander zu verknüpfen. Enge ,nationale' Interessen[17] sind ebenso von Bedeutung wie der Stellenwert europapolitischer Vereinbarungen für innenpolitisch ausgerichtete Strategien der Regierungsspitzen[18]. Starke Anreize, konkrete Probleme durch eine spezifisch westeuropäische Form enger Zusammenarbeit anzugehen[19], sind ebenso zu beobachten wie ein allgemeines europäisches Engagement, das auf einem ,aufgeklärten' nationalen Interesse oder auf einer föderalistischen Überzeugung beruhen kann[20].

Innerhalb eines derartigen Konstellationsrahmens sind die von den verschiedenen Gremien und Institutionen vorgelegten Reformberichte einzuordnen. Sie können dabei verschiedene Funktionen einnehmen: Als Leitbilder bündeln sie verschiedene Motive und Interessen in handhabbare Begriffe, die sich aber von dem ursprünglichen Motivbündel lösen und jeweils neu von politischen Akteuren instrumentalisiert werden können[21]. Als Alibiformen verdecken sie konkrete Interessenlagen und lassen erhoffte Gewinne oder in Kauf zu nehmende Kosten als Beiträge zum europäischen Gemeinwesen ‚verkaufen'. Mit dem Etikett ‚Utopien' versehen, dienen sie dazu, den Druck auf umfassende, weitreichende Reformen abzuwehren.

Nur wenige der Reformberichte haben eine direkte Umsetzung gefunden. Viele wurden mit Verfahrensbeschlüssen und diplomatischen Klauseln „begraben"[22]. Das EG-System hat sich seit 1969 neben und an den Berichten vorbei entwickelt und neue Politikbereiche erschlossen – wie das Europäische Währungssystem (EWS) –, neue Gremien – wie den Europäischen Rat – geschaffen und drei Erweiterungsrunden abgeschlossen. Die Gemeinschaft hat sich seit Inkrafttreten der Römischen Verträge 1958 oder seit der Deblockierung 1969 wesentlich verändert, ohne daß diese Entwicklung unmittelbar und wesentlich auf diese Berichte zurückzuführen gewesen wäre. Viele Schritte haben die Regierungen gegen feste Doktrinen und herrschende Lehrmeinungen beschlossen. Die verbindlichen Ergebnisse europapolitischer Konjunkturen (‚relances européennes') setzten nicht einfach integrationspolitische Globalentwürfe (‚grands dessins') um, sie legten auch nicht eindeutige Entwicklungslinien auf ein festgelegtes Ziel hin fest. Das EG-System blieb und bleibt nach verschiedenen Entwicklungsrichtungen offen[23].

Diese europapolitischen Erfahrungen wurden in der hinter uns liegenden Reformkonjunktur erneut bestätigt: Diese war durch die Vorlage des Vertragsentwurfs des Europäischen Parlaments zur Gründung der Europäischen Union im Februar 1984 ausgelöst worden, durchlief mit den Arbeiten des Dooge-Ausschusses eine Konkretisierungsphase und fand nach der Regierungskonferenz vom zweiten Halbjahr 1985 im Februar 1986 mit der Unterzeichnung der ‚Einheitlichen Europäischen Akte' einen vorläufigen Abschluß.

Eine eingehende Analyse zeigt[24], daß der Vertragsentwurf des EP die Ergebnisse der Regierungskonferenz kaum prägen konnte. Trotzdem kam der Parlamentsvorlage – ähnlich wie anderen Reformberichten zuvor – in den konkreten Verhandlungen eine wesentliche Bedeutung als Orientierungs- und Kristallisationspunkt zu, an dem die politischen und gesellschaftlichen Kräfte ihre Erwartungen und Befürchtungen ausrichten konnten. Eine für alle akzeptable Einigung auf ein umfassendes Reformpaket – gleichbedeutend mit der Gründung der Europäischen Union – war jedoch nicht denkbar. Dazu gingen die Zielvorstellungen und Denkrichtungen zum zukünftigen Aussehen der Europäischen Union viel zu sehr auseinander.

2. Die Europäische Union – Grundprobleme und Optionen

Trotz der Vielfalt der in der Reformdebatte vorgetragenen Positionen lassen sich in den Vorschlägen einige zentrale Fragen identifizieren, die für eine Europäische Union als lösungsbedürftig gelten[25]:

– Welche Aufgaben- und Problembereiche sollen auf die Europäische Union verlagert werden, wie sind Verteilung oder Mischung von Zuständigkeiten zwischen den Mitgliedstaaten und der Europäischen Union zu gestalten?
– Welche Inhalte, programmatischen Ziele und Aktionsinstrumente sollen für die Aufgabenbereiche vorgesehen werden, die auf die Ebene der Europäischen Union verlagert wurden?
– Welches institutionelle System soll die Politik der Europäischen Union gestalten – wie werden die Rechte und Pflichten einzelner Organe der Europäischen Union definiert?
– Wie soll eine derartige Europäische Union errichtet werden; nach welchen rechtlichen Verfahren und gestützt auf welche politische Legitimität soll das neue System ins Leben gerufen werden?

Wie die in den letzten drei Jahrzehnten häufig heftig und kontrovers geführte Debatte um Inhalt und Gestalt europäischer Integrationspolitik erwarten läßt, gibt es zu diesen Fragen zahlreiche Denkschulen, Leitbilder und Optionen, die auch erneut bei den Initiativen des Europäischen Parlaments und des Europäischen Rates erkennbar werden.

Eine Denkschule sieht es als Aufgabe von Reformen an, die in den siebziger Jahren am Rande der Gemeinschaft entwickelten Verfahren und Institutionen, wie die Europäische Politische Zusammenarbeit und das Europäische Währungssystem, in das bestehende Vertragswerk zu integrieren, ohne Zuständigkeiten zusätzlich auf die Europäische Union zu verlagern; gleichzeitig sollen die Verfahren im Rahmen des bestehenden institutionellen Systems verbessert werden[26]. Die Rechte des EP und der EG-Kommission sollen gestärkt und die Abstimmungsverfahren im Rat erleichtert werden, ohne das bestehende institutionelle Gleichgewicht unter der Dominanz des Rats grundsätzlich zu verändern. Das demokratische Defizit, das durch Zuständigkeitsverluste nationaler Parlamente entsteht, wird durch begrenzte Einflußverbesserungen des EP kompensiert; die Handlungsfähigkeit des EG-Systems wird durch erleichterte Konsensfindungsverfahren im Rat gestärkt. Zur Verwirklichung dieses Konzepts wird in der Regel Artikel 236 des EWG-Vertrages vorgeschlagen, der Änderungen des Vertrages auf der Grundlage einer Ratifizierung aller Mitgliedstaaten ermöglicht. Bei den Inhalten und Instrumenten der Politik einer Europäischen Union wird der bisherige Bestand fortgeschrieben.

Insgesamt handelt es sich bei dieser Option um eine begrenzte Anpassung und Straffung des Status quo.

Eine zweite Denkrichtung fordert, eine Verfassung nach dem Vorbild bestehender Bundesstaaten auszuarbeiten, die entweder durch ein Referendum oder durch eine direkte Zustimmung aller nationalen Parlamente – ohne Einschaltung der in überholten Traditionen und eigenen Machtansprüchen verhafteten Regierungen – errichtet wird[27]. Die aufgeworfenen Grundprobleme werden durch Rückgriff auf bestehende Föderationen beantwortet, da nur so den bestehenden und zu erwartenden Herausforderungen an Europa angemessen und demokratisch begegnet werden kann. Die Zuständigkeiten werden nach dem ‚Subsidiaritätsprinzip' verteilt, bei dem die Aufgaben auf derjenigen staatlichen Ebene angegangen werden, die einen höheren Grad an Wirksamkeit verspricht. Umfassende Möglichkeiten einer Kompetenzverlagerung auf die europäische Ebene sind notwendigerweise vorzusehen. Die Europäische Union soll von einem institutionellen System gelenkt werden, das sich an parlamentarische Föderationen mit zwei Kammern anlehnt. Diese Option, die das klassische föderalistische Leitbild europäischer Integration aufgreift, ist in Umfang und Methode ‚revolutionär'.

Eine dritte Denkrichtung schlägt für die Reform eine ‚mittlere' Strategie zum Ausbau der Gemeinschaft vor: Kompetenzverlagerungen auf die Europäische Union werden auf einige Sektoren begrenzt, die Entscheidungsverfahren nach Sensibilität und Charakter des Politikfeldes stärker oder weniger stark der Mitwirkung des Europäischen Parlaments eröffnet[28]. Zur Umsetzung können verschiedene Formen – insbesondere Vertragsänderungen nach Artikel 236 des EWG-Vertrages – genutzt werden. Aus dem bestehenden EG-System sollen begrenzte, aber wirksame Schritte zu einer handlungsfähigen und demokratischen Union unternommen werden, deren Endstufe noch nicht in einem eindeutigen Leitbild festgelegt ist.

Eine vierte Denkschule betont als beherrschendes Prinzip aller Initiativen die Verbesserung der Zusammenarbeit zwischen den Mitgliedstaaten[29]. Traditionelles Souveränitätsdenken mischt sich mit einem wohlfahrtsstaatlichen Verständnis zu einer Sicht der EG als einer – wenn auch besonderen – Form zwischenstaatlicher Kooperation. Reformen sollen die Fähigkeit der Staaten verbessern, ihre weiterhin in nationaler Souveränität verbleibenden Instrumente wirksam einzusetzen. Weitreichende Kompetenzübertragungen an die Europäische Union mit mehr Rechten für EG-Organe, die, wie Parlament, EG-Kommission und Europäischer Gerichtshof, nicht ausreichend von den nationalen Regierungen kontrolliert werden können, entsprechen nicht diesem Grundkonzept. Reformen sollen dogmatische und störende Schranken sowohl bei der Behandlung wichtiger Themengebiete als auch bei den Verfahren der Zusammenarbeit verringern. Die Option verbesserter Zusammenarbeit soll entsprechend in Form einer intergouvernementalen Vereinbarung, nicht jedoch durch vertragliche Veränderungen umgesetzt werden.

Eine fünfte Denkrichtung geht von den Aufgaben aus, die durch eine Europäische Union zu lösen sind[30]. Die Diskussion um Institutionen und Verfahren gilt aus dieser Sicht häufig als ‚dogmatisch', da sie nicht an den Problemen der Bürger orientiert ist und möglicherweise die Lösung von Sachfragen blockiert. Bei diesem Ansatz gibt es verschiedene Ausprägungen, die unterschiedlichen Problemkomplexe in den Vordergrund europäischer Aufgabenbewältigung zu stellen: traditionelle sozialpolitische (Bekämpfung der Arbeitslosigkeit), ‚neue' (ökologische) und traditionell nationale (Sicherheitspolitik). Entsprechend unterschiedlich können dann auch die Antworten auf die anderen Fragen abgeleitet werden: von einer zunehmenden Regionalisierung der Gemeinschaft bis zur Stärkung der intergouvernementalen Zusammenarbeit der Regierungen in sicherheitspolitischen Fragen.

Der Vertragsentwurf des Europäischen Parlaments und die Einheitliche Europäische Akte sind als Kompromißlösungen keiner dieser Grundoptionen eindeutig und ausschließlich zuzuordnen. Auch wenn sie untereinander gravierende Unterschiede aufweisen, so sind in beiden Papieren mehrere, nicht leicht miteinander zu vereinbarende Leitbilder und Optionen eingeflossen: In der ‚Tradition' vorangegangener Globalentwürfe lassen die erreichten Kompromisse erhebliche Interpretations- und Gestaltungsspielräume.

3. Der Vertragsentwurf des Europäischen Parlaments: Eine präföderale Verfassung

Nach intensiven Beratungen legte das Europäische Parlament der Öffentlichkeit am 14. Februar 1984 seinen ‚Entwurf eines Vertrages zur Gründung der Europäischen Union' vor. Dieses Dokument enthält ein reichhaltiges, aber manchmal auch verwirrendes Angebot an Lösungsvorschlägen für die aufgeworfenen Grundsatzfragen[31] und hat bei politischen Institutionen, gesellschaftlichen Kräften und im wissenschaftlichen Bereich vielfältige Reaktionen hervorgerufen. Relativ neue Konzepte für die Gemeinschaft – wie die abgestufte Integration (Artikel 35 des Vertragsentwurfs) und Sanktionen gegen Mitgliedstaaten (Artikel 44) – sind ebenso vorgesehen wie bereits traditionelle Integrationsvorhaben – vom EG-Binnenmarkt bis zu einer Währungsunion.

Zur Aufgaben- und Kompetenzverteilung zwischen der nationalen und europäischen Ebene – die kommunale und regionale Mitwirkung wird in der Präambel erwähnt, aber nur bei den Durchführungsbestimmungen implizit wieder aufgegriffen – wird der Grundsatz der Subsidiarität betont. Die Union wird nur tätig werden, „um die Aufgaben zu verwirklichen, die gemeinsam wirkungsvoller wahrgenommen werden können als von einzelnen Mitgliedstaaten allein, insbesondere Aufgaben, deren Bewältigung ein Handeln der Union erfordert, weil ihre Ausmaße oder ihre Auswirkungen über die nationalen Grenzen hinausreichen" (Artikel 12, ähnlich in der Präambel)[32].

Auch die weitere Systematik der Zuständigkeitsverteilung ist – wenn auch nicht immer eindeutig[33] – interessant für die weitere Diskussion. Die Union handelt danach sowohl in der rechtlichen Form der ‚Zusammenarbeit zwischen den Mitgliedstaaten', bei der die Mitgliedstaaten im Europäischen Rat Verpflichtungen eingehen, als auch durch ‚gemeinsame Aktionen', bei denen in ausschließliche und konkurrierende Zuständigkeiten unterschieden wird (Artikel 10 und 12).

Diese Vorschriften bieten ein im Vergleich zum gegenwärtigen Verflechtungssystem einfacheres und für viele Probleme Westeuropas sinnvolleres Verfahren zur Aufgabenverlagerung an. Gleichzeitig weisen sie einen zentralistischen Zug auf[34]: Der Übergang aus dem Kompetenzbereich der Mitgliedstaaten auf die Ebene der Europäischen Union erfolgt im Bereich der unscharf gefaßten konkurrierenden Zuständigkeiten relativ leicht, d.h. mit qualifizierten Mehrheiten der Unionsorgane oder beim Übergang von Formen der Zusammenarbeit in die der gemeinsamen Aktion durch Beschluß des Europäischen Rates. Die nationalen Parlamente sind damit nach Zustimmung zum Unionsvertrag für viele Tätigkeitsbereiche staatlichen Handelns nicht mehr am Kompetenztransfer beteiligt.

Das im Vertragsentwurf vorgesehene institutionelle System der Europäischen Union kann unter dem Gesichtspunkt der Demokratisierung und der Handlungsfähigkeit im Vergleich zum bestehenden System eindeutige Fortschritte bringen. Positiv bewertet wird, daß das EP zusammen mit dem Rat ‚echte' Gesetzgebungsaufgaben wahrnehmen soll[35]. Zentrale Voraussetzung wird aber sein, daß eine ausreichende politische Dynamik innerhalb der einzelnen und zwischen den Organen entsteht, die wesentlich durch eine arbeitsfähige politische Organisation der Parteien und Verbände sowie durch ‚Koalitionsstrategien' bestimmt sein wird. Die Funktionsfähigkeit eines derartigen institutionellen Systems muß noch eingehender untersucht werden. Gravierende Veränderungen politischer Traditionen und Verhaltensweisen sind notwendig, soll dieses System die ihm auferlegten Aufgaben erfüllen.

Einen wesentlichen Platz in der Diskussion nahm die Strategie zur Umsetzung des Vertrages ein. In Kraft treten kann der Vertrag, wenn er von einer Mehrheit der EG-Mitgliedstaaten, deren Bevölkerung zwei Drittel der EG-Gesamtbevölkerung ausmacht, ratifiziert ist (Artikel 82). Der Verzicht auf die Zustimmung aller Mitgliedstaaten kommt einer heute in der EG verstärkt zu beobachtenden Stimmung zum Rückzug auf das ‚Kerneuropa' entgegen. Diese Regelung gilt mit dem bestehenden EWG-

Vertrag rechtlich als nicht vereinbar[36]. Besondere juristische Konstrukte werden zu einer möglichen Parallelität beider Vertragswerke vorgeschlagen[37].

Der Vertragsentwurf hat eine intensive Diskussion ausgelöst. Aus der Ablehnung gegen jegliche Integrationsschritte wird das Unterfangen als „Teil eines hartnäckigen Versuches (bezeichnet), die Gemeinschaft als freiwillige Vereinigung souveräner Staaten . . . in eine allumfassende politische und wirtschaftliche Union mit einer föderativen Regierung, in der alle Mitglieder die Kontrolle über die Wahrung ihrer eigenen lebensnotwendigen nationalen Interessen verlieren würden, umzuwandeln“[38]. Das dänische Folketing (Parlament) lehnt den Vertragsentwurf ab, da „das Vetorecht und die Beibehaltung der Kompetenzverteilung zwischen dem Ministerrat, der Kommission und dem Parlament weiterhin die Grundlage für den Beitritt Dänemarks zur EG bilden müssen“[39].

Skepsis und Besorgnis prägen die Reaktionen derjenigen Politiker und Beobachter, die auf das ‚Machbare‘ hinweisen. Die politischen Schwierigkeiten eines gemeinschaftsweiten Konsenses, die bei der Ausarbeitung der in Umfang und Verbindlichkeit weitaus weniger anspruchsvollen Feierlichen Deklaration von Stuttgart[40] deutlich wurden, lassen selbst die schon zurückgeschraubten Vorschläge des Europäischen Parlaments als „Amtsutopie“[41], wenn nicht sogar als schädlich für den Integrationsprozeß erscheinen, da sie den Widerstand auch gegen begrenzte pragmatische Schritte verstärken und das gesamte Integrationsunterfangen diskreditieren können. „Allzu viele verpaßte Chancen zur Reform Europas können wir uns nicht mehr leisten“[42].

Französische Parlamentarier stellen dazu fest, daß durch „die hochgesteckten Ziele des Entwurfs und damit zwangsläufig auch infolge der Kontroversen und Widerstände, die er hervorruft . . ., die Aussichten auf ein baldiges Inkrafttreten sehr geschmälert werden“[43].

Kritisches Wohlwollen kennzeichnet die Grundhaltung derjenigen, die dem Europäischen Parlament das Recht, ja sogar die ‚historische‘ Pflicht zuschreiben, ein Leitbild für die Gemeinschaft zu entwerfen, das als Ziel und Maßstab für die Integrationspolitik der nächsten Jahre dienen soll. „Jeder Versuch (ist) zu begrüßen, dem in Stagnation und Resignation verfallenden europäischen System neue Impulse zu geben, selbst wenn die Realisierungschancen zur Zeit ungewiß erscheinen.“[44] Die Kritik konzentriert sich auf die Zweckmäßigkeit und Widerspruchsfreiheit der einzelnen Regelungen sowie auf die Erfolgschancen der mit dem Entwurf verbundenen Umsetzungsstrategien: Würde das politische System seine Aufgaben lösen können, wenn es einmal installiert würde oder besteht die Gefahr, daß die Verfassung die Realität nicht ausreichend prägt und so letztlich die Einheit Europas nicht fördern, sondern gefährden könnte?[45] Aus dieser Perspektive gelten eine Reihe von wichtigen Vorschriften einerseits als wenig sachgemäß, zu detailliert und zu zentralistisch[46]. Andererseits wird darauf hingewiesen, daß das ‚Schlimmste', was eine Zeitlang im Parlament an Vorstellungen zum institutionellen Gefüge einer Europäischen Union kursierte, noch verhindert werden konnte. Der Bundesrat ist dieser Gruppe zuzuschreiben: „Insgesamt ist der Vertragsentwurf eine geeignete Grundlage für die weitere Diskussion. (Es) bestehen jedoch . . . erhebliche Bedenken"[47]. Geprüft wird, ob sich die Vorschläge aus Konzepten entwickeln, die dem erreichten Stand der Europäischen Gemeinschaft und der westeuropäischen Gesellschaft insgesamt ausreichend entsprechen und den zukünftigen Aufgaben gerecht werden. Nicht überholte Antworten sind zu suchen, sondern der Realität der 80er Jahre angepaßte[48]. Das Ergebnis der Parlamentsarbeit wird dann teilweise als Entwurf charakterisiert, „der trotz der neuen Aufgaben der EG an den Verfassungsstrukturen aus dem 19. Jahrhundert festhält"[49].

Die Gruppe der Befürworter sieht in dem Vertragsentwurf des Europäischen Parlaments eine der letzten Chancen für die Gemeinschaft und für ‚Europa' insgesamt, den wirtschaftlichen, gesellschaftlichen sowie außen- und sicherheitspolitischen Herausforderungen an diese Region zu begegnen. Der Vorschlag des Parlaments gilt als „die einzige Antwort auf das . . . Bedürfnis nach größerer europäischer Einheit"[50]. Nach diesen Vorstellungen kommt eine „Ablehnung der Vorlage des Europäischen Parlaments heute einer Ablehnung der Einheit Europas gleich, denn es gibt kein anderes Mittel, ihr zu einem neuen Aufschwung zu verhelfen"[51]. Aus diesem Geiste verpflichtete das italienische Parlament die italienische Regierung, die Ratifizierung des Vertragsentwurfs einzuleiten[52].

4. Die ‚Einheitliche Europäische Akte': Pragmatische Reformen in Teilbereichen[53]

Mit der Unterzeichnung der Einheitlichen Europäischen Akte[54] im Februar 1986 haben die Mitgliedstaaten der Europäischen Gemeinschaft die erste umfassende Ergänzung und Revision der EG-Gründungsverträge vorgenommen sowie erstmalig die seit 1970 praktizierte Europäische Politische Zusammenarbeit – in der Terminologie der Einheitlichen Europäischen Akte „die europäische Zusammenarbeit in der Außenpolitik" – in vertragliche Bestimmungen gefaßt. Diese Zusätze stellen keinen geschlossenen Entwurf wie der Vertragsentwurf des EP dar und haben bereits zu entsprechender Kritik herausgefordert[55]. Das Verfahren der Ausarbeitung nach Artikel 236 des EWG-Vertrages, das die Zustimmung aller Mitgliedstaaten voraussetzt, ließ allerdings von Anfang an wenig Raum für weitreichende Veränderungen.

Die Einheitliche Akte hat für den Bereich des Binnenmarktes erweiterte Möglichkeiten von Abstimmungen mit qualifizierter Mehrheit im Rat und eine verbesserte Mitwirkung des Europäischen Parlaments (neuer

Artikel 149 EWG-Vertrag) vorgesehen. Mit diesen neuen Entscheidungsregeln soll bis 1992 (Artikel 8 c) ein „Raum ohne Binnengrenzen, in dem der freie Verkehr von Waren, Personen, Dienstleistungen . . . gewährleistet ist" (Artikel 8 a), hergestellt werden. Bei einer aktiven Nutzung dieser neuen Vertragsartikel fällt dem EP eine gewichtige Rolle zu, die jedoch von den Abgeordneten nicht einfach auszufüllen sein wird. Im Falle einer Ablehnung der in erster Lesung festgelegten Ratsposition durch die absolute Mehrheit der Abgeordneten kann das Europäische Parlament mit nur einem Mitgliedstaat die Verabschiedung einer Maßnahme blokkieren, da in diesem Fall der Rat einstimmig entscheiden muß. Es ist zunächst nicht zu erwarten, daß sich in Fragen des Binnenmarktes eine derartige Mehrheit von 260 Abgeordneten leicht bildet. Im Falle von Abänderungen zu der in erster Lesung erreichten Ratsposition, die ebenfalls mit absoluter Mehrheit erfolgen müssen, werden die Vorschläge des EP vor der Wiedervorlage im Rat nochmals durch die Kommission gefiltert, der dadurch eine neue Rolle als De-facto-Vermittlungsinstanz zwischen Rat und EP zufällt. Diese Verfahren werden zu Konflikten zwischen Rat und Kommission einerseits und EP andererseits führen.

Die Luxemburger Vereinbarungen zu neuen Politikbereichen, die die Forschungs- und Technologiepolitik (Artikel 130 f–q), die Umweltpolitik (Artikel 130 r–t), Arbeitsschutzmaßnahmen in der Sozialpolitik (Artikel 118 a) sowie die „Zusammenarbeit in der Wirtschafts- und Währungspolitik (Wirtschafts- und Währungsunion)" (Kapitel 1 des Titels II der Einheitlichen Akte und Artikel 102 a) betreffen, setzen den Trend der siebziger Jahre zur Erweiterung der Aufgabenwahrnehmung des EG-Systems ohne Übertragung ausschließlicher Kompetenzen und/oder zentraler Instrumente auf die EG fort. Verfahren und Kompetenzen, die parallel zu und neben andere Vorhaben treten können, sind im Technologie- und Forschungssektor (insbesondere Artikel 130 g und n) sowie in der Umweltpolitik (Artikel 130 r, Absatz 5, Unterabsatz 2) angesiedelt. Zusammen mit subsidiären Kompetenzen im Umweltbereich (Artikel 130 r, Absatz 4) sehen sie einen hohen Grad von Flexibilität – einschließlich Formen der géométrie variable[56] – bei Projekten, an denen sich nur einige Mitgliedstaaten beteiligen, vor. Die nationalstaatliche Kontrolle – vgl. z.B. die Einstimmigkeitserfordernis beim Beschluß über das mehrjährige Rahmenprogramm für Forschung und technologische Entwicklung (Artikel 130 q) sowie bei dem Tätigwerden der Gemeinschaft im Umweltschutz (Artikel 130 s) – sowie Ausweichmöglicheiten der Mitgliedstaaten bei Harmonisierungsmaßnahmen im Umweltschutz (Artikel 130 t) sind vertraglich garantiert worden.

Titel III der Einheitlichen Akte zur europäischen Zusammenarbeit in der Außenpolitik legt in früheren Berichten zur Europäischen Politischen Zusammenarbeit vorgenommene Absichtserklärungen vertraglich fest.

Mit der Verpflichtung zur gegenseitigen Unterrichtung und Konsultation (Artikel 30, Absatz 2 a der Einheitlichen Europäischen Akte) sowie zur Berücksichtigung der Standpunkte der übrigen Partner und des gemeinsamen europäischen Standpunktes (Artikel 30, Absatz 2 c der Einheitlichen Europäischen Akte) bildet die gemeinsame Position weiterhin „einen" (sic) Bezugspunkt für die Politiken der Vertragsparteien (Artikel 30, Absatz 2 a, Unterabsatz 3 der Einheitlichen Europäischen Akte). Auch die meisten bisherigen Verfahren der Europäischen Politischen Zusammenarbeit werden weitgehend bestätigt – mit der Beteiligung der Kommission „im vollen Umfang" (Artikel 30, Absatz 3 b der Einheitlichen Europäischen Akte) sowie enger Beteiligigung und regelmäßiger Unterrichtung des Europäischen Parlaments (Artikel 30, Absatz 4 der Einheitlichen Europäischen Akte). Das neu eingerichtete Sekretariat in Brüssel (Artikel 30, Absatz 10 g der Einheitlichen Europäischen Akte) wird zur besseren organisatorischen Abwicklung, aber wahrscheinlich nur begrenzt zur konzeptionellen Weiterentwicklung beitragen können.

Innerhalb des Konsensbildungsverfahrens sind besondere Verhaltensnormen vereinbart worden: Die Vertragsparteien verzichten „im Rahmen des Möglichen darauf, die Herausbildung eines Konsenses und das gemeinsame Handeln . . . zu behindern" (Artikel 30, Absatz 3 c der Einheitlichen Europäischen Akte). Sie bemühen sich darüber hinaus, „Maßnahmen oder Stellungnahmen zu vermeiden, die ihre Wirksamkeit als kohärente Kraft in den internationalen Beziehungen oder in internationalen Organisationen schaden würden" (Artikel 30, Absatz 2 d der Einheitlichen Europäischen Akte).

Regeln der Zusammenarbeit, die bisher in gemeinsamen Berichten niedergelegt waren, erhalten einen vertraglichen Charakter – wohl in der Hoffnung, daß die Verhaltensnormen nun mit einer derartigen rechtlichen Überhöhung konsequenter eingehalten werden. Von einer Selbstbindung qua ratifizierter Verträge wird eine erhöhte Folgebereitschaft der Partner erwartet. Rechtliche Kontroll- und Sanktionsverfahren – wie sie in den EG-Verträgen angelegt sind – werden nicht vorgesehen.

Durch die Reformen der Einheitlichen Europäischen Akte werden die institutionellen Strukturen der EG kaum verändert. Der Rat wird bei der konsequenten Anwendung vermehrt mit Mehrheit abstimmen. Das Parlament hat keinen Durchbruch bei seinen Rechten erzielt. Es wird sich im günstigsten Fall zu einem wichtigen Koalitionspartner in Fragen des Binnenmarktes entwickeln, in dem jedoch auch weiterhin wesentliche Instrumente – insbesondere die Angleichung der Rechtsvorschriften im Bereich der Steuern – nur der Anhörungsregel unterliegen. Auch in dem Bereich der ‚Zusammenarbeit' zwischen Rat und Parlament ist dem Rat nach dem Willen der Vertragsparteien das letzte Wort geblieben. In den neuen Bereichen (Umwelt und Technologie) unterliegen die grundlegenden Beschlüsse ebenfalls der Einstimmigkeit, das Parlament hat nur ein Anhörungsrecht. Die neue parlamentarische Mitentscheidungsbefugnis bei Assoziierungsabkommen (Artikel 238 EWG-Vertrag, Absatz 2), z.B. bei der Erneuerung des Lomé-Abkommens, kann eine nicht zu unterschätzende Rolle im gesamten Verfahren spielen. Die gleichlautende Zustimmungsnotwendigkeit bei der Aufnahme neuer Mitglieder (Artikel 237 EWG-Vertrag, Absatz 1) ist gegenwärtig nicht bedeutsam. Beide Mitentscheidungsbefugnisse können als Präzedenzfälle bei den nächsten Vertragsänderungen gelten.

Die Rolle der Kommission ist aufgewertet worden. Im Falle der aktiven Nutzung der Vorschriften fällt der Kommission eine verstärkte, aber nicht einfache Vermittlerrolle zwischen Parlament und Rat sowie eine ebenso politisch delikate Kontrollaufgabe bei Ausnahmeregeln zu. Die Kommission wird in höherem Maße politisches Gewicht erhalten und damit Objekt verstärkter politischer Einflußnahme werden.

Die Reaktionen auf die Einheitliche Europäische Akte sind vielfältig: Den Ausdruck nachhaltiger Enttäuschung über das Ausbleiben echter Reformen und wirklicher Fortschritte auf dem Wege zur Europäischen Union formulieren das Europäische Parlament[57] und die Union Europäischer Föderalisten[58], dagegen steht die politisch vehement vorgetragene Sorge um die möglicherweise betroffenen hohen deutschen Qualitätsstandards und Rechte der Länder seitens des Bundesrates[59]. Positiv wird beurteilt, daß „Europa auf dem historischen Weg zur Einigung ein großes Stück vorangekommen (ist)“[60]. Für die Unterzeichner der Akte kann durchweg die Stellungnahme des Bundeskanzlers gelten, der die Luxemburger Ergebnisse als „kleine Schritte in einem mühsamen Prozeß“ charakterisiert, aber auch „in wichtigen Bereichen Fortschritte“ sieht, „die weit in die Zukunft weisen“[61].

Die Ergebnisse von Luxemburg stellen keinen Neuanfang dar, sondern variieren verschiedene Grundmuster der EG-Tradition in dem bereits spätestens seit Anfang der siebziger Jahre abgesteckten Rahmen. Institutionell wurde das bestehende Gemeinschaftsmodell in einigen Bereichen gestrafft. Der Status quo wurde fortgeschrieben und weiterentwickelt, ohne eine neue Stufe zu erreichen. Mit der Einheitlichen Akte wurde ein rechtlicher Gesamtrahmen zwischen EG und EPZ zumindest in formaler Hinsicht geschaffen. Verstärkt wird durch die Mehrzahl der Vertragsartikel und den EPZ-Vertrag der Charakter der Gemeinschaft als ‚Verflechtungssystem‘[62]. Die Luxemburger Ergebnisse entsprechen damit nicht den Mindestanforderungen, die für den Ausbau der Europäischen Gemeinschaft zu einer Europäischen Union von politischer und wissenschaftlicher Seite gestellt wurden[63]. Die begrenzten Angebote zur Steigerung der Problemlösekapazität der Gemeinschaft und zur verstärkten parlamentarischen Mitwirkung können weder als ein qualitativer Sprung noch zumindest als ein selbsttragender Einstieg in den Prozeß zur Schaffung einer Europäischen Union bezeichnet werden. Die Luxemburger Vertragskonferenz kann jedoch als ein Präzedenzfall für in Zukunft möglicherweise häufiger stattfindende Systemgestaltung durch Vertragsänderungen und -ergänzungen gesehen werden. Ungleich der vorangegangenen Phasen seit den Römischen Verträgen wurde eine breite Vertragsergänzung und -revision vorgenommen sowie ein neuer Vertrag erstellt. Ist damit diese Form der Systemgestaltung ‚akzeptabel' und ‚normal' geworden oder bleibt sie ein Ausnahmefall? Für eine Normalisierung im Gebrauch des Artikels 236 EWG-Vertrag spricht der begrenzte Charakter in der Ergänzung und Revision der Verträge, insbesondere da viele Probleme nicht gelöst sind. Ein weiterer Grund für diese Annahme ist die technisch relativ zügige Abwicklung der Vertragskonferenz von September bis Dezember 1985, die freilich durch die verschiedenen Reformberichte, insbesondere die Arbeiten der Dooge-Gruppe, zwischen- und innerstaatlich vorbereitet worden war.

5. *Reformperspektiven aus bundesdeutscher und ‚europäischer' Sicht*

Mit der Unterzeichnung der Einheitlichen Europäischen Akte im Februar 1986 ist die europäische Reformdebatte 1984/86 zu einem vorläufigen Abschluß gekommen. In den Auseinandersetzungen um die Reichweite möglicher Veränderungen bei der Kompetenzzuweisung an die Gemeinschaft und der institutionellen Entscheidungsstruktur des EG-Systems wurden aus bundesdeutscher und aus europäischer Sicht spezifische Akzente gesetzt, die auch bei zukünftigen Reformdebatten von Bedeutung sein werden.

Gegen die Einbeziehung des EWS in die bestehenden EG-Verträge wie auch die meisten Vorschläge zum Ausbau des EWS wandte sich das währungspolitische Establishment der Bundesrepublik. Der europapolitische Kernsatz – gleichzeitig Defensive und Offensive – lautete: „Zuerst muß das politische Europa geschaffen werden, bevor eine europäische Währung möglich wird."[64] Auch bescheidene Vorschläge wurden abgelehnt, wie der entsprechende Vorbehalt des bundesdeutschen Vertreters im Dooge-Ausschuß verdeutlichte[65]. Die schließlich doch im Rahmen der Einheitlichen Europäischen Akte vorgenommene Aufnahme eines neuen Artikels zur Wirtschafts- und Währungspolitik in den EWG-Vertrag ist ein Erfolg dieser Position, da die deutschen Vorbehalte und Absicherungsbemühungen in den Vorschriften nun auch vertraglich festgelegt wurden.

Heftige Kritik wegen der Tendenzen zur Auszehrung nationalstaatlicher Finanzautonomie fand in der Bundesrepublik die Finanzverfassung des Vertragsentwurfs des Europäischen Parlaments[66]; in der Vertragskonferenz zur Einheitlichen Europäischen Akte blieb die Frage der Finanzverfassung ausgeklammert.

Ein verstärktes Nachfragen ist auch zur Legitimität des Europäischen Parlaments feststellbar, insbesondere im Hinblick auf die Gewichtung der Stimmen[67]. Für eine Rolle der europäischen Volksvertretung als ‚vollwertiges' Parlament ist demnach die Aufnahme des Grundsatzes der gleichen Wahl unverzichtbar[68]. Die Europa-Kommission des Deutschen Bundestages sieht dagegen in diesem Punkt keinen Grund, dem EP Befugnisse vorzuenthalten[69]. Ebenfalls intensiv wurden die verfassungsrechtlichen Möglichkeiten einer Ratifizierung des Vertragsentwurfs diskutiert[70]. Umstritten war dabei die Frage, ob Artikel 24, Absatz 1 des deutschen Grundgesetzes für einen derart gravierenden Schritt ausreicht. Nachhaltigen Bejahungen[71] steht eine eindeutige Ablehnung[72] gegenüber. Vorgeschlagen wird ein Klarstellungsgesetz mit verfassungsändernder Mehrheit, die den Vertrag verfassungsrechtlich außer Streit stellen könnte[73]. Für die Vertragsänderungen aufgrund der Einheitlichen Europäischen Akte wurde ein Zustimmungsbedürfnis des Bundesrates konstatiert.

Politisch und verfassungsrechtlich waren beim Vertragsentwurf zwei spezifisch deutsche Probleme kontrovers: die Offenhaltung der ‚deutschen Frage' und die ‚bundesstaatliche Ordnung'. Verfassungsrechtlich wurde der EP-Entwurf einerseits als vereinbar mit dem ‚Wiedervereinigungsgebot' bewertet[74], andererseits wird eine „neue vertraglich vereinbarte Klausel oder auf die Europäische Union bezogene und von den Vertragsparteien akzeptierte Erklärung zur deutschen Frage"[75] als notwendige Voraussetzung für eine Vereinbarkeit des Entwurfs mit den Anforderungen des Grundgesetzes gesehen. Die Europa-Kommission des Deutschen Bundestages formulierte ihre Position: „Die Chance einer Wiedervereinigung (wird) sich nur im Rahmen einer gemeinsamen europäischen Friedensordnung eröffnen . . . Der Deutsche Bundestag sollte deshalb bereit sein, im Interesse einer integrierten europäischen Außenpolitik die nationale Außenpolitik an die enge Absprache mit den europäischen Partnern zu binden, und von ihnen erwarten, daß sie wie bisher das Ziel einer deutschen Wiedervereinigung unterstützen"[76].

Die bundesstaatliche Ordnung gilt infolge der erheblichen Ausweitung der im Vertragsentwurf vorgeschlagenen Gesetzgebungskompetenzen der Europäischen Union als nicht genügend gewährleistet. Erforderlich sind eine Berücksichtigung der föderalen Struktur einiger Mitgliedstaaten durch die Unionsverfassung[77] und eine gesteigerte Mitwirkung der Länder bei der Vertretung der Bundesrepublik Deutschland auf europäischer Ebene[78]. Auch bei der Einheitlichen Europäischen Akte sehen die Bundesländer Beeinträchtigungen ihrer Zuständigkeiten und fordern deshalb eine Änderung des Artikels 24, Absatz 1 des Grundgesetzes, nach der die Übertragung von Hoheitsrechten der Länder von der Zustimmung des Bundesrates abhängig gemacht und die innerstaatliche Willensbildung durch die verstärkte Mitwirkung der Bundesländer verbessert wird[79].

Diesen Bedenken wird bei der vom Europäischen Parlament angekündigten Überarbeitung seines Vertragsentwurfs Rechnung zu tragen sein.

Für die näherliegende Zukunft wird es darauf ankommen, die in der Einheitlichen Europäischen Akte enthaltenen neuen Möglichkeiten nach deren Ratifizierung durch alle EG-Staaten vollständig auszuschöpfen und aktiv zu nutzen[80]. Extrapoliert man die wirtschaftlichen und politischen Trends der letzten Jahre, so wird die Gemeinschaft auch bei einem schwachen Ausfüllen der Aufträge aus Luxemburg fortbestehen – aber die Kosten, die durch das Nichtausschöpfen eines Potentials entstehen, sind beträchtlich.

Die nächste integrationspolitische Konjunktur kommt aber bestimmt. Die in einem Verflechtungssystem wie der EG angelegten Spannungen und die Bedeutung, die alle Mitgliedstaaten dem EG-System für die Inangriffnahme wichtiger Probleme zuschreiben, werden Unzufriedenheit mit den bestehenden Regelungen und Forderungen nach Reform und Ausbau erneut entstehen lassen. Im Zentrum der nächsten ‚relance européenne' kann die konstruktive Aufarbeitung der Auswirkungen oder die endgültige Umsetzung des Luxemburger Reformpakets stehen. Wird der Binnenmarkt in vollem Umfang bis 1992 verwirklicht, wird die Gemeinschaft mit Folgeproblemen im Bereich der Steuerungsmöglichkeiten nationaler Konjunktur-, Geld- und Sozialpolitik konfrontiert sein. Zusätzliche Anstrengungen zur gemeinsamen wirtschaftspolitischen Steuerung werden notwendig werden, um die vom Binnenmarkt ausgehenden dynamischen Effekte aufzufangen.

Auszugehen ist jedoch zunächst von einem realistischen Szenario, in dem die weitere Umsetzung der Beschlüsse zum Binnenmarkt nicht als gesichert gelten kann. Wenn sich die Wettbewerbsfähigkeit einzelner Volkswirtschaften in der EG weiter auseinanderentwickeln sollte, kann der zu erwartende Problemstau von Vorschlägen, der schon in den Luxemburger Beschlüssen mit den Ausnahmeregelungen und Junktims angelegt ist, ein neues, umfassendes Verhandlungspaket nötig machen, das insbesondere erhöhte Finanzausgleichsmaßnahmen erfordern wird. Selbst wenn die bisherigen Verhaltensformen relativ dynamisch ausgelegt werden, sind für die Jahre zwischen 1988 und 1991 erneute Marathonsitzungen des Europäischen Rates zu erwarten, in denen die in Luxemburg angelegten Verhandlungspakete vielleicht erneut bis ins technische Detail hin behandelt werden.

Die Forderungen nach einem ausreichenden und leistungsfähigen Haushalt mit Finanzausgleichswirkungen werden bei diesem Paket erheblich zunehmen. Sie können eine wesentliche integrationspolitische Dynamik – insbesondere für eine expansive Strategie des Europäischen Parlaments – darstellen. Ebenso sind die Probleme der Agrarpolitik (Überproduktion, Nord/Süd-, Groß/Klein-Gefälle) in Fontainebleau 1984 nur aufgeschoben worden. Die Fehlentwicklungen von mindestens zwei Jahrzehnten werden weitere Einschnitte erfordern, zumindest, wenn die verfügbaren Haushaltsmittel begrenzt bleiben. Einschneidungen und Reformen bei den Mitgliedstaaten, die bisher am meisten profitiert haben, werden schwierig zu ‚erkaufen' sein. Die Agrarpolitik wird wahrscheinlich erneut ein zentraler Bestandteil des Verhandlungspakets Ende der achtziger Jahre sein.

Die technologische Entwicklung wird weiterhin eine zentrale gemeinsame Herausforderung bleiben, doch können zunehmend schärfere Trennlinien zwischen den wettbewerbsfähigeren und zurückfallenden Volkswirtschaften innerhalb der EG erhebliche Probleme verursachen. Weder das bisher bescheidene Eureka-Programm noch die neuen Vertragsartikel lassen eine ausreichende Antwort auf diese doppelte – innere und äußere – Herausforderung erwarten; ganz zu schweigen von gemeinsamen Antworten auf die mit der Technologie verbundenen gesellschaftlichen Probleme.

Diese ‚sektoriellen' Probleme wie auch die Schwierigkeiten mit der ‚EG-Tagespolitik', die von teilweise erheblichen Auswirkungen sein können – wie z.B. Wettbewerbs-, Stahl- und Fischereipolitik –, werden den Ruf nach mehr Problemlösungsfähigkeit und mehr demokratischer Integration oder – im gegenwärtigen Sprachgebrauch – nach Ausbau der EG zur Europäischen Union nicht verstummen lassen und zu einem Teil des Verhandlungspakets Ende der achtziger Jahre machen. „Die Aufgabe einer Gesamtreform der Gemeinschaft und ihrer Umwandlung in eine Europäische Union" bleibt bestehen[81]. Die Probleme der konzeptionellen Vorbereitung dieses Elements der nächsten Konjunkturphase sind beträchtlich. Ausgehend von der tatsächlichen Entwicklung des EG-Verflechtungssystems und den Lehren der letzten europapolitischen Konjunkturwellen sind zwei Fragenkataloge zu beantworten:

Bleibt der Vertragsentwurf des Europäischen Parlaments als Orientierungspunkt – als konkrete Utopie – tragfähig; können oder sollen seine einzelnen Abschnitte als Versatzstücke herausgebrochen werden? Sollte das Europäische Parlament nach den Beratungen nationaler Parlamente eine Revision seines Vertragsentwurfs vornehmen, um die Schwachstellen zu beseitigen? Wird es in der Lage sein, aufgrund der Erfahrungen mit den revidierten und ergänzten Vertragsartikeln bei der Ausgestaltung der nächsten Konjunkturphase und der Verhandlungspakete eine wesentliche Rolle zu spielen, oder soll sich das Europäische Parlament um ein Mandat als verfassungsgebende Versammlung bemühen, deren Ausarbeitungen dann von nationalen Parlamenten oder in Volksabstimmungen ratifiziert werden?[82] Der Vertragsentwurf mag im politischen Verfahren zunächst schubladisiert sein – er kann jedoch richtig gehandhabt eine deutliche Strahlkraft für die weitere konzeptionelle Debatte besitzen. Weder ein

Schubladisieren als Amtsutopie[83] noch eine Mythologisierung als der Entwurf der europäischen Volksvertretung[84], der nur an der Böswilligkeit von nationalistischen Regierungschefs und verbohrten Beamten gescheitert ist, können hierbei die Devise sein.

Das EG-System bleibt gestaltungsbedürftig und in noch nicht ausgeloteten Grenzen auch gestaltungsfähig. Das EG-Verflechtungssystem ist zwar von Strukturmerkmalen geprägt, deren Stabilität von den Luxemburger Ergebnissen bestätigt wurde. Die Mischung und Weiterentwicklung dieser Elemente sind jedoch nicht endgültig und umfassend festgelegt. Erfahrungen mit der Funktionsfähigkeit der Luxemburger Ergebnisse werden wichtige Anhaltspunkte für mögliche Weiterentwicklungen geben. Die konzeptionelle Debatte hat mit den in diesem Band dokumentierten Vorschlägen und Beschlüssen eine besondere Ausprägung erfahren, die die bisherigen Erfahrungen fortgeschrieben und weiterentwickelt hat. Die Grundfragen bleiben in wichtigen Aspekten ungelöst und werden weiterhin gestellt werden.

Anmerkungen

1 Vgl. hierzu: Bruno Bengel u.a., Nur verpaßte Chancen? Die Reformberichte der Europäischen Gemeinschaft, Bonn 1983; Walter Lipgens, 45 Jahre Ringen um die europäische Verfassung, Dokumente 1939–1984. Von den Schriften der Widerstandsbewegung bis zum Vertragsentwurf des Europäischen Parlaments, Bonn 1986; Pierre Gerbet, La Construction de l'Europe, Paris 1983; Max Jansen und Johan de Vree, The Ordeal of Unity. The politics of European integration 1945–1985, Bilthoven 1985; Europäisches Parlament, Institutioneller Ausschuß, Sammlung der institutionellen Dokumente der Gemeinschaft von 1950 bis 1982, Luxemburg 1982.

2 Zu Bedeutung und Funktion europapolitischer Leitbilder vgl. Heinrich Schneider, Leitbilder der Europapolitik, Band 1, Der Weg zur Integration, Bonn 1977, S. 13–43.

3 Schlußdokument der Pariser Gipfelkonferenz vom Oktober 1972, in: Europäisches Parlament, Sammlung der institutionellen Dokumente 1982, a.a.O. (Anm. 1), S. 222–231, Zitat: S. 231.

4 Vgl. zu einer Analyse der Aussagekraft dieses Begriffes: Rudolf Hrbek u. Heinrich Schneider, Europäische Union im Werden, in: Hans von der Groeben u. Hans Möller (Hrsg.), Möglichkeiten und Grenzen einer Europäischen Union, Band 1: Die Europäische Union als Prozeß, Baden-Baden 1980, S. 209–427.

5 Vgl. hierzu die langjährigen Ergebnisse der im Auftrag der EG-Kommission durchgeführten Euro-Barometer-Umfragen sowie Elisabeth Noelle-Neumann und Gerhard Herdegen, Europa in der öffentlichen Meinung, in: Werner Weidenfeld u. Wolfgang Wessels (Hrsg.), Jahrbuch der Europäischen Integration 1983ff., Bonn 1984ff.; vgl. auch mit abweichender Analyse Peter Reichel, Was blieb von der Europa-Euphorie? Zur politischen Kultur der Europäischen Gemeinschaft, in: Peter Reichel (Hrsg.), Politische Kultur in Westeuropa, Bürger und Staaten in der Europäischen Gemeinschaft, Schriftenreihe der Bundeszentrale für politische Bildung, Band 209, Bonn 1984, S. 292ff.

6 Elisabeth Noelle-Neumann u. Gerhard Herdegen, Die öffentliche Meinung, in: Werner Weidenfeld u. Wolfgang Wessels (Hrsg.), Jahrbuch der Europäischen Integration 1984, Bonn 1985, S. 318.

7 So charakterisiert von Alan S. Milward, The Reconstruction of Western Europe 1945–1951, London 1984, S. 493.
8 So Hans-Peter Ipsen, Europäische Verfassungsbestrebungen aus der Sicht deutscher Verfassungstradition, in: Jürgen Schwarze u. Roland Bieber (Hrsg.), Eine Verfassung für Europa. Von der Europäischen Gemeinschaft zur Europäischen Union, Baden-Baden 1984, S. 151.
9 Vgl. zum Begriff der Interdependenz: Walter Bühl, Transnationale Politik, Internationale Politik zwischen Hegemonie und Interdependenz, Stuttgart 1978; Robert O. Keohane u. Joseph S. Nye, Transnational Relations and World Politics, Cambridge/Mass. 1972.
10 Vgl. Rober O. Keohane, After Hegemony. Cooperation and Discord in the World Political Economy, Princeton 1984.
11 Rudolf Hrbek u. Wolfgang Wessels, Nationale Interessen der Bundesrepublik Deutschland und der Integrationsprozeß, in: Rudolf Hrbek u. Wolfgang Wessels (Hrsg.), EG-Mitgliedschaft: ein vitales Interesse der Bundesrepublik Deutschland? Bonn 1984, S. 29ff.
12 Vgl. Werner Weidenfeld, Europa – aber wo liegt es? In: Werner Weidenfeld (Hrsg.), Die Identität Europas, München 1985, S. 32.
13 Fritz W. Scharpf, Die Politikverflechtungs-Falle. Europäische Integration und deutscher Föderalismus im Vergleich, in: Politische Vierteljahresschrift, Opladen 1985, Heft 4, S. 323–356.
14 Wolfgang Wessels, Alternative Strategies for Institutional Reforms, European University Institute, European Policy Unit, Working Paper No. 85/184, Florenz 1985.
15 Fritz W. Scharpf 1985, a.a.O. (Anm. 13).
16 Vgl. insbesondere Heinrich Schneider, Integration gestern, heute und morgen, in: Integration, Bonn 1978, Nr. 1, S. 3–16; Daniel Frei, Integrationsprozesse – Theoretische Erkenntnisse und praktische Folgerungen, in: Werner Weidenfeld (Hrsg.) 1985, a.a.O. (Anm. 12); Carol Webb, Theoretical Perspectives and Problems, in: Helen Wallace u.a., Policy Making in the European Community, London 1983, S. 1–39; Alan S. Milward 1984, a.a.O. (Anm. 7).
17 Vgl. Alan S. Milward 1984, a.a.O. (Anm. 7), S. 492.
18 Wolfgang Wessels 1985, a.a.O. (Anm. 14).
19 Alan S. Milward 1984, a.a.O. (Anm. 7); Donald S. Puchala, Fiscal Harmonization in the European Communities, Domestic Politics and International Negotiations, London 1985.
20 Vgl. u.a. die Entschließung des Bundeskomitees der Union Europäischer Föderalisten vom 15./16. Oktober 1983.
21 Vgl. Heinrich Schneider 1977, a.a.O. (Anm. 2), S. 13–43.
22 Vgl. die Formel des Europäischen Rats zum Tindemans-Bericht und zum Bericht der Drei Weisen. Ausspruch zum Tindemans-Bericht in: Wolfgang Wessels, Der Europäische Rat, Bonn 1980, S. 174.
23 Rudolf Hrbek u. Heinrich Schneider 1980, a.a.O. (Anm. 4).
24 Vgl. hierzu die inhaltliche Einführung zu den Dokumenten von Michael Garthe u. Otto Schmuck in diesem Band.
25 Hierzu ausführlicher Wolfgang Wessels 1985, a.a.O. (Anm. 14).
26 Dieser Denkschule könnten der Bericht des Ad-hoc-Ausschusses für institutionelle Fragen (Dok. Nr. 12 in diesem Band) und auch die ‚Einheitliche Europäische Akte' (Dok. Nr. 22) zugeordnet werden.
27 Vgl. hierzu den Entwurf über die Ausarbeitung einer Europäischen Verfassung, vorgelegt von Mitgliedern der Fraktion der Europäischen Volkspartei im Europäischen Parlament, 26. September 1983, in: Jürgen Schwarze u. Roland Bieber (Hrsg.), Eine Verfassung für Europa, Baden-Baden 1984, S. 571–624.
28 Eine derartige „mittlere Strategie" wurde gefordert von Roswitha Bourguignon-Wittke u. Otto Schmuck, Demokratisierung des EG-Systems durch das direktgewählte Europäische Parlament? In: Integration, Bonn 1984, Nr. 2, S. 111.
29 Vgl. hierzu u.a. die betont pragmatische britische Position (Dok. Nr. 8 in diesem Band).
30 Als Vertreter dieser Denkrichtung können verschiedene sozialistische/sozialdemokratische Abgeordnete im EP genannt werden, vgl. z.B. Klaus Hänsch, The Reform Proposal. The Strategy of "Small Steps" versus the General Reform, in: Rudolf Hrbek u.a. (Hrsg.), The

European Parliament on the Eve of the Second Direct Elections: Balance sheet and prospects, Brügge 1984, S. 136–173.

31 Die Ausführungen zu dem Vertragsentwurf des EP greifen zurück auf Wolfgang Wessels, Der Vertragsentwurf des Europäischen Parlaments für eine Europäische Union. Kristallisationspunkt einer neuen Europa-Debatte, in: Europa-Archiv, Bonn 1984, Folge 8, S. 239–248.

32 Vertragsentwurf des EP in diesem Band (Dok. Nr. 1).

33 Vgl. Vlad Constantinesco, Division of fields of competence between the Union and the Member States in the Draft Treaty establishing the European Union, in: Roland Bieber u.a. (Hrsg.), An ever closer Union, Brüssel 1985, S.41–55.

34 Über diese Charakterisierung hat es eine ausführliche Diskussion gegeben: Vgl. Beschluß des Deutschen Bundestages vom 31. Januar 1986 (Dok. 21 in diesem Band); Bericht der Delegation der Französischen Nationalversammlung (Dok. Nr. 7 in diesem Band). Zur Diskussion vgl. Claus-Dieter Ehlermann, Vergleich des Verfassungsprojekts des Europäischen Parlaments mit früheren Verfassungs- und Reformprojekten, in: Jürgen Schwarze u. Roland Bieber 1984, a.a.O. (Anm. 8), bes. S. 276; Ulrich Everling, Zur Rechtsstruktur einer Europäischen Verfassung, in: Integration, Bonn 1984, Nr. 1, S. 12–24, u.a.m.

35 So im Beschluß des Deutschen Bundesrates vom 31. Januar 1986 (Dok. Nr. 21 in diesem Band); ähnlich Bundeskanzler Dr. Helmut Kohl vor dem Deutschen Bundesrat am 8. Februar 1985 (Dok. Nr. 9 in diesem Band); Ministerpräsident Johannes Rau vor dem Deutschen Bundesrat am 8. Februar 1986 (Dok. Nr. 10 in diesem Band).

36 So insbesondere Dieter Blumenwitz in seiner Stellungnahme zum Vertragsentwurf des EP vor dem Auswärtigen Ausschuß des Deutschen Bundestages, Bonn, 2. Oktober 1985, vgl. das Protokoll der 52. Sitzung des Auswärtigen Ausschusses (712–2450); eine abweichende Position vertrat Jürgen Schwarze, ebenda.

37 Joseph H.H. Weiler u. James Modrall, The Creation of the European Union and its Relation to the EEC Treaties, in: Roland Bieber u.a. (Hrsg.), 1985, a.a.O. (Anm. 33).

38 Vgl. die Ausführungen von Barbara Castle für die britische Labour Party am 14. September 1983 vor dem Europäischen Parlament, in: ABl. der EG, Anhang Nr. 1–303, S. 145.

39 Entschließung des dänischen Folketing vom 24. Mai 1984 (Dok. Nr. 5 in diesem Band).

40 Dokumentiert in: Werner Weidenfeld u. Wolfgang Wessels (Hrsg.), Jahrbuch der Europäischen Integration 1983, Bonn 1984, S. 417–424.

41 Vgl. Hans-Peter Ipsen, Die Stuttgarter „Feierliche Erklärung zur Europäischen Union“ vom 13. Juni 1983, in: Europarecht, Baden-Baden 1984, Nr. 1, S. 1.

42 So die Einschätzung von Werner Weidenfeld, Europäische Verfassung für Visionäre? In: Integration, Bonn 1984, Nr. 1, S. 37.

43 Bericht der Delegation der Französischen Nationalversammlung (Dok. Nr. 7 in diesem Band).

44 Vgl. Ulrich Everling 1984, a.a.O. (Anm. 34), S. 12.

45 Vgl. zu dieser Fragestellung: Heinrich Schneider, Der Vertragsentwurf und der Föderalismus, in: Integration, Bonn 1984, Nr. 1, S. 6ff.

46 Vgl. Roy Pryce, New Europe Papers, 8. Towards European Union, A Federal Trust Study, London 1983.

47 Beschluß des Deutschen Bundesrats vom 31. Januar 1986 (Dok. Nr. 21 in diesem Band).

48 Vgl. Klaus Hänsch, Europäische Integration und parlamentarische Demokratie, in: Europa-Archiv, Bonn 1986, Folge 7, S. 191–200.

49 Gerda Zellentin, Überstaatlichkeit statt Bürgernähe, in: Integration, Bonn 1984, Nr. 1, S. 48.

50 Altiero Spinelli, Die parlamentarische Initiative zur Europäischen Union, in: Europa-Archiv, Bonn 1983, Folge 24, S. 746ff.

51 So die Entschließung des UEF-Bundeskomitees vom 15./16. Oktober 1983, a.a.O. (Anm. 20).

52 Entschließung der italienischen Abgeordnetenkammer vom 14. Februar 1984 (Dok. Nr. 3 in diesem Band).

53 Diese Ausführungen zur Einheitlichen Europäischen Akte greifen zurück auf Wolfgang Wessels, Die Einheitliche Europäische Akte, Einstieg in die Europäische Union oder Zementierung des Status quo? In: Integration, Bonn 1986, Nr. 2, S. 65–79.

54 Siehe Dok. Nr. 22 in diesem Band. Im folgenden werden, soweit nicht anderes aufgeführt, die neuen EWG-Vertragsartikel, nicht die Artikel der Einheitlichen Europäischen Akte, zitiert.

55 Vgl. hierzu die Entschließung des Europäischen Parlaments vom 16. Januar 1986 zur Einheitlichen Europäischen Akte, siehe Dok. Nr. 19 in diesem Band.

56 Der Begriff ‚géométrie variable' ist aus der französischen Diskussion über Formen innergemeinschaftlicher Differenzen eingebracht worden: Philippe Moreau-Defarges, Quel avenir pour quelle Communauté? Paris 1986.

57 Entschließung des Europäischen Parlaments siehe Dok. Nr. 19 in diesem Band.

58 Entschließung des Vorstands der Union Europäischer Föderalisten vom 10. Januar 1986.

59 Entschließung des Bundesrates zur Änderung der Römischen Verträge vom 21. Februar 1986, Bundesrats-Drucksache 50/86.

60 Vgl. Staatsminister Lutz G. Stavenhagen, Perspektiven deutscher Europapolitik nach dem Luxemburger Gipfel, in: Integration, Bonn 1986, Nr. 2, S. 47–50.

61 Erklärung der Bundesregierung zum Europäischen Rat in Luxemburg, abgegeben von Bundeskanzler Dr. Helmut Kohl vor dem Deutschen Bundestag am 5. Dezember 1985, in: Presse- und Informationsamt der Bundesregierung (Hrsg.), Bulletin Nr. 139 vom 7. Dezember 1985, S. 1213.

62 Vgl. zur Begrifflichkeit Roswitha Bourguignon-Wittke u.a., Five Years of the Directly Elected European Parliament, in: Journal of Common Market Studies, Oxford, Band XXIV, Nr. 1, September 1985, S. 39–59; Eberhard Grabitz u. Otto Schmuck, Das Europäische Parlament im Verflechtungssystem der EG: Handlungsspielräume, Rollenbeschreibung, Funktionen, in: Zeitschrift für Parlamentsfragen, Opladen 1984, Heft 3, S. 427–440.

63 Vgl. als ein Beispiel: Redaktion Integration, Die unverzichtbaren Elemente einer Europäischen Union, in: Integration, Bonn 1985, Nr. 2, S. 47–48.

64 Vgl. Helmut Schlesinger, Stellungnahme vor dem Auswärtigen Ausschuß des Deutschen Bundestages bei der öffentlichen Anhörung zum Thema „Entwurf eines Vertrages zur Gründung der Europäischen Union", 52. Sitzung, 2. Oktober 1985, Bonn, Deutscher Bundestag, 10. Wahlperiode, Auswärtiger Ausschuß –712-2450 – (stenographisches Protokoll).

65 Vgl. hierzu den deutschen Vorbehalt in Anm. 11. zum Bericht des institutionellen Ad-hoc-Ausschusses in Dok. Nr. 12 in diesem Band.

66 Vgl. Stellungnahmen der Europa-Kommission des Deutschen Bundestages und des Bundesrates zum Vertragsentwurf des EP (Dok. Nr. 27 und 21 in diesem Band); Dieter Blumenwitz, Stellungnahme vor dem Auswärtigen Ausschuß des Deutschen Bundestages am 2. Oktober 1985, a.a.O. (Anm. 64).

67 Siehe den Beschluß des Bundesrates vom 31. Januar 1986 (Dok. Nr. 21 in diesem Band), Ziffer II.7.

68 Vgl. Eberhard Grabitz bei der Anhörung von Sachverständigen durch den Ständigen Beirat des Bundesrates am 6. November 1985; Beate Kohler-Koch, Stellungnahme vor dem Auswärtigen Ausschuß des Deutschen Bundestages am 2. Oktober 1985, a.a.O. (Anm. 64).

69 Vgl. die Empfehlungen der Europa-Kommission des Deutschen Bundestages (Dok. Nr. 27 in diesem Band).

70 Vgl. Joseph H.H. Weiler u. James Modrall 1985, a.a.O. (Anm. 37); Carl-Otto Lenz, The Draft Treaty establishing the European Union: report on the Federal Republic of Germany, in: ebenda, S. 209–216.

71 Vgl. Eberhard Grabitz 1985, a.a.O. (Anm. 68); Meinhard Hilf u. Jürgen Schwarze, Stellungnahmen vor dem Auswärtigen Ausschuß des Deutschen Bundestages am 2. Oktober 1985, a.a.O. (Anm. 64).

72 Vgl. Dietrich Murswiek, Stellungnahme vor dem Auswärtigen Ausschuß des Deutschen Bundestages am 2. Oktober 1985, ebenda.

73 Vgl. Dieter Blumenwitz, Stellungnahme vor dem Auswärtigen Ausschuß des Deutschen Bundestages am 2. Oktober 1985, ebenda.

74 Vgl. Eberhard Grabitz 1985, a.a.O. (Anm. 68).

75 Vgl. Eckart Klein u. Dietrich Murswiek, Stellungnahme vor dem Auswärtigen Ausschuß des Deutschen Bundestages am 2. Oktober 1985, a.a.O. (Anm. 64).

76 Empfehlung der Europa-Kommission des Deutschen Bundestages, Dok. Nr. 27 in diesem Band.

77 Vgl. die Beschlüsse des Deutschen Bundesrates, hierzu Dok. Nr. 21 und 28.

78 Vgl. Dieter Blumenwitz 1985, a.a.O. (Anm. 64); Eberhard Grabitz 1985, a.a.O. (Anm. 68).

79 Beschluß des Bundesrates vom 16. Mai 1986 (Dok. Nr. 28 in diesem Band).

80 Vgl. Stellungnahme des Europäischen Parlaments vom 16. Januar 1986 (Dok. Nr. 19 in diesem Band).

81 Empfehlung der Europa-Kommission des Deutschen Bundestages vom 12. März 1986 (Dok. Nr. 27 in diesem Band).

82 Überlegungen im Institutionellen Ausschuß des Europäischen Parlaments, so: Fernand Herman, Working Document on the Strategy of the Committee on Institutional Affairs, vom 18. Februar 1986, PE 103.892.

83 Vgl. Hans-Peter Ipsen 1984, a.a.O. (Anm. 8).

84 Vgl. hierzu Claus Schöndube, Das Europäische Parlament vor der zweiten Direktwahl. Bilanz und Perspektiven, Bonn 1983, S. 148ff.

Vom Verfassungsentwurf zur Vertragsänderung – Inhaltliche Einführung zu den Dokumenten

MICHAEL GARTHE / OTTO SCHMUCK

1. Kriterien zur Analyse von Reformvorschlägen

Die Geschichte der europäischen Einigung verlief in periodisch wiederkehrenden Schüben. Phasen intensiver und partiell erfolgreicher Reformbemühungen wechselten sich regelmäßig ab mit Zeiträumen, die von Enttäuschungen und Rückschlägen gekennzeichnet waren[1].

In den nachfolgenden Dokumenten wird ein etwa zwei Jahre umfassender Reformzyklus dokumentiert, an dessen Anfang mit der am 14. Februar 1984 erfolgten Verabschiedung des Vertragsentwurfs des Europäischen Parlaments (EP) zur Gründung der Europäischen Union (Dokument Nr. 1) die Hoffnung stand, daß in absehbarer Zeit der Durchbruch zur Europäischen Union, einer im Vergleich zur bestehenden Europäischen Gemeinschaft qualitativ anders gearteten Beziehung zwischen den europäischen Völkern, erreicht werden könnte. Zwei Jahre später – nach den Erfahrungen mit der zwischen September 1985 und Januar 1986 tagenden Regierungskonferenz – war klar geworden, daß derartige Hoffnungen verfrüht waren: Die dort ausgearbeitete ‚Einheitliche Europäische Akte' (Dokument Nr. 22) war eine pragmatische Reformübereinkunft, die zwar in Teilbereichen einige Fortschritte brachte, jedoch die im Vertragsentwurf des Parlaments geweckten Hoffnungen längst nicht befriedigen konnte. Die weitreichenden Hoffnungen und Erwartungen, aber auch die zunehmende Enttäuschung spiegelt sich in den in diesem Band dokumentierten vielfältigen Stellungnahmen und Alternativvorschlägen der an der Reformdiskussion 1984/86 beteiligten politischen Akteure wider.

Bei der nachfolgenden Analyse der Dokumente kommt vier Kriterien eine besondere Bedeutung zu:

An die Gestaltung der institutionellen Strukturen ist eine doppelte Anforderung zu stellen: Das Entscheidungsverfahren soll gleichzeitig den Erfordernissen von *Handlungsfähigkeit und demokratischer Legitimation* entsprechen. Konkret bedeutet dies, daß notwendige Beschlüsse unter verantwortlicher Einbeziehung des Europäischen Parlaments in absehbaren Zeiträumen getroffen werden können und Entscheidungsblockaden wirksam verhindert werden.

Das zweite Kriterium bezieht sich auf die *Zuweisung von Aufgaben an die adäquate Lösungsebene*. Hier geht es vor allem um das Subsidiaritätsprinzip: Werden der Europäischen Union tatsächlich nur dort Aufgaben zugewiesen, wo sie diese auch besser und sinnvoller wahrnehmen kann als die Mitgliedstaaten? Das Ziel ist also nicht die Schaffung eines zentralistischen Einheitstaates, sondern die Errichtung eines flexiblen Handlungsrahmens auf föderalistischer Basis, in dem die europäische und die nationale Entscheidungsebene gleichberechtigt und vertrauensvoll zusammenwirken.

Als drittes Kriterium wird die *Eindeutigkeit der Kompetenzabgrenzung* zwischen der europäischen und der nationalen Ebene in die Untersuchung einbezogen. Um eine durchgängige demokratische Kontrolle in Europa zu ermöglichen, müssen die vorhandenen rechtlichen Grauzonen zwischen der Gemeinschaft und ihren Mitgliedstaaten entscheidend reduziert werden. Heute werden zahlreiche Aufgaben in europäischem Rahmen wahrgenommen, ohne daß die EG hierfür über eindeutige Kompetenzen verfügt. Beispielsweise kann das Europäische Parlament über den Europäischen Entwicklungsfonds nur beschränkt eine parlamentarische Kontrolle ausüben, weil dieser am EG-Haushalt vorbei national finanziert wird. Derartige Mißstände sind in einer Europäischen Union abzustellen.

Ein viertes Kriterium bezieht sich schließlich auf die *Realisierbarkeit der Reformvorschläge*, d.h. auf die Frage, nach welchem Verfahren die vorgeschlagenen Reformen in Kraft treten sollen. Ein völlig neuer Vertrag könnte von einer beliebig großen Anzahl beitrittswilliger Staaten abgeschlossen werden, während eine Reform der bestehenden EG-Verträge nach Artikel 236 des EWG-Vertrages die Zustimmung aller EG-Mitgliedstaaten voraussetzt.

Diese vier Kriterien – Handlungsfähigkeit und demokratische Legitimation des Entscheidungsverfahrens, Aufgabenzuweisung an die adäquate Lösungsebene, Eindeutigkeit der Kompetenzabgrenzung zwischen Union und Mitgliedstaaten und Realisierbarkeit der Reformen – bilden den Rahmen für die nachfolgende Analyse der Reformdokumente.

2. *Der Vertragsentwurf des Europäischen Parlaments: Unionsgründung durch Verfassungsgebung?*

Der am 14. Februar 1984 mit 237 gegen 31 Stimmen bei 43 Enthaltungen angenommene ‚Entwurf eines Vertrages zur Gründung der Europäischen Union' (Dokument Nr. 1) ist Ausdruck eines gesteigerten Selbstbewußtseins des Europäischen Parlaments nach Einführung seiner Direktwahl. Dieses Dokument stellt seiner Form nach einen internationalen Vertrag dar, der allen Mitgliedstaaten der EG zur Ratifizierung offensteht, besitzt aber gleichzeitig alle Merkmale einer Verfassung[2]. Der Text besteht aus einer Präambel und 87 Artikeln. Auffälligste Veränderungen gegenüber den bestehenden Gemeinschaftsverträgen sind:

– die Zusammenführung der Europäischen Gemeinschaft, der Europäischen Politischen Zusammenarbeit und des Europäischen Währungssystems unter dem gemeinsamen Dach der Europäischen Union;
– die Einbeziehung neuer Politikbereiche in den Aufgabenkatalog der Union;
– die demokratische Ausgestaltung des institutionellen Entscheidungsverfahrens insbesondere durch eine erhebliche Aufwertung des Europäischen Parlaments.

Die institutionellen Strukturen

Bezeichnenderweise steht bei den institutionellen Bestimmungen des Vertragsentwurfs das *Europäische Parlament* an erster Stelle (Art. 14 bis 19). Neu gegenüber dem geltenden Recht sind dabei vor allem das einheitliche Wahlverfahren, die präzisierte Aufgabenbeschreibung sowie die neue parlamentarische Untersuchungsbefugnis.

Der *Rat der Union* (Art. 20–24) setzt sich aus Vertretungen der Mitgliedstaaten zusammen, die von ihren jeweiligen Regierungen ernannt werden. Jede Vertretung wird „von einem Minister geleitet, der in besonderer Weise und ständig mit den Angelegenheiten der Union beauftragt ist" (Art. 20). Der Rat beschließt mit einfacher Mehrheit. Lediglich in im Vertragstext ausdrücklich vorgesehenen Fällen sind absolute oder qualifizierte Mehrheiten oder sogar Einstimmigkeit erforderlich. Für eine Übergangszeit von zehn Jahren besteht ein nationales Veto-Recht in modifizierter Form fort (Art. 23.3).

Die *Kommission* (Art. 25–29) definiert die Leitlinien für die Tätigkeit der Union, ergreift die Gesetzesinitiative, ist alleinige Exekutivgewalt, entwirft den Haushaltsplan und wacht über die Anwendung der Verträge und Gesetze. Der Präsident der Kommission wird vom Europäischen Rat ernannt und bildet dann die Kommission nach Anhörung des Europäischen Rates.

Der *Gerichtshof* (Art. 30) behält seine bisherigen Funktionen. Seine Mitglieder sollen nun allerdings jeweils zur Hälfte durch den Rat der Union und das Europäische Parlament ernannt werden.

Der *Europäische Rat* (Art. 31 und 32) wird explizit zu einem vertraglichen Unionsorgan. Ihm obliegt die generelle Zuständigkeit für die Zusammenarbeit in dem von Art. 67 vorgesehenen Rahmen der internationalen Beziehungen und er verfügt über die alleinige Befugnis, nach Maßgabe der vertraglichen Bestimmungen über eine Ausweitung der Zuständigkeiten der Union zu entscheiden.

Die doppelte Zielsetzung der Gesetzgebung der Union (Art. 34–44) – gleichberechtigte Mitwirkung von EP und Rat und effektivere Entscheidungsprozeduren – führt zu einem relativ komplizierten Legislativverfahren:

Art. 34 unterscheidet zunächst zwischen ,einfachen' Gesetzen zur Regelung der gemeinsamen Aktion und sog. Organgesetzen, die den organisatorischen Aufbau und die Funktionsweise der Institutionen sowie einige andere einzeln aufgeführte Bereiche betreffen, und einer erhöhten Mehrheit bedürfen. Ein von der Kommission initiierter Gesetzentwurf geht zuerst an das Parlament. Es billigt ihn binnen sechs Monaten mit oder ohne Änderungen mit einfacher Mehrheit (Organgesetze können nur mit qualifizierter Mehrheit gebilligt bzw. mit absoluter Mehrheit geändert werden). Der Parlamentsbeschluß wird dann mitsamt einer innerhalb eines Monats vorzulegenden Stellungnahme der Kommission an den Rat der Union weitergeleitet. Der Rat hat sechs Monate Zeit, um den Gesetzentwurf mit absoluter Mehrheit unverändert annehmen oder einstimmig ablehnen zu können (bei Organgesetzen benötigt er qualifizierte Mehrheit), womit in beiden Fällen das Gesetzgebungsverfahren beendet ist. In allen anderen Fällen wird ein Konzertierungsausschuß, der sich paritätisch aus Mitgliedern von Rat und Parlament zusammensetzt, mit den strittigen Materien befaßt. Für alle Entscheidungen sind entsprechende Fristen vorgesehen. Werden diese von Parlament oder Rat nicht eingehalten, so gilt der vorgelegte Text als angenommen.

Fünf Elemente aus dem EP-Vertragsentwurf sprechen – trotz vorhandener Einwände – für eine spürbare Effizienzsteigerung des gemeinschaftlichen Entscheidungsprozesses[3]:

- Die Einführung der differenzierten Mehrheitsentscheidung im Rat der Union. Damit wird die Blockadewirkung des gegenwärtig fast ausschließlich mit Einstimmigkeit agierenden Minsterrates auf ein Minimum reduziert.
- Die Einführung straffer Fristen im Gesetzgebungsverfahren. Damit ist ein Gesetz spätestens 21 Monate nach seiner Einbringung verabschiedet.
- Die Einführung eines funktionsfähigen Konzertierungsverfahrens zwischen Rat und Parlament. Damit wird der Gesetzgebungsprozeß in jedem Fall zu Ende gebracht.
- Die Zusammenfassung der verschiedenen europapolitischen Foren und Aktivitäten (EG, EPZ, EWS) unter dem gemeinsamen Dach der Europäischen Union.
- Die Vereinfachung der Haushaltsgesetzgebung durch den Wegfall der Unterscheidung in obligatorische und nichtobligatorische Mittel.

Dem Erfordernis einer gesteigerten demokratischen Legitimation trägt der Vertragsentwurf durch die gleichberechtigte Mitwirkung des Europäischen Parlaments an der Entscheidungsfindung und seine gestärkten Kontrollrechte Rechnung.

Die Aufgaben- und Kompetenzverteilung zwischen Union und Mitgliedstaaten

Angesichts der Herausforderungen unserer Zeit weisen die Römischen Verträge bei der Aufgabenbeschreibung der Gemeinschaft eine unzureichende Reichweite auf. Sie sind fast ausschließlich auf Fragen der Wirtschaftspolitik, des Binnenmarktes und der Zollunion ausgerichtet. Gegenwärtig immer wichtiger werdende Politikbereiche wie die Forschungs- und Technologiepolitik, die Bildungs- und Kulturpolitik oder der Umweltschutz fehlen völlig. In vielen aktuellen Fragen besteht deshalb eine Diskrepanz zwischen dem Erwartungshorizont der Umwelt und dem Selbstbewußtsein und der Handlungsfähigkeit der Gemeinschaft.

Eine Realisierung des EP-Vertragsentwurfs zu einer Europäischen Union würde dieses Defizit zweifelsohne weitgehend beseitigen[4]. Der Entwurf sieht abgestufte Zuständigkeiten der Union zur Schaffung eines Einheitlichen Rechtsraumes (Art. 46), zur Wirtschaftspolitik (Art. 47–54) – sie umfaßt Binnenmarkt und Freizügigkeit, Wettbewerb, Gesellschaftsrecht, Steuern, Konjunkturpolitik, Kreditpolitik, EWS, Landwirtschaft und Fischerei, Verkehrswesen, Fernmeldewesen, Forschung und Entwicklung, Industrie- und Energiepolitik –, zur Gesellschaftspolitik (Art. 55–62) mit den Bereichen Sozial- und Gesundheitspolitik, Verbraucherschutz, Regionalpolitik, Umweltschutz, Bildungs- und Forschungspolitik, Kultur- und Informationspolitik sowie zu den internationalen Beziehungen der Union (Art. 63–69) vor. Die Entwicklungspolitik soll innerhalb von zehn Jahren schrittweise auf die Union übertragen werden (Art. 64.3). Damit bekommt die Union nicht nur Zuständigkeiten in neuen Politikbereichen, insbesondere Forschung, Technologie, Bildung, Kultur, Umweltschutz und Nord-Süd-Kooperation, sondern auch bezüglich der Sicherung des Friedens nach innen und außen. Diese Aufgabenausweitungen werden in der Präambel des Vertragsentwurfs mit integrationspolitischen Argumenten („. . . daß es für Europa immer wichtiger wird, seine Identität zu bestätigen . . .“), aber auch aus Effizienzgesichtspunkten heraus begründet: Die Union soll entsprechend dem in der Präambel und in Art. 12.2 festgelegten Subsidiaritätsprinzip nur die Aufgaben bewältigen, die sie wirkungsvoller als jeder Mitgliedstaat für sich allein wahrnehmen kann. Hierbei sind vor allem Aufgaben angesprochen, „deren Bewältigung ein Handeln der Union erfordert, weil ihre Ausmaße oder ihre Auswirkungen über die nationalen Grenzen hinausreichen.“ Materiell gesehen wird demnach das Kriterium der Aufgabenzuweisung an die adäquate Lösungsebene durchaus erfüllt. Der Erfolg dieser Maßnahmen hängt jedoch ausschlaggebend von der klaren Zuordnung und Abgrenzung der Zuständigkeiten von Unions- und Nationalstaatsebene ab.

Die Zuständigkeiten der Union werden im Vertragsentwurf in zwei Bereiche geteilt, in die gemeinsame Aktion und die Zusammenarbeit zwischen den Mitgliedstaaten. Erstere umfaßt die Gesamtheit der Rechtshandlungen auf dem Gebiet der Gesetzgebung, der Verwaltung, der Finanzen und der Gerichtsbarkeit sowie der von ihren Institutionen ausgehenden Programme und Empfehlungen der Union (Art. 10). Unter Zusammenarbeit werden die im Rahmen des Europäischen Rates eingegangenen Verpflichtungen der Mitgliedstaaten verstanden. Diese Unterscheidung ist insofern politisch von großer Bedeutung, als die Institutionen der Union über Materien der gemeinsamen Aktion in der Regel mit Mehrheit entscheiden, während für einen Beschluß des Europäischen Rats in Fragen der Zusammenarbeit Einstimmigkeit erforderlich ist.

Folgende Kompetenzen sind für die Union vorgesehen:

- Ausschließliche Kompetenzen: Freizügigkeit der Person, freier Dienstleistungs-, Güter- und Kapitalverkehr im Binnenmarkt, Handelspolitik (Art. 47, 64), Wettbewerbspolitik (Art. 48), nach einer Übergangszeit von zehn Jahren auch die Entwicklungspolitik (Art. 64.3).
- Konkurrierende Kompetenzen: Konjunkturpolitik (Art. 50), Kreditpolitik (Art. 51), Währungspolitik, wobei festgelegt wird, daß sich alle Mitgliedstaaten am EWS beteiligen (Art. 52), sektorale Politiken, vor allem Landwirtschaft und Fischerei, Verkehrswesen, Fernmeldewesen, Forschung und Entwicklung, Industrie, Energiebereich (Art. 53), Sozial- und Gesundheits-, Verbraucher-, Regional-, Umwelt-, Bildungs- und Forschungs-, Kultur- und Informationspolitik (Art. 55–62).
- Zusammenarbeit: Pflege der internationalen Beziehungen der Union (Art. 66); auf besonderen Beschluß des Europäischen Rates auch die Rüstungspolitik, der Verkauf von Waffen an Drittländer, Verteidigungs- und Abrüstungspolitik (Art. 68).

Bei konkurrierender Zuständigkeit, in der die „Mitgliedstaaten handeln, soweit die Union nicht tätig geworden ist" (Art. 12.2), muß das Gesetz, das die gemeinsame Aktion auslöst, mit qualifizierter Mehrheit vom Parlament und vom Rat angenommen werden. Einschränkend gilt, daß eine nationale Vertretung für eine Übergangszeit von zehn Jahren aufgrund eines vitalen einzelstaatlichen Interesses, das von der Kommission anerkannt werden muß, eine Abstimmung vertagen lassen kann (Art. 23.3). Den Übergang von der Methode der Zusammenarbeit zur Methode der gemeinsamen Aktion in bestimmten, vertraglich festgelegten Bereichen beschließt auf Vorschlag der Kommission, des Rates, des Parlaments oder eines oder mehrerer Mitgliedstaaten der Europäische Rat nach Anhörung der Kommission und mit Zustimmung des Parlaments (Art. 11.1).

Diese Vorschriften bieten ein im Vergleich zum gegenwärtigen System einfacheres und für viele Probleme Westeuropas sinnvolleres Verfahren zur Kompetenzaufteilung an, das auch eine Reduzierung der „Zuständigkeits-Grauzonen“ zwischen EG-Ebene und Mitgliedstaaten zur Folge hätte. Allerdings erfolgt die Übertragung von nationalen Zuständigkeiten auf die europäische Ebene relativ leicht, d.h. mit qualifizierten Mehrheiten der Unionsorgane bzw. durch Beschluß des Europäischen Rates. Es besteht die Gefahr, daß die übergeordnete Instanz eine erhebliche Sogwirkung auf die nachgeordnete nationalstaatliche Ebene ausübt. Man kann also durchaus von zentralistischen Zügen oder einer potentiellen Allzuständigkeit der Europäischen Union sprechen[5].

Insgesamt wird das Kriterium der eindeutigen Kompetenzabgrenzung zwischen Union und Mitgliedstaat noch nicht zufriedenstellend erfüllt. Dies wird auch bei verschiedenen der vorliegenden nationalen Stellungnahmen deutlich (vgl. Dokumente Nr. 7 und 21).

Das Verfahren des Inkrafttretens

Der Vertrag steht allen EG-Mitgliedstaaten zur Ratifizierung offen. „Sobald dieser Vertrag von einer Mehrheit der Mitgliedstaaten der Europäischen Gemeinschaft, deren Bevölkerung zwei Drittel der Gesamtbevölkerung der Gemeinschaften ausmacht, ratifiziert ist, treten die Regierungen der Mitgliedstaaten, die ihn ratifiziert haben, unverzüglich zusammen, um einvernehmlich die Verfahren für die Inkraftsetzung dieses Vertrages und das Datum seines Inkrafttretens sowie über die Beziehungen zu den Mitgliedstaaten, die ihn noch nicht ratifiziert haben, zu beschließen“ (Art. 82).

Diese knappen Bestimmungen machen das Dilemma eines Inkrafttretens des Union-Vertrages mit weniger als zwölf Mitgliedern deutlich: Abgesehen von den bis heute ungeklärten Problemen bei der Verwirklichung würde es zu einer rechtlichen und politischen Vermischung und Überlappung der bestehenden EG und der neuen Union kommen. Beide würden bei unterschiedlicher Zusammensetzung in weiten Bereichen die gleichen Zuständigkeiten für sich beanspruchen und jeweils über ein vergleichbares Arrangement von Institutionen verfügen. Dadurch würde entweder der Bestand der Gemeinschaft oder die Funktionsfähigkeit der Europäischen Union, möglicherweise sogar beides gefährdet[6].

Reaktionen auf den Vertragsentwurf

Die vorstehende Analyse zeigt auf, daß der Vertragsentwurf des Europäischen Parlaments zur Gründung der Europäischen Union bezüglich der Bewertungskriterien Handlungsfähigkeit sowie demokratische Legitimation des Entscheidungsverfahrens und Aufgabenzuweisung an die adäquate Lösungsebene deutliche Pluspunkte aufweist. Negativ zu Buche schlagen dagegen die ungenügende Kompetenzabgrenzung zwischen Union und Nationalstaat sowie die weitgehend ungelöste Frage des Inkrafttretens und seiner Folgen für die bestehende Gemeinschaft. Vor- und Nachteile halten sich also die Waage, wobei allerdings die Nachteile letztlich für das – zumindest vorläufige – Scheitern des Entwurfs verantwortlich sind.

Dies machen auch die nationalen Stellungnahmen deutlich. Lediglich die italienische Abgeordnetenkammer sprach sich ohne jede Einschränkung für den Vertragsentwurf aus (Dokument Nr. 3). Die Mehrzahl der nationalen Parlamente äußerte sich grundsätzlich positiv, brachte aber zahlreiche Änderungswünsche und Ergänzungen ein. Als Beispiele hierfür stehen die belgische Abgeordnetenkammer (Dokument Nr. 6), das irische Parlament (Nr. 11) und die Europa-Kommission des Deutschen Bundestag (Nr. 27). Die eher ablehnenden Stellungnahmen reichen vom Deutschen Bundesrat (Dokument Nr. 21), der den Entwurf allerdings nicht grundsätzlich zurückweist, über die französische Nationalversammlung (Dokument Nr. 7) bis hin zur völlig restriktiven Haltung des dänischen Folketing (Dokument Nr. 5). Einzelne Staats- und Regierungschefs wie Staatspräsident Mitterrand und Bundeskanzler Kohl äußerten sich zustimmend zum Vertragsentwurf des Parlaments (vgl. Dokumente Nr. 4 und 9), wobei allerdings wohl mehr europapolitische Rhetorik als konkreter politischer Wille dahintersteckte. Die EG-Kommission blieb bis heute der grundsätzlich befürwortenden Haltung, wie sie ihr damaliger Präsident Thorn Anfang 1984 vor dem EP zum Ausdruck brachte (Dokument Nr. 2), treu.

3. Erste Gegenvorschläge der Regierungen: Auf der Suche nach akzeptablen Kompromissen

Durch die Rede des französischen Staatspräsidenten Mitterrand am 24. Mai 1984 vor dem Europäischen Parlament (Dokument Nr. 4) waren bei den Abgeordneten erhebliche Erwartungen geweckt worden. Mitterrand hatte im Namen Frankreichs erklärt, den Vertragsentwurf vom 14. Februar 1984, „. . . dessen Grundgedanken wir zustimmen, zu prüfen und zu vertreten". Die Erwartungen des Parlaments richteten sich nun auf den Ende Juni in Fontainebleau tagenden Europäischen Rat. Doch es meldeten sich auch kritische Stimmen. Die britische Regierung hatte den weitreichenden Parlamentsplänen betont pragmatische Vorstellungen in ihrem Arbeitspapier „Europa – Die Zukunft" (Dokument Nr. 8) gegenübergestellt.

Wer vom Europäischen Rat in Fontainebleau bereits eine inhaltliche Entscheidung erwartet hatte, wurde enttäuscht. Statt dessen setzten die Staats- und Regierungschefs einen Ad-hoc-Ausschuß für institutionelle Fragen (‚Dooge-Komitee') ein, der sich intensiv mit den als notwendig erachteten Reformen auseinandersetzen sollte. Parallel dazu wurde ein zweiter Ausschuß zum ‚Europa der Bürger' eingesetzt, der nach seinem Vorsitzenden auch als ‚Adonnino-Komitee' bezeichnet wurde[7].

Um eine erfolgreiche Arbeit des institutionellen Ausschusses zu gewährleisten, wurden entsprechend dem Vorbild des ‚Spaak-Ausschusses', der 1956/57 die Vorarbeiten zur Formulierung der Römischen Verträge geleistet hatte[8], persönliche Vertreter der Staats- und Regierungschefs als Mitglieder dieses Ausschusses benannt. Unter dem Vorsitz des Iren James Dooge arbeitete dieser Ausschuß zwischen September 1984 und März 1985 ein bewußt pragmatisch abgefaßtes Reformpapier aus, das trotz zahlreicher Vorbehalte von allen Mitgliedern – mit Ausnahme des dänischen Vertreters – im Grundsatz mitgetragen wurde (vgl. Dokument Nr. 12).

Die institutionellen Vorschläge des Dooge-Berichts[9]

Von weitreichenden Reformvorschlägen, die ein Vorangehen der integrationswilligeren Mitgliedstaaten erfordert hätten, hatte der Ausschuß nach dem wenig ermutigenden Signal des Europäischen Rates vom 3./4. Dezember 1984 in Dublin abgesehen. Die Staats-und Regierungschefs hatten dort anläßlich einer ersten Aussprache über die Zwischenergebnisse das ‚Dooge-Komitee' beauftragt, „. . . zu einem Höchstmaß an Übereinstimmung zu gelangen"[10]. Damit war die Marschroute für Minimalreformen, denen alle EG-Staaten zustimmen konnten, festgelegt.

In dem Ende März vorgelegten Abschlußbericht werden die zu lösenden Aufgaben bewußt in den Vordergrund gestellt. Erst nach einer ausführlichen Beschreibung der Reformen bei den Politiken behandelt der dritte Teil des Papiers „Die Mittel: Leistungsfähige demokratische Institutionen", wobei die Reihenfolge der Befassung lautet: Europäischer Rat, Rat, Kommission, Parlament, Gerichtshof.

Die Arbeit des *Europäischen Rates* soll auf politische Lenkungsaufgaben konzentriert werden, die Zahl seiner Sitzungen wird auf zwei pro Jahr reduziert. Für den *Rat* wird eine erleichterte Beschlußfassung gefordert. Wie dies erreicht werden könnte, wird im Dooge-Bericht zweifach definiert: Die Ausschußmehrheit plädierte für häufigere Mehrheitsabstimmungen, Einstimmigkeit solle nur noch in sehr wenigen Ausnahmefällen, „. . . deren Zahl jedoch gegenüber den derzeitigen Verträgen deutlich niedriger wäre . . .", notwendig sein. Die Ausschußminderheit sprach sich ebenfalls für häufigere Mehrheitsabstimmungen in den von den Verträgen vorgesehenen Fällen aus. Doch sollte dieser Auffassung nach prinzipiell das nationale Veto-Recht beibehalten werden. Der *Kommission* werden verstärkte Befugnisse – vor allem bei der Wahrnehmung ihrer exekutiven Ausgaben – eingeräumt. Eine neue Kommission muß sich dem Vertrauensvotum des Parlaments stellen.

Eine Stärkung des *Parlaments* im Entscheidungsprozeß wird in dreierlei Hinsicht angestrebt:

- Im legislativen Bereich wird in ausgewählten Bereichen eine gemeinsame Beschlußfassung EP – Rat angestrebt. Im Falle unterschiedlicher Positionen tritt auf Vorschlag der Kommission ein Konzertierungsausschuß zur Lösung der Streitfragen zusammen.
- Zweitens werden die parlamentarischen Kontrollrechte gestärkt. Hierbei wird besonderer Wert auf die Einbeziehung der außenpolitischen Aktivitäten gelegt. Assoziierungs- und Beitrittsverträge werden der Zustimmung des EP unterworfen.
- Das Parlament wird drittens an der Festlegung der EG-Einnahmen verantwortlich beteiligt.

Zur Straffung seiner Arbeit muß der *Gerichtshof* nach den Vorschlägen des Dooge-Ausschusses bei Streitfällen zwischen Beamten und Organen entlastet werden.

Mit diesen institutionellen Vorschlägen konzentriert sich der ‚Dooge-Bericht' auf pragmatische Weiterentwicklungen von bestehenden Gemeinschaftsverfahren. Trotzdem legte das dänische Mitglied gegen das gesamte institutionelle Kapitel einen Vorbehalt ein, wodurch das Ziel der Ausarbeitung eines für alle EG-Staaten akzeptablen Gesamtpakets in Frage gestellt wurde.

Die Aufgaben- und Kompetenzverteilung zwischen EG und Mitgliedstaaten im „Dooge-Bericht"

Der Ad-hoc-Ausschuß für institutionelle Fragen verstand seine Aufgabe nach eigenem Bekunden „als rein politischen Auftrag"[11]. Vor allem bei der Aufgaben- und Kompetenzverteilung wurden die sich daraus ergebenden Defizite des Berichts, der bewußt keinen „formgerechten Entwurf für einen neuen Vertrag" darstellen sollte, sehr deutlich. Denn der Ausschuß definierte zwar Ziele und Politiken, „. . . die unbedingt notwendig sind, damit Europa wieder die Kraft und Entschlossenheit seiner Anfänge zurückgewinnen kann"[12]. Doch wurde anstelle klarer Kompetenzzuweisungen in starkem Maße auf den notwendigen politischen Willen der Mitgliedstaaten zur Konzeption einer „echten politischen Einheit zwischen den europäischen Staaten, d.h. einer Europäischen Union" abgehoben. Aufgrund dieser wenig präzisen Methode verloren die Aussagen zu den vorrangigen Zielsetzungen erheblich an Bedeutung. Die folgenden drei Zielkataloge wurden hervorgehoben:

- Die *„Schaffung eines homogenen Wirtschaftsraumes"* wird angestrebt durch die Vervollständigung des Vertrages, die Stärkung der europäischen Wettbewerbsfähigkeit und durch die Förderung der wirtschaftlichen Konvergenz. Vorgeschlagen wird in diesem Zusammenhang auch die Schaffung einer Technologiegemeinschaft, der Ausbau des EWS und eine Ausweitung der EG-Finanzmittel.
- Zur *„Förderung der gemeinsamen Werte unserer Zivilisation"* werden

Maßnahmen im Umweltschutz, die schrittweise Verwirklichung eines europäischen Sozial- und Rechtsraumes sowie die Förderung der gemeinsamen kulturellen Werte vorgeschlagen.
- Der dritte Zielbereich umfaßt das *„Streben nach außenpolitischer Identität“*. Hierunter wird vor allem die Stärkung der Strukturen der Europäischen Politischen Zusammenarbeit sowie eine intensivierte Diskussion über sicherheits- und verteidigungspolitische Fragen verstanden.

Insgesamt bleiben die Ausführungen zu den neuen Politiken äußerst vage. Der Ausschuß begnügte sich mit wenig präzisen Zieldefinitionen, um das angestrebte Verfahren der Vertragsänderung nach Art. 236 EWG-Vertrag, das Einstimmigkeit voraussetzt, nicht zu gefährden. Trotz dieser offensichtlichen Zurückhaltung blieb der Erfolg gering: Das dänische und das griechische Mitglied legten jeweils einen umfassenden Vorbehalt ein, zu Einzelpunkten wurden insgesamt 36 Bemerkungen und Vorbehalte in den Fußnoten zum Bericht vorgetragen.

Reaktionen auf den Dooge-Bericht und Alternativvorschläge

Das Echo auf den Endbericht des Dooge-Komitees blieb schwach. Vor allem der französisch-deutsche Vertragsentwurf „über die Europäische Union“, der den Regierungen der EG-Mitgliedstaaten auf der Tagung des Europäischen Rates in Mailand Ende Juni 1985 kurzfristig vorgelegt wurde (Dokument Nr. 13), zeigte, wie gering das Engagement der zentralen politischen Akteure der Mitgliedstaaten für die Vorschläge ihrer „persönlichen Vertreter“ letztlich war. Dieser Vertragsentwurf konzentrierte sich ausschließlich auf das Ziel der schrittweisen Verwirklichung einer europäischen Außenpolitik und enthielt neben der vorgeschlagenen Errichtung eines Generalsekretariats des Rates der Europäischen Union kaum Neuerungen. Ziel dieses Vorstoßes war offensichtlich die Dokumentation eines nach wie vor ungebrochenen französisch-deutschen Europa-Engagements und Führungswillens. Die als besonders pro-europäisch eingestufte italienische Regierung hatte dem Europäischen Rat einen sehr weitgesteckten Mandatsentwurf für eine zwischenstaatliche Konferenz vorgelegt (Dokument Nr. 14), der als Bezugspunkte auf den ‚Dooge-Bericht‘, die Stuttgarter ‚Feierliche Deklaration‘ des Europäischen Rats vom Juni 1983 und auch auf den Vertragsentwurf des Europäischen Parlaments vom 14. Februar 1984 verwies. Die italienische Regierung legte in Mailand großen Wert darauf, eine Entscheidung über die vorzunehmenden Reformmaßnahmen herbeizuführen.

Wie die Schlußfolgerungen des Vorsitzes über die Mailänder Tagung des Europäischen Rates (Dokument Nr. 15) zeigen, fand zwischen den Staats- und Regierungschefs eine umfassende Aussprache über den Dooge-Bericht und den italienischen Mandatsentwurf statt. Am Ende dieser Aussprache wurde mit Mehrheit gegen ein dänisches, griechisches und britisches Votum die Einberufung einer Regierungskonferenz beschlossen, die über Änderungen des EWG-Vertrages sowie über einen Vertrag über eine gemeinsame Außen- und Sicherheitspolitik beraten sollte.

Diese Konferenz trat im September 1985 zusammen und beendete im Januar 1986 mit der Vorlage der ‚Einheitlichen Europäischen Akte' ihre Arbeit[13].

4. Die ‚Einheitliche Europäische Akte': Regierungsübereinkunft mit begrenzten Detailreformen

Mit der Einheitlichen Europäischen Akte (Dokument Nr. 22) wurde erstmals nach Maßgabe des Art. 236 EWG-Vertrag eine umfassende Revision und Ergänzung der EG-Gründungstexte vorgenommen. Die Akte stellt zweifellos den vorläufigen Schlußpunkt einer langjährigen intensiven Reformdebatte dar[14]. Sie wurde am 17. Februar 1986 zunächst von neun Regierungen, nach dem positiven Entscheid des dänischen Referendums über das Reformpaket, für das sich Ministerpräsident Poul Schlüter vor dem dänischen Folketing energisch eingesetzt hatte (Dokument Nr. 20), am 28. Februar 1986 auch von den Regierungen Dänemarks, Italiens und Griechenlands unterzeichnet.

Die institutionellen Veränderungen der Einheitlichen Europäischen Akte

Die in der Akte vorgesehenen Reformen im institutionellen Bereich beziehen sich nicht unmittelbar auf die Struktur und Organisation der Institutionen, sondern vielmehr auf ihr gegenseitiges Zusammenwirken. Abgesehen von einer Umwandlung des Status des Europäischen Rates zu einem vertraglich erwähnten Gemeinschaftsorgan (Art. 2 der Akte) liegt der Schwerpunkt auf der teilweisen Änderung der Abstimmungsverfahren. Vor allem durch die Neuformulierung der Art. 28 (Gemeinsamer Zolltarif), 59.2 (Freier Dienstleistungsverkehr), 70.1 (Koordinierung der Devisenpolitik), 84.2 (Betroffene Verkehrsmittel), 100a und b (Angleichung von Rechtsvorschriften) EWG-Vertrag werden im Ministerrat die Möglichkeiten für Abstimmungen mit qualifizierten Mehrheiten erhöht. Dem EP werden durch die Revision der Art. 7 (Diskriminierungsverbot), 49 (Freizügigkeit), 54.2 und 56.2 (Niederlassungsrecht), 57.1 und 57.3 (Anerkennung von Diplomen, Zeugnissen) sowie 100a und b (Angleichung von Rechtsvorschriften) EWG-Vertrag, die ein „Verfahren der Zusammenarbeit" vorsehen, verbesserte Mitwirkungsmöglichkeiten eingeräumt.

Diese Zusammenarbeit zwischen Kommission, Rat und Parlament wird im neugefaßten Art. 149 EWG-Vertrag geregelt und umfaßt sechs mögliche Schritte mit entsprechenden Fristen von je einem bis drei Monaten. Am Anfang steht immer ein Vorschlag der Kommission mit einer Stellungnahme des EP. Hierzu erfolgt ein gemeinsamer Standpunkt des

Rates. Diese vorläufige Positionsfestlegung geht zurück an das Parlament. Ist es einverstanden oder nimmt es innerhalb einer Dreimonatsfrist keine Stellung, so kann der Rat die Vorlage endgültig verabschieden. Das EP kann aber den Rats-Standpunkt auch mit absoluter Mehrheit seiner Mitglieder ablehnen. In diesem Falle muß der Rat mit Einstimmigkeit entscheiden. Im Falle der Abänderung durch das EP kommt der Haltung der Kommission im Verfahren eine große Bedeutung zu, da die Übernahme von Abänderungen des EP in ihrem Ermessen liegt. Greift die Kommission die Parlamentspositionen auf, so entscheidet der Rat mit qualifizierter Mehrheit, tut sie dies nicht, so kann der Rat Abänderungen des EP nur einstimmig akzeptieren. Wird binnen drei Monaten kein Beschluß gefaßt, dann ist der Vorschlag der Kommission gescheitert.

Art. 8 und 9 der Akte – sie ändern die Art. 237 und 238 der EG-Verträge – räumen schließlich dem EP ein Mitentscheidungsrecht für Beitrittsverträge und Assoziierungsabkommen der Gemeinschaft ein.

Bezüglich einer Steigerung der Handlungsfähigkeit des gemeinschaftlichen Entscheidungsverfahrens weisen diese Regelungen Vor- und Nachteile auf:

- Die teilweise Einführung von Mehrheitsabstimmungen kann vor allem für das Hauptziel der Akte – die Vollendung des Binnenmarktes bis 1992 – eine neue Dynamik freisetzen.
- Die eingeräumten Möglichkeiten für Schutz-, Ausnahme- und Übergangsregelungen (Art. 8c, Abs. 2; Art. 100a, Abs. 4ff.; Art. 118a, Abs. 3; Art. 130f.) können einerseits zu abgestufter Integration führen, andererseits durch ihre zeitliche Befristung und die gestärkte Kontrollfunktion der Kommission auch einen neuen Entscheidungsdruck bewirken.
- Dem Rat sind für die erste Lesung einer Kommissionsvorlage keine Fristen vorgegeben. Von der Setzung einer Dreimonatsfrist in der zweiten Lesung ist nur ein geringer Druck zu erwarten, da damit keine direkten Sanktionen verbunden sind. Ebensowenig ist die ausdrückliche Zielsetzung der Vollendung des Binnenmarktes bis zum 31.12.1992 rechtlich einklagbar.
- Bei Abstimmungen mit qualifizierter Mehrheit ist eine Sperrminorität von 23 Stimmen schnell erreicht: z.B. durch drei große Mitgliedstaaten mit gegenwärtig christdemokratisch/konservativer bzw. sozialistischer Regierung. Es kann also zu einer stabilen ‚Blockade-Koalition' kommen. Gleichzeitig wird in der Akte das Veto-Recht mit keinem Wort erwähnt, so daß von seinem Fortbestehen auszugehen ist.

Dem Petitum einer erhöhten Transparenz wird zwar durch die Einbeziehung des Europäischen Rates, des EWS und der EPZ in das Vertragswerk Rechnung getragen, gleichzeitig wird aber mit dem Verfahren der Zusammenarbeit ein neues überaus kompliziertes, in seinen Auswirkungen noch unüberschaubares Entscheidungsprozedere eingeführt.

Was die Erhöhung der demokratischen Legitimation des EG-Systems anbelangt, so sind die Ergebnisse jedoch unbefriedigend: Das Parlament erhält lediglich bezüglich Beitrittsverträgen und Assoziierungsabkommen eine echte Mitentscheidungsbefugnis. Beim künftigen Zusammenspiel zwischen Rat und EP im Gesetzgebungsverfahren sind neue Verfahrensmodalitäten, aber kaum neue EP-Kompetenzen vorgesehen worden. Das Parlament bekommt keinerlei konstruktive Mitbestimmungsbefugnis. Bei Abänderungen der Vorlage behält der Rat das letzte Wort, so daß das Parlament eher zur vollständigen Ablehnung neigen wird.

Die Aufgaben- und Kompetenzverteilung

Die Staats- und Regierungschefs konnten sich darüber einigen, daß die Europäische Gemeinschaft wenigstens in Teilbereichen eine eindeutigere Aufgabenzuweisung erhält. Dies wird in der Präambel der Akte sowohl mit integrationspolitischen Gesichtspunkten als auch mit der „Notwendigkeit neuer Entwicklungen" begründet.

Art. 20 der Akte ergänzt den EWG-Vertrag um ein Kapitel zur „Zusammenarbeit in der Wirtschafts- und Währungspolitik", die eine Konvergenz von Wirtschafts- und Währungspolitiken in der Gemeinschaft durch eine Kooperation ihrer Mitglieder anstrebt. Im Bereich der Sozialpolitik wollen die Mitgliedstaaten die Arbeitsumwelt durch Maßnahmen zu Sicherheit und Gesundheitsschutz (Art. 21 der Akte) verbessern. Art. 23 befaßt sich mit dem wirtschaftlichen und sozialen Zusammenhalt der Gemeinschaft. Er zielt ab auf eine harmonischere Entwicklung der starken und schwachen Regionen vor allem durch einen effizienteren Einsatz der Strukturfonds (Agrarstruktur-, Regional- und Sozialfonds) und erhebt die Förderung des Zusammenhalts zu einem ausdrücklichen Vertragsziel.

Im Forschungs- und Technologiebereich sieht die Akte (Art. 24) einen flexiblen Handlungsrahmen der Gemeinschaft neben den nationalstaatlichen Aktivitäten vor. Im Zentrum stehen mehrjährige EG-Rahmenprogramme, in denen die verstreuten Aktionen zusammengefaßt werden. Mit Art. 25 der Akte wird erstmals die Umweltpolitik als Gemeinschaftsaufgabe in den EWG-Vertrag eingeführt. Nach Maßgabe des Subsidiaritätsprinzips sowie des Verursacherprinzips sollen Umwelterhaltung und -verbesserung, Gesundheitsschutz und rationelle Ressourcenverwendung angestrebt werden. Als „Europäische Zusammenarbeit in der Außenpolitik" wird die bisherige EPZ in das Vertragswerk eingeführt und durch ein ständiges Sekretariat institutionalisiert[15].

Auch bezüglich der Bewertungskriterien Zuweisung von Aufgaben an die adäquate Lösungsebene und Eindeutigkeit der Kompetenzabgrenzung bleibt das Ergebnis zwiespältig: Was den Wirtschafts- und Währungsbereich anbelangt, so haben die Regelungen eher deklaratorischen

Charakter, weil dort gravierende Änderungen, z.B. der Übergang zur zweiten Stufe des EWS, nur durch förmliche Vertragsänderung nach Art. 236 EWG-Vertrag möglich sind. In der Sozialpolitik können nationale Schutzstandards beibehalten, ja sogar neu eingeführt werden – dies könnte protektionistische Auswirkungen haben. Bezüglich der Regional- und Strukturpolitik – also der „Förderung des Zusammenhalts" – fehlt es noch an einem kohärenten Gesamtkonzept; hier sind langwierige Verhandlungen zu erwarten. Zu überzeugen vermag lediglich das Kapitel zur Forschungs- und Technologiepolitik, das ein hohes Maß an Flexibilität und Differenzierung ermöglicht. In der Außenpolitik wird der Status quo weitgehend festgeschrieben, neue Orientierungslinien für eine gemeinsame Außen- und Sicherheitspolitik werden nicht vorgegeben.

Die Souveränitätsübertragungen an die Gemeinschaftsebene wurden überaus vorsichtig vorgenommen und mit zahlreichen Ausnahme- und Übergangsklauseln zur Wahrnehmung der nationalstaatlichen Interessen und Zuständigkeiten versehen. Die neuen Gemeinschaftskompetenzen belassen entweder die nationalstaatliche Aufgabenwahrnehmung unangetastet und werden einfach zusätzlich neben sie gesetzt (etwa bei der Forschungs- und Technologiepolitik) oder sie unterliegen dem Prinzip der Subsidiarität (etwa bei der Umweltpolitik). Erst diese Minimalregelungen machten das Luxemburger Paket überhaupt konsensfähig. Jeder Staat kann damit leben, lediglich den deutschen Bundesländern gehen die Schutzklauseln und nationalen Mitwirkungsmöglichkeiten noch nicht weit genug (siehe Dokumente Nr. 21 und 28).

Das Verfahren des Inkrafttretens

Für das Inkrafttreten der Einheitlichen Europäischen Akte zur Änderung und Ergänzung der Römischen Verträge gibt es weder formal noch inhaltlich unüberwindliche Hindernisse. Formal hielten sich die Regierungen an die Vorschrift des Art. 236 des EWG-Vertrages, wonach eine Vertragsänderung von einer Regierungskonferenz vereinbart und von allen Mitgliedstaaten gemäß ihren verfassungsrechtlichen Vorschriften ratifiziert werden muß. In der Mehrzahl der Mitgliedstaaten bereitete die Unterzeichnung der Akte keinerlei Schwierigkeiten. Lediglich die dänische Regierung mußte den Umweg über ein Referendum gehen, während die deutsche Bundesregierung einige Widerstände im Bundesrat zu überwinden hatte.

Reaktionen auf die ‚Einheitliche Europäische Akte'

In den Reaktionen auf die Ergebnisse der Regierungskonferenz wird deutlich, daß die Einheitliche Europäische Akte bezüglich der Kriterien Handlungsfähigkeit/demokratische Legitimation des Entscheidungsverfahrens und Aufgabenzuweisung an die adäquate Lösungsebene unterschiedlich eingeschätzt wird und den hohen, auch von verantwortlicher Seite geweckten Erwartungen nicht entspricht (vgl. Dokumente Nr. 19, 23, 24, 25, 26, 28). Ihr Vorteil liegt unterdessen in der komplikationslosen Realisierung, die nicht zuletzt auf einer weitgehenden Erhaltung der nationalen Souveränitäten beruht. Die bestehenden Grauzonen bei der Zuständigkeitsverteilung zwischen EG-Ebene und Mitgliedstaaten werden dabei allerdings nicht reduziert.

Aufgrund dieser Ambivalenz konnte nicht mit einhelligen Reaktionen auf die Einheitliche Europäische Akte gerechnet werden. Die direkt Beteiligten äußerten sich erwartungsgemäß positiv; Beispiele hierfür sind die Denkschrift der Deutschen Bundesregierung (Dokument Nr. 23) und die Ansprache des damaligen Ratspräsidenten, des niederländischen Außenministers Hans van den Broek, anläßlich der Unterzeichnung der Akte (Dokument Nr. 24), aber auch die Stellungnahme des spanischen Premierministers (Dokument Nr. 18). Daß sich die am Verfahren der Aushandlung beteiligte EG-Kommission ebenfalls schwerlich distanzieren konnte, liegt auf der Hand. Die Rede Präsident Delors vor dem EP nach Beendigung des Mailänder Gipfels (Dokument Nr. 17) macht allerdings ebenso wie diejenige von Kommissar Frans Andriessen bei der Unterzeichnung der Akte (Dokument Nr. 25) deutlich, daß die Kommission durchaus weiter gegangen wäre und auch dem Parlament mehr Kompetenzen einräumen wollte. Das Parlament selbst ist in einer schwierigen Lage: Einerseits kann es angesichts seines jahrelangen, energischen Kampfes für mehr Rechte mit den Ergebnissen der Luxemburger Regierungskonferenz wohl kaum zufrieden sein; andererseits möchte es sich nicht den schwarzen Peter des Blockierers zuschieben lassen. Schließlich rang es sich mit seiner Entschließung vom 16. Januar 1986 zu einem Ja durch, an das aber zahlreiche Bedingungen und Forderungen gebunden sind (Dokument Nr. 19). Einen Verbündeten fanden die Abgeordneten in der italienischen Regierung, die sich trotz Zustimmung negativ äußerte und zu neuen Reformen aufrief (Dokument Nr. 26). Daß die Stellungnahme des dänischen Regierungschefs so zweideutig wie die Akte selbst ausfiel, konnte angesichts der Mehrheitsverhältnisse im dänischen Folketing nicht verwundern (Dokument Nr. 20). Überraschen mußte jedoch die im Detail sehr kritische Position des Deutschen Bundesrates, der anläßlich seiner Beratungen der Akte das Thema Europa und das Verhältnis zwischen der EG und den Regionen neu zu entdecken schien (Dokumente Nr. 21 und 28).

5. Vom Vertragsentwurf zur ‚Einheitlichen Europäischen Akte': Wegbeschreibung einer Irrfahrt?

Die Reformdebatte 1984/86 hatte drei wesentliche Orientierungspunkte: Den Vertragsentwurf des Parlaments zur Gründung der Europäischen

Union vom 14. Februar 1984 (Dokument Nr. 1), den Abschlußbericht des Ad-hoc-Ausschusses für institutionelle Fragen vom 29./30. März 1985 (Dokument Nr. 12) und die Einheitliche Europäische Akte vom Februar 1986 (Dokument Nr. 22). Die vorstehende Analyse zeigte, daß sich diese drei Dokumente in ihrer Zielsetzung, Reichweite und in ihrer Form erheblich voneinander unterscheiden. Diese Unterschiede sind zumindest partiell auch auf das unterschiedliche Verfahren ihrer Ausarbeitung zurückzuführen[16]:

- Das Europäische Parlament legte mit seinem Selbstverständnis als *demokratisch legitimierte europäische Konstituante* einen ausformulierten umfassenden Verfassungstext vor, der jedoch aus Sicht der an föderalistischen Leitbildern orientierten pro-europäischen Abgeordneten erhebliche Zugeständnisse an die bestehende Dominanz der nationalen Regierungen (vgl. vor allem das modifizierte Veto-Recht) enthält, sich aber trotz dieser Zugeständnisse letztlich als nicht durchsetzbar erwies.
- Mit der Ausarbeitung des Dooge-Berichts wurde das Verfahren der *Befassung Sachverständiger* nach dem Vorbild des ‚Spaak-Ausschusses' gewählt[17]. Die persönlichen Vertrauten der Staats- und Regierungschefs suchten pragmatisch nach für alle Beteiligten akzeptablen Kompromißformeln, scheiterten aber an der Aufgabe, präzise Beschreibungen der Ziele, Politiken und Verfahren vorzulegen. Den Beratungsergebnissen dieses Ad-hoc-Ausschusses kam jedoch insofern später in der Regierungskonferenz einige Bedeutung zu, als Verhandlungspakete hier bereits vorab geklärt wurden.
- In der Regierungskonferenz wurde schließlich der klassische Weg der *Verhandlungen zwischen souveränen Staaten* beschritten. Anders als bei den Parlamentsverhandlungen konnten hier nicht mit Mehrheitsabstimmungen weitreichende Zielperspektiven vereinbart werden. Der Einstimmigkeitszwang bewirkte vielmehr ein pragmatisches Reformpaket, das zahlreiche Lücken sowie Schutz- und Ausnahmeregelungen aufweist. Als Erfolg ist es bereits zu werten, daß überhaupt eine Einigung auf einige konkrete Punkte gefunden werden konnte.

Bei der vergleichenden Analyse dieser drei Reformansätze wird deutlich, daß von den eingangs skizzierten vier Kriterien zur Bewertung der Reformdokumente – Handlungsfähigkeit und demokratische Legitimation des Entscheidungsverfahrens, Aufgabenzuweisung an die adäquate Lösungsebene, Eindeutigkeit der Kompetenzabgrenzung und Realisierbarkeit der Reformen – das Kriterium der Realisierbarkeit die drei anderen weitgehend bestimmte. Denn die Reichweite der Reformvorschläge ist in großem Umfang davon abhängig, ob alle EG-Staaten dem neuen Vorstoß zustimmen müssen oder ob die integrationsfreudigeren vorangehen können und wollen. Das Europäische Parlament schlug zur Realisierung seines weitreichenden Vertragsentwurfs den zweiten Weg vor. Der Dooge-

Ausschuß hielt sich bei zentralen institutionellen Fragen mit der Abgabe einer Mehrheits- und einer Minderheitsmeinung beide Optionen offen. Für die Regierungskonferenz bestanden wegen des Einstimmigkeitserfordernisses derartige Möglichkeiten nicht: Entsprechend unbefriedigend sind deren Ergebnisse aus Sicht der Integrationsbefürworter (vgl. Dokumente 19 und 26).

Ein Vergleich der vorliegenden Stellungnahmen zu den drei genannten zentralen Reformdokumenten nach Herkunftsländern zeigt die vorwärtsdrängende Haltung der Italiener (Dokumente Nr. 3, 14 und 26), der Spanier (Dokument Nr. 18) sowie der BeNeLux-Staaten (Dokumente Nr. 6 und 24). Überwiegend positive Äußerungen bei einigen grundsätzlichen Bedenken und Vorbehalten liegen vor aus der Bundesrepublik Deutschland (Dokumente Nr. 9, 10, 13, 21, 23, 27 und 28), Frankreich (Dokumente Nr. 4, 7 und 13) und Irland (Dokument Nr. 11). Die britische Regierung vertritt einen betont pragmatischen Kurs (Dokument Nr. 8), der letztlich auch von Dänemark geteilt wird (Dokumente Nr. 5 und 20). In beiden Staaten stoßen europäische Verfassungspläne auf erheblichen politischen Widerstand. Den positiven Reaktionen der EG-Kommission (Dokumente Nr. 2, 17 und 25) kommt demgegenüber eine geringe Bedeutung zu.

An diesen politischen Konstellationen wird sich voraussichtlich auch in der absehbaren Zukunft wenig ändern. Die Geschichte der Reformdebatte 1984/86 ist somit keine ‚Wegbeschreibung einer Irrfahrt', sondern gibt das Dilemma wieder, das auch bei der nächsten Reformkonjunktur von Bedeutung sein wird: Entweder einigen sich die integrationsfreudigeren europäischen Staaten auf ein Kerneuropa, das politisch handlungsfähig und – möglicherweise – auch demokratisch legitimiert ist, oder aber das Beibehalten des Zwölfer-Verbundes zwingt zu integrationspolitischen Abstrichen.

Anmerkungen

1 Zur Geschichte der europäischen Einigung vgl. u.a. Hans von der Groeben, Aufbaujahre der Europäischen Gemeinschaft. Das Ringen um den Gemeinsamen Markt und die Politische Union (1958–1966), Baden-Baden 1982; Pierre Gerbet, La Construction de l'Europe, Paris 1983; Bruno Bengel u.a., Nur verpaßte Chancen? Die Reformberichte der Europäischen Gemeinschaft, Bonn 1983; Roy Pryce, European Union: past attempts and future prospects (Arbeitstitel), London 1986 (erscheint demnächst).

2 Vgl. dazu u.a. Heinrich Schneider u. Wolfgang Wessels, Gestalt und Inhalt einer „Europäischen Union". Ein Diskussionsbeitrag zur Tindemans-Mission, in: Europa-Archiv, Bonn 1975, Folge 19, S. 587ff.; Jürgen Schwarze, Verfassungsentwicklung in der Europäischen Gemeinschaft. Begriff und Grundlagen, in: Jürgen Schwarze u. Roland Bieber (Hrsg.), Eine Verfassung für Europa, Baden-Baden 1984, S. 15–48; Werner von Simson, Voraussetzungen einer Europäischen Verfassung, in: ebenda, S. 91–109.

3 Vgl. u.a. Dietmar Nickel, Der Entwurf des Europäischen Parlaments für einen Vertrag zur Gründung der Europäischen Union, in: Integration, Bonn 1985, Nr. 1, S. 11–27; Hans-Joachim Seeler, Vertrag zur Gründung der Europäischen Union, in: Europarecht, Baden-Baden 1984, Nr. 1, S. 41–53; Altiero Spinelli, Die parlamentarische Initiative zur Europäischen Union, in: Europa-Archiv, Bonn 1983, Folge 24, S. 739–746; Werner Weidenfeld, Europäische Verfassung für Visionäre? In: Integration, Bonn 1984, Nr. 1 (Sonderheft zum Vertragsentwurf), S. 33–38; Wolfgang Wessels, Der Vertragsentwurf des Europäischen Parlaments für eine Europäische Union, in: Europa-Archiv, Bonn 1984, Folge 8, S. 239–248.

4 Vgl. z.B. Nickel, a.a.O. (Anm. 3).

5 Vgl. u.a. Hans-Peter Ipsen, Utopisches im Parlaments-Entwurf einer Europäischen Union, in: Bodo Börner (Hrsg.), Einigkeit und Recht und Freiheit. Festschrift für Karl Carstens zum 70. Geburtstag, Köln u.a. 1984, S. 81–93; Ulrich Everling, Zur Rechtsstruktur einer Europäischen Verfassung, in: Integration, Bonn 1984, Nr. 1, S. 12–24; Werner Weidenfeld, Schriftliche Stellungnahme zur öffentlichen Anhörung zum Thema „Entwurf eines Vertrages zur Gründung der Europäischen Union", in: Stenographisches Protokoll des Deutschen Bundestages, Auswärtiger Ausschuß, 52. Sitzung, Nr. 712–2450, S. 95–97; Wessels, a.a.O. (Anm. 3).

6 Vgl. Nickel, a.a.O. (Anm. 2), S. 23–25; Weidenfeld, Schriftliche . . ., a.a.O. (Anm. 5), S. 96–97; Wessels, a.a.O. (Anm. 3), S. 246 sowie Joseph H. Weiler u. James Modrall, The creation of the European Union and its relation to the EEC Treaties, in: Roland Bieber u.a. (Hrsg.), An ever closer Union, Brüssel 1985, S. 161–176.

7 Der Bericht des Ad-hoc-Ausschusses für das Europa der Bürger (‚Adonnino-Ausschuß') ist dokumentiert in: Europa-Archiv, Bonn 1985, Folge 9, D 253ff.; vgl. auch Bernd Janssen, Das Europa der Bürger – Der „kleine Bruder" im Abseits. Zur Arbeit des Adonnino-Ausschusses, in: Integration, Bonn 1985, Nr. 4, S. 165–173.

8 Zum ‚Spaak-Komitee' vgl.: Hans-Jürgen Küsters, Die Gründung der Europäischen Wirtschaftsgemeinschaft, Baden-Baden 1982; Paul Henri Spaak, Memoiren eines Europäers, Hamburg 1969.

9 Vgl. hierzu Rudolf Hrbek, Welches Europa? Zum Zwischenbericht des Ad-hoc-Ausschusses für institutionelle Fragen (‚Dooge-Committee'), in: Integration, Bonn 1985, Nr. 1, S. 3–10. Ein Vergleich zwischen dem Vertragsentwurf des Europäischen Parlaments und dem ‚Dooge-Bericht' findet sich bei Otto Schmuck, Integrationsschub durch neuen Vertrag? Reformperspektiven im Vorfeld des Mailänder Gipfels, in: Integration, Bonn 1985, Nr. 2, S. 55–67.

10 Zitiert nach Werner Weidenfeld u. Wolfgang Wessels, Jahrbuch der Europäischen Integration 1984, Bonn 1985, S. 449.

11 Zitat aus dem Vorwort des Berichts des Ad-hoc-Ausschusses für institutionelle Fragen, siehe Dokument Nr. 12.

12 Ebenda.

13 Zur Arbeit der Regierungskonferenz und den Ergebnissen vgl. Jean Paul Jacqué, Ein neuer „Luxemburger Kompromiß"? Der Europäische Rat und die Reform der Gemeinschaft, in: Integration, Bonn 1986, Nr. 1, S. 26–33; Rudolf Hrbek u. Thomas Läufer, Die Einheitliche Europäische Akte. Das Luxemburger Reformpaket: eine neue Etappe im Integrationsprozeß, in: Europa-Archiv, Bonn 1986, Folge 6, S. 173–184; Rudolf Hrbek, EG-Reform in kleinen Schritten, in: Wirtschaftsdienst, Hamburg 1986, Nr. IV, S. 172–178; Pierre Pescatore, Die „Einheitliche Europäische Akte", Fortschritt oder Rückschritt bei der EG-Reform? In: Neue Zürcher Zeitung vom 16./17.3.1986, S. 13–14 (Teil 1) u. vom 19.3.1986, S.

17 (Teil 2); Wolfgang Wessels, Die Einheitliche Europäische Akte – Zementierung des Status quo oder Einstieg in die Europäische Union? In: Integration, Bonn 1986, Nr. 2, S. 65–79; Helen Wallace, Reforming the European Community: Luxembourg Package, in: The World Today, London, Februar 1986, S. 19ff. sowie die Themenausgabe zur ‚Einheitlichen Europäischen Akte' von Integration, Bonn 1986, Nr. 3.

14 Vgl. dazu den Beitrag von Werner Weidenfeld in diesem Band.

15 Einzelheiten zur Einbeziehung der EPZ in die ‚Einheitliche Europäische Akte' finden sich in dem Beitrag von Wolfgang Wessels in diesem Band.

16 Hierzu ausführlicher: Wolfgang Wessels, Alternative Strategies for Institutional Reforms, European University Institute, Working Paper No. 85/1984, Florenz 1985.

17 Vgl. Anm. 8.

II. Dokumente

Verzeichnis der Dokumente

Dokument Nr. 1

Entwurf eines Vertrages zur Gründung der Europäischen Union, vom Europäischen Parlament, am 14. Februar 1984 mit 237 gegen 31 Stimmen bei 43 Enthaltungen angenommen

Entschließung zum Entwurf eines Vertrags zur Gründung der Europäischen Union

Das Europäische Parlament,

- unter Hinweis auf seinen Beschluß vom 9. Juli 1981 zur Einsetzung eines Institutionellen Ausschusses,
- unter Hinweis auf seine Entschließung vom 6. Juli 1982 zu den Leitlinien für die Reform der Verträge und die Verwirklichung der Europäischen Union,
- unter Hinweis auf seine Entschließung vom 14. September 1983 zum Inhalt des Vorentwurfs eines Vertrags zur Gründung der Europäischen Union,
- in Kenntnis des Berichts des Institutionellen Ausschusses (Dok. 1–1200/83),

A. überzeugt, daß es angesichts der gegenwärtigen Schwierigkeiten dringend notwendig und unerläßlich ist, dem europäischen Aufbauwerk neue Dynamik zu verleihen; diese Neubelebung sollte durch die Vertiefung der bestehenden Politiken, die Ausarbeitung neuer Politiken und die Schaffung eines neuen institutionellen Gleichgewichts erfolgen,

B. unter Hinweis darauf, daß die Europäische Union von den Mitgliedstaaten in den Verträgen zur Gründung der Europäischen Gemeinschaften, auf der Konferenz der Staats- und Regierungschefs vom 20. Oktober 1972 und in der Feierlichen Deklaration vom 19. Juni 1983 sowie von den Institutionen der Gemeinschaften selbst zum Ziel erklärt wurde,

C. in dem Bewußtsein, daß es seine historische Pflicht ist, als erstes von den europäischen Bürgern direkt gewähltes Parlament einen Entwurf für eine Union vorzulegen,

D. in Anbetracht der Tatsache, daß der vom Institutionellen Ausschuß unterbreitete Vorentwurf eines Vertrags zur Gründung der Europäischen Union, der sich auf die während des dreißigjährigen Bestehens der Gemeinschaften gewonnene Erfahrung und auf die klare Notwendigkeit stützt, über den gegenwärtigen Grad der Einigung hinauszugehen, den in seiner Entschließung vom 14. September 1983 angenommenen Leitlinien entspricht,

1. billigt diesen Vorentwurf, der hiermit zum Entwurf eines Vertrags zur Gründung der Europäischen Union wird, und beauftragt seinen Präsidenten, ihn den Parlamenten und Regierungen der Mitgliedstaaten vorzulegen;
2. fordert das Europäische Parlament, das am 17. Juni 1984 gewählt wird, auf, alle geeigneten Kontakte und Treffen mit den nationalen Parlamenten zu organisieren und jede andere dienliche Initiative zu ergreifen, um es ihm zu ermöglichen, die Haltungen und Standpunkte der nationalen Parlamente zu berücksichtigen;
3. wünscht, daß der Vertrag zur Gründung der Europäischen Union schließlich die Zustimmung aller Mitgliedstaaten gemäß ihren verfassungsrechtlichen Vorschriften auf sich vereinigt.

ENTWURF EINES VERTRAGES ZUR GRÜNDUNG DER EUROPÄISCHEN UNION

- In dem Bestreben, das Werk der demokratischen Einigung Europas, dessen erste Verwirklichung die Europäischen Gemeinschaften, das Europäische Währungssystem und die Europäische Politische Zusammenarbeit sind, fortzusetzen und ihm neuen Auftrieb zu verleihen, und überzeugt, daß es für Europa immer wichtiger wird, seine Identität zu bestätigen;
- Erfreut über die bisher positiven Ergebnisse, jedoch im Bewußtsein der Notwendigkeit, die Ziele des europäischen Aufbauwerks neu zu definieren und wirksamere und demokratischere Institutionen mit den zur Erreichung dieser Ziele erforderlichen Mitteln auszustatten;
- Gestützt auf ihr Eintreten für die Grundsätze der pluralistischen Demokratie, der Achtung der Menschenrechte und des Vorrangs des Rechts;
- Unter Bekräftigung ihres Wunsches, zum Aufbau einer internationalen Gesellschaft beizutragen, die auf der Zusammenarbeit der Völker und der Staaten, der friedlichen Regelung von Konflikten, der Sicherheit und der Stärkung der internationalen Organisationen beruht;
- In dem Willen, durch einen noch engeren Zusammenschluß Frieden und Freiheit zu wahren und zu festigen, und mit der Aufforderung an die Völker Europas, die sich zu dem gleichen hohen Ziel bekennen, sich diesen Bemühungen anzuschließen;
- Entschlossen, die Solidarität zwischen den europäischen Völkern unter Achtung ihrer historischen Persönlichkeit, ihrer Würde und ihrer Freiheit im Rahmen von freiwillig akzeptierten gemeinsamen Institutionen zu stärken;
- Überzeugt von der Notwendigkeit, die Mitwirkung der kommunalen und regionalen Körperschaften am europäischen Aufbauwerk in hierfür geeigneten Formen zu ermöglichen;
- In dem Wunsch, ihre gemeinsamen Ziele schrittweise zu verwirklichen, indem die erforderlichen Übergangszeiten eingehalten werden und jede Weiterentwicklung von der Zustimmung der Völker und der Staaten abhängig gemacht wird;
- In der Absicht, gemeinsamen Institutionen nach dem Grundsatz der Subsidiarität nur die Zuständigkeiten zu übertragen, die sie benötigen, um die Aufgaben zu bewältigen, die sie wirkungsvoller wahrnehmen können als jeder einzelne Mitgliedstaat für sich;

Haben die Hohen Vertragsparteien, die Mitgliedstaaten der Europäischen Gemeinschaft sind, beschlossen, die EUROPÄISCHE UNION zu gründen.

ERSTER TEIL: DIE UNION

Artikel 1 Gründung der Union

Durch diesen Vertrag gründen die Hohen Vertragsparteien untereinander die Europäische Union.

Artikel 2 Aufnahme neuer Mitglieder

Jeder demokratische europäische Staat kann die Mitgliedschaft in der Union beantragen. Die Beitrittsregeln sowie die mit dem Beitritt verbundenen Anpassungen sind Gegenstand eines Vertrags zwischen der Union und dem Bewerberstaat. Dieser Vertrag wird gemäß dem in Artikel 65 dieses Vertrags vorgesehenen Verfahren geschlossen. Ein Beitrittsvertrag, der eine Änderung dieses Vertrags bedingt, kann erst geschlossen werden, nachdem das im Artikel 84 vorgesehene Vertragsänderungsverfahren durchgeführt worden ist.

Artikel 3 Unionsbürgerschaft

Die Bürger der Mitgliedstaaten sind als solche Bürger der Union. Die Unionsbürgerschaft ist an die Staatsangehörigkeit eines Mitgliedstaats gebunden; sie kann nicht selbständig erworben oder verloren werden. Die Unionsbürger nehmen am politischen Leben der Union in den durch diesen Vertrag vorgesehenen Formen teil, genießen die ihnen durch die Rechtsordnung der Union zuerkannten Rechte und unterliegen den Normen dieser Rechtsordnung.

Artikel 4 Grundrechte

1. Die Union schützt die Würde des einzelnen und räumt jeder unter ihrer Rechtshoheit stehenden Person die Grundrechte und Grundfreiheiten ein, die sich insbesondere aus den gemeinsamen Grundsätzen der Verfassungen der Mitgliedstaaten und der Europäischen Konvention zum Schutz der Menschenrechte und Grundfreiheiten ergeben.

2. Die Union verpflichtet sich, die wirtschaftlichen, sozialen und kulturellen Rechte, die sich aus den Verfassungen der Mitgliedstaaten und der Europäischen Sozialcharta ergeben, nach Maßgabe ihrer Zuständigkeiten aufrechtzuerhalten und auszubauen.

3. Innerhalb einer Frist von fünf Jahren beschließt die Union über ihren Beitritt zu den vorgenannten internationalen Vertragswerken sowie zu den Pakten der Vereinten Nationen über bürgerliche und politische Rechte und über wirtschaftliche, soziale und kulturelle Rechte. Innerhalb der gleichen Frist verabschiedet die Union nach dem in Artikel 84 dieses Vertrags vorgesehenen Vertragsänderungsverfahren ihre eigene Grundrechtserklärung.

4. Im Falle einer schwerwiegenden und anhaltenden Verletzung der demokratischen Grundsätze oder der Grundrechte durch einen Mitgliedstaat können gemäß Artikel 44 dieses Vertrags Sanktionen verhängt werden.

Artikel 5 Hoheitsgebiet der Union

Das Hoheitsgebiet der Union umfaßt alle Hoheitsgebiete der Mitgliedstaaten, wie sie im Vertrag zur Gründung der Europäischen Wirtschaftsgemeinschaft und in den Beitrittsverträgen festgelegt sind, unter Berücksichtigung der aus dem Völkerrecht erwachsenden Verpflichtungen.

Artikel 6 Rechtspersönlichkeit der Union

Die Union besitzt Rechtspersönlichkeit. In jedem Mitgliedstaat besitzt die Union die weitestgehende Rechts- und Geschäftsfähigkeit, die juristischen Personen nach dessen Rechtsvorschriften zuerkannt ist; sie kann insbesondere bewegliches und unbewegliches Vermögen erwerben und veräußern sowie vor Gericht auftreten. Im Rahmen der internationalen Beziehungen ist die Union rechts- und geschäftsfähig, soweit dies zur Wahrnehmung ihrer Aufgaben und zur Erreichung ihrer Ziele erforderlich ist.

Artikel 7 Gemeinschaftlicher Besitzstand

1. Die Union macht sich den gemeinschaftlichen Besitzstand zu eigen.

2. Die Bestimmungen der Verträge zur Gründung der Europäischen Gemeinschaften sowie der sich auf diese Gemeinschaften beziehenden Abkommen und Protokolle, die die Ziele der Europäischen Gemeinschaften und ihren Geltungsumfang betreffen und die durch diesen Vertrag weder ausdrücklich noch sinngemäß geändert werden, sind Teile des Rechts der Union. Sie können nur nach dem in Artikel 84 dieses Vertrags vorgesehenen Vertragsänderungsverfahren geändert werden.

3. Die übrigen Bestimmungen der genannten Verträge, Abkommen und Protokolle sind ebenfalls Teil des Rechts der Union, sofern sie nicht im Widerspruch zu diesem Vertrag stehen. Sie können nur nach dem in Artikel 38 dieses Vertrags vorgesehenen Verfahren des Organgesetzes geändert werden.

4. Die Akte der Europäischen Gemeinschaften sowie die im Rahmen des Europäischen Währungssystems und der Europäischen Politischen Zusammenarbeit getroffenen Maßnahmen bleiben weiterhin in Kraft, sofern sie nicht im Widerspruch zu diesem Vertrag und solange sie nicht durch Akte oder Maßnahmen der Institutionen der Union gemäß deren jeweiligen Zuständigkeiten ersetzt werden.

5. Die Union achtet alle von den Europäischen Gemeinschaften eingegangenen Verpflichtungen, insbesondere die mit einem oder mehreren Drittstaaten oder einer internationalen Organisation geschlossenen Übereinkommen oder Abkommen.

Artikel 8 Institutionen der Union

Die Erfüllung der der Union übertragenen Aufgaben erfolgt durch ihre Institutionen und ihre Einrichtungen. Die Institutionen der Union sind:

- das Europäische Parlament,
- der Rat der Union,
- die Kommission,
- der Gerichtshof,
- der Europäische Rat.

ZWEITER TEIL: ZIELE, AKTIONSWEISEN UND ZUSTÄNDIGKEITEN DER UNION

Artikel 9 Ziele

Die Ziele der Union sind:

- eine menschliche und harmonische Entwicklung der Gesellschaft zu erreichen, deren Grundlagen insbesondere das Streben nach Vollbeschäftigung, die schrittweise Beseitigung der zwischen ihren Regionen bestehenden Ungleichgewichte, der Schutz der Umwelt und die Schaffung verbesserter Umweltbedingungen sowie der wissenschaftliche und kulturelle Fortschritt ihrer Völker sind,
- eine wirtschaftliche Entwicklung ihrer Völker im Rahmen eines freien Binnen-

marktes bei stabiler Währung, außenwirtschaftlichem Gleichgewicht und stetigem Wirtschaftswachstum, ohne unterschiedliche Behandlung der Staatsangehörigen und Unternehmen der verschiedenen Mitgliedstaaten dadurch herbeizuführen, daß sie die Fähigkeiten der Staaten, ihrer Bürger und Unternehmen zur solidarischen Anpassung ihrer Strukturen und Tätigkeiten an die wirtschaftlichen Änderungen stärkt,

- in den internationalen Beziehungen Sicherheit, Frieden, Zusammenarbeit, Entspannung, Abrüstung und Freizügigkeit von Personen und Ideen sowie die Verbesserung der internationalen Handels- und Währungsbeziehungen zu fördern,
- dazu beizutragen, daß sich alle Völker der Welt in harmonischer und gerechter Weise entwickeln, um ihnen zu erlauben, sich aus der Unterentwicklung und vom Hunger zu befreien und ihre politischen, wirtschaftlichen und sozialen Rechte uneingeschränkt wahrzunehmen.

Artikel 10 Aktionsweisen

1. Um diese Ziele zu erreichen, handelt die Union entweder im Wege der gemeinsamen Aktion oder der Zusammenarbeit zwischen den Mitgliedstaaten; die diesen Methoden vorbehaltenen Bereiche werden in diesem Vertrag festgelegt.

2. Unter gemeinsamer Aktion ist die Gesamtheit der – internen und internationalen – Rechtshandlungen auf dem Gebiet der Gesetzgebung, der Verwaltung, der Finanzen und der Gerichtsbarkeit sowie der Programme und Empfehlungen der Union zu verstehen, die von ihren Institutionen ausgehen und sich entweder an diese selbst, an die Staaten oder an einzelne richten.

3. Unter Zusammenarbeit sind die Verpflichtungen zu verstehen, die die Mitgliedstaaten im Rahmen des Europäischen Rates eingehen.

Die Ergebnisse der Zusammenarbeit werden von den Mitgliedstaaten oder von den Institutionen der Union nach den vom Europäischen Rat festgesetzten Regeln umgesetzt.

Artikel 11 Übergang von der Methode der Zusammenarbeit zur Methode der gemeinsamen Aktion

1. In den in Artikel 54 Absatz 1 und Artikel 68 Absatz 2 dieses Vertrags vorgesehenen Fällen können bestimmte Bereiche, die der Zusammenarbeit zwischen den Staaten unterliegen, Gegenstand gemeinsamer Aktionen werden. Auf Vorschlag entweder der Kommission, des Rates der Union, des Parlaments oder eines oder mehrerer Mitgliedstaaten beschließt der Europäische Rat nach Anhörung der Kommission und mit Zustimmung des Parlaments, diese Bereiche der ausschließlichen oder konkurrierenden Zuständigkeit der Union zu unterstellen.

2. In den Bereichen, die der gemeinsamen Aktion unterliegen, kann die gemeinsame Aktion nicht durch die Zusammenarbeit ersetzt werden.

Artikel 12 Zuständigkeiten

1. Weist dieser Vertrag der Union eine ausschließliche Zuständigkeit zu, so sind allein die Institutionen der Union handlungsbefugt; die nationalen Behörden können nur insoweit eingreifen, als das Gesetz der Union dies vorsieht. Solange die Union keine Gesetze erläßt, bleiben die einzelstaatlichen Vorschriften in Kraft.

2. Weist dieser Vertrag der Union eine konkurrierende Zuständigkeit zu, so handeln die Mitgliedstaaten, soweit die Union nicht tätig geworden ist. Die Union wird nur tätig, um die Aufgaben zu verwirklichen, die gemeinsam wirkungsvoller wahrgenommen werden können als von einzelnen Mitgliedstaaten allein, insbesondere Aufgaben, deren Bewältigung ein Handeln der Union erfordert, weil ihre Ausmaße oder ihre Auswirkungen über die nationalen Grenzen hinausreichen. Das Gesetz, das die gemeinsame Aktion auf einem Gebiet auslöst, mit dem sich die Union oder die Gemeinschaften noch nicht befaßt haben, muß nach dem Verfahren des Organgesetzes angenommen werden.

Artikel 13 Durchführung des Unionsrechts

Bei der Durchführung des Unionsrechts arbeiten die Union und die Mitgliedstaaten vertrauensvoll zusammen. Die Mitgliedstaaten treffen alle geeigneten Maßnahmen allgemeiner oder besonderer Art zur Erfüllung der Verpflichtungen, die sich aus diesem Vertrag oder aus Handlungen der Institutionen der Union ergeben. Sie erleichtern dieser die Erfüllung ihrer Aufgaben. Sie unterlassen alle Maßnahmen, welche die Verwirklichung der Ziele der Union gefährden könnten.

DRITTER TEIL: INSTITUTIONELLE BESTIMMUNGEN

Titel I: Die Institutionen der Union

Artikel 14 Europäisches Parlament

Das Europäische Parlament wird in allgemeiner, unmittelbarer, freier und geheimer Wahl von den Bürgern der Union gewählt. Die Legislaturperiode beträgt fünf Jahre.

Ein Organgesetz legt ein einheitliches Wahlverfahren fest; bis zum Inkrafttreten dieses Organgesetzes bleibt das für die Wahl des Parlaments der Europäischen Gemeinschaften geltende Wahlverfahren in Kraft.

Artikel 15 Mitglieder des Parlaments

Die Mitglieder des Parlaments handeln und beschließen als einzelne und persönlich. Sie sind weder an Aufträge noch an Weisungen gebunden.

Artikel 16 Aufgaben des Parlaments

Das Parlament

- wirkt gemäß diesem Vertrag an den Gesetzgebungs- und Haushaltsverfahren sowie am Abschluß internationaler Übereinkommen mit,
- ermöglicht die Einsetzung der Kommission, indem es ihr politisches Programm billigt,
- übt die politische Kontrolle über die Kommission aus,
- hat die Befugnis, mit qualifizierter Mehrheit einen Mißtrauensantrag anzunehmen, der die Mitglieder der Kommission zwingt, geschlossen ihr Amt niederzulegen,
- besitzt eine Untersuchungsbefugnis und nimmt die Petitionen entgegen, die von den Bürgern der Union an es gerichtet werden,
- übt die sonstigen Zuständigkeiten aus, die ihm durch diesen Vertrag zugewiesen werden.

Artikel 17 Mehrheiten im Parlament

1. Das Parlament beschließt mit einfacher Mehrheit, d.h. mit der Mehrheit der abgegebenen Stimmen ohne Berücksichtigung der Enthaltungen.

2. In den ausdrücklich in diesem Vertrag vorgesehenen Fällen beschließt das Parlament

a) entweder mit absoluter Mehrheit, d.h. mit der Mehrheit seiner Mitglieder;

b) oder mit qualifizierter Mehrheit, d.h. mit der Mehrheit seiner Mitglieder und zwei Dritteln der abgegebenen Stimmen ohne Berücksichtigung der Enthaltungen. Bei der Haushaltsabstimmung in zweiter Lesung gilt als qualifizierte Mehrheit die Mehrheit der Mitglieder des Parlaments und drei Fünftel der abgegebenen Stimmen ohne Berücksichtigung der Enthaltungen.

Artikel 18 Untersuchungsbefugnis und Petitionen

Die Regeln über die Ausübung der Untersuchungsbefugnis des Parlaments und des Rechts der Bürger, Petitionen an das Parlament zu richten, werden durch Organgesetze bestimmt.

Artikel 19 Geschäftsordnung des Parlaments

Das Parlament gibt sich mit absoluter Mehrheit seine Geschäftsordnung.

Artikel 20 Rat der Union

Der Rat der Union setzt sich aus Vertretungen der Mitgliedstaaten zusammen, die von ihren jeweiligen Regierungen ernannt werden; jede Vertretung wird von einem Minister geleitet, der in besonderer Weise und ständig mit Angelegenheiten der Union beauftragt ist.

Artikel 21 Aufgaben des Rates der Union

Der Rat

- wirkt gemäß diesem Vertrag an den Gesetzgebungs- und Haushaltsverfahren sowie am Abschluß internationaler Übereinkommen mit,
- übt die Zuständigkeiten aus, die ihm im Bereich der internationalen Beziehungen anvertraut sind, und beantwortet die von den Mitgliedern des Parlaments zu diesem Bereich eingereichten schriftlichen und mündlichen Anfragen,
- übt die sonstigen Zuständigkeiten aus, die ihm durch diesen Vertrag übertragen werden.

Artikel 22 Gewichtung der Stimmen im Rat der Union

Die Stimme jeder einzelnen Vertretung wird in der in Artikel 148 Absatz 2 des Vertrags zur Gründung der Europäischen Wirtschaftsgemeinschaft vorgesehenen Weise gewogen.

Beim Beitritt neuer Mitgliedstaaten wird die Gewichtung ihrer Stimmen im Beitrittsvertrag festgelegt.

Artikel 23 Mehrheiten im Rat der Union

1. Der Rat beschließt mit einfacher Mehrheit, d.h. mit der Mehrheit der abgegebenen gewogenen Stimmen ohne Berücksichtigung der Enthaltungen.

2. In den in diesem Vertrag ausdrücklich vorgesehenen Fällen beschließt der Rat:

a) entweder mit absoluter Mehrheit, d.h. mit der Mehrheit der gewogenen Stimmen, die mindestens die Hälfte der Vertretungen umfassen, ohne Berücksichtigung der Enthaltungen,

b) oder mit qualifizierter Mehrheit, d.h. mit der Mehrheit von zwei Dritteln der gewogenen Stimmen, die die Mehrheit der Vertretungen umfassen, ohne Berücksichtigung der Enthaltungen. Bei der Haushaltsabstimmung in zweiter Lesung gilt als qualifizierte Mehrheit die Mehrheit von drei Fünfteln der gewogenen Stimmen, die die Mehrheit der Vertretungen umfassen, ohne Berücksichtigung der Enthaltungen,

c) oder mit Einstimmigkeit der Vertretungen, ohne Berücksichtigung der Enthaltungen.

3. Während einer Übergangszeit von zehn Jahren wird, sofern eine Vertretung ein vitales einzelstaatliches Interesse geltend macht, das von dem zu fassenden Beschluß betroffen ist und das von der Kommission als solches anerkannt wird, die Abstimmung vertagt, damit erneut über die Frage beraten werden kann. Die Gründe für den Antrag auf Vertagung sind zu veröffentlichen.

Artikel 24 Geschäftsordnung des Rates der Union

Der Rat gibt sich mit absoluter Mehrheit seine Geschäftsordnung. Die Geschäftsordnung sieht die Öffentlichkeit der Sitzungen vor, in denen der Rat als Legislative oder Haushaltsbehörde handelt.

Artikel 25 Kommission

Die Kommission nimmt innerhalb von sechs Monaten nach der Wahl des Parlaments ihre Tätigkeit auf.

Zu Beginn jeder Legislaturperiode ernennt der Europäische Rat den Präsidenten der Kommission; dieser bildet die Kommission nach Anhörung des Europäischen Rates.

Die Kommission legt dem Parlament ihr Programm vor. Sie nimmt ihre Tätigkeit nach ihrer Einsetzung durch das Parlament auf. Sie bleibt bis zur Einsetzung der neuen Kommission im Amt.

Artikel 26 Zusammensetzung der Kommission

Der Aufbau und die Arbeitsweise der Kommission sowie die Rechtsstellung ihrer Mitglieder werden durch ein Organgesetz geregelt. Bis zum Inkrafttreten dieses Gesetzes finden die Vorschriften über den Aufbau und die Arbeitsweise der Kommission der Europäischen Gemeinschaften sowie die Rechtsstellung ihrer Mitglieder auf die Kommission der Union Anwendung.

Artikel 27 Geschäftsordnung der Kommission

Die Kommission gibt sich ihre Geschäftsordnung.

Artikel 28 Aufgaben der Kommission

Die Kommission

- definiert in dem Programm, das sie dem Parlament zur Billigung unterbreitet, die Leitlinien für die Tätigkeit der Union,

- ergreift die sich daraus ergebenden Initiativen,
- hat das Recht der Gesetzesinitiative und wirkt am Gesetzgebungsverfahren mit,
- erläßt die Durchführungsverordnungen zu den Gesetzen und faßt die erforderlichen Ausführungsbeschlüsse,
- unterbreitet den Entwurf des Haushaltsplans,
- führt den Haushaltsplan aus,
- vertritt die Union in den in diesem Vertrag vorgesehenen Fällen in den Außenbeziehungen,
- wacht über die Anwendung des Vertrags und der Gesetze der Union,
- übt die sonstigen Zuständigkeiten aus, die ihr durch diesen Vertrag zugewiesen werden.

Artikel 29 Verantwortlichkeit der Kommission gegenüber dem Parlament

1. Die Kommission ist dem Parlament gegenüber verantwortlich.
2. Sie beantwortet die von seinen Mitgliedern gestellten schriftlichen und mündlichen Anfragen.
3. Die Mitglieder der Kommission müssen nach einem mit qualifizierter Mehrheit angenommenen Mißtrauensantrag des Parlaments geschlossen ihr Amt niederlegen. Die Entscheidung über den Mißtrauensantrag kann nur in offener Abstimmung und nicht vor Ablauf von drei Tagen nach Einbringungen des Antrags erfolgen.
4. Nach dem Mißtrauensvotum wird eine neue Kommission nach dem in Artikel 25 dieses Vertrages vorgesehenen Verfahren gebildet. Bis zur Einsetzung der neuen Kommission führt die Kommission, der das Mißtrauen ausgesprochen wurde, die laufenden Geschäfte.

Artikel 30 Gerichtshof

1. Der Gerichtshof sichert die Wahrung des Rechts bei der Auslegung und Anwendung dieses Vertrags und jedes auf seiner Grundlage erlassenen Rechtsakts.
2. Die Mitglieder des Gerichtshofs werden jeweils zur Hälfte vom Parlament und vom Rat der Union ernannt. Bei ungerader Mitgliederzahl ernennt das Parlament ein Mitglied mehr als der Rat.
3. Der organisatorische Aufbau des Gerichtshofs, die Zahl und die Rechtsstellung seiner Mitglieder und die Dauer ihres Mandats werden durch ein Organgesetz geregelt, in dem auch das Verfahren für ihre Ernennung und die dazu erforderlichen Mehrheiten festgelegt werden. Bis zum Inkrafttreten dieses Gesetzes gelten für den Gerichtshof der Union die einschlägigen Bestimmungen der Gemeinschaftsverträge und die für ihre Durchführung getroffenen Maßnahmen.
4. Der Gerichtshof gibt sich seine Verfahrensordnung.

Artikel 31 Europäischer Rat

Der Europäische Rat besteht aus den Staats- bzw. Regierungschefs der Mitgliedstaaten der Union und dem Präsidenten der Kommission, der mit Ausnahme der Aussprache über die Ernennung seines Nachfolgers und über die Ausarbeitung von an die Kommission gerichteten Botschaften und Empfehlungen an den Arbeiten des Europäischen Rates teilnimmt.

Artikel 32 Aufgaben des Europäischen Rates

1. Der Europäische Rat
- gibt Empfehlungen und geht Verpflichtungen im Bereich der Zusammenarbeit ein,
- beschließt in den in diesem Vertrag vorgesehenen Fällen und nach dem in Artikel 11 vorgesehenen Verfahren über die Ausweitung der Zuständigkeiten der Union,
- ernennt den Präsidenten der Kommission,
- richtet Botschaften an die übrigen Institutionen der Union,
- unterrichtet das Parlament regelmäßig über die Tätigkeit der Union in den in ihre Zuständigkeit fallenden Bereichen,
- beantwortet die von den Mitgliedern des Parlaments eingereichten schriftlichen und mündlichen Anfragen,
- nimmt die sonstigen Aufgaben wahr, die ihm durch diesen Vertrag zugewiesen werden.

2. Der Europäische Rat legt seine eigenen Beschlußfassungsverfahren fest.

Artikel 33 Einrichtungen der Union

1. Die Union verfügt über folgende Einrichtungen:
- den Rechnungshof,
- den Wirtschafts- und Sozialausschuß,
- die Europäische Investitionsbank,
- den Europäischen Währungsfonds.

Die Vorschriften über die Zuständigkeitsbereiche und Befugnisse dieser Einrichtungen, ihren organisatorischen Aufbau und ihre Zusammensetzung werden durch Organgesetze festgelegt.

2. Die Mitglieder des Rechnungshofes werden jeweils zur Hälfte vom Parlament und vom Rat der Union ernannt.

3. Der Wirtschafts- und Sozialausschuß ist eine beratende Einrichtung für die Kommission, das Parlament, den Rat der Union und den Europäischen Rat und kann aus eigener Initiative Stellungnahmen an diese richten. Der Ausschuß wird zu jedem Vorschlag konsultiert, der entscheidende Auswirkungen auf die Formulierung und Durchführung der Wirtschafts- und Gesellschaftspolitik hat. Der Ausschuß gibt sich seine Geschäftsordnung. Die Zusammensetzung des Ausschusses muß eine angemessene Vertretung der verschiedenen Gruppen des wirtschaftlichen und sozialen Lebens sicherstellen.

4. Der Europäische Währungsfonds verfügt über die zur Sicherung der Währungsstabilität erforderliche Autonomie.

5. Für jede der vorgenannten Einrichtungen gelten die Bestimmungen, die zum Zeitpunkt des Inkrafttretens dieses Vertrages auf die entsprechenden Gemeinschaftseinrichtungen Anwendung finden.

Die Union kann durch Organgesetz weitere zu ihrem Funktionieren notwendige Einrichtungen schaffen.

Titel II: Die Akte der Union

Artikel 34 Definition des Gesetzes

1. Das Gesetz bestimmt die für die gemeinsame Aktion geltenden Regeln. Es

beschränkt sich so weit wie möglich auf die Festlegung der Grundsätze, auf denen die gemeinsame Aktion beruht, und überläßt es den für ihre Durchführung zuständigen Stellen der Union oder der Mitgliedstaaten, Durchführungsbestimmungen festzulegen.

2. Der organisatorische Aufbau und die Funktionsweise der Institutionen sowie weitere in diesem Vertrag ausdrücklich genannte Bereiche werden nach dem in Artikel 38 dieses Vertrags vorgesehenen besonderen Verfahren durch Organgesetze geregelt.

3. Das Haushaltsgesetz wird gemäß den Bestimmungen von Artikel 76 dieses Vertrages verabschiedet.

Artikel 35 Unterschiedliche Anwendung des Gesetzes

Das Gesetz kann für die Durchführung seiner Bestimmungen unterschiedliche Übergangsfristen oder -maßnahmen für die einzelnen Adressaten vorsehen, wenn seine einheitliche Anwendung aufgrund der spezifischen Lage, in der sich einige der Adressaten befinden, besondere Schwierigkeiten aufwirft. Diese Fristen und Maßnahmen müssen jedoch zum Ziel haben, die spätere Anwendung aller Bestimmungen des Gesetzes auf alle Adressaten zu erleichtern.

Artikel 36 Legislative

Das Parlament und der Rat der Union üben gemeinsam unter aktiver Beteiligung der Kommission die Gesetzgebungsbefugnis aus.

Artikel 37 Gesetzesinitiative und Vorlage von Änderungsvorschlägen

1. Die Kommission hat das Recht der Gesetzesinitiative. Sie kann die von ihr unterbreiteten Gesetzentwürfe jederzeit zurückziehen, bis das Parlament oder der Rat der Union sie in erster Lesung ausdrücklich angenommen hat.

2. Auf begründete Aufforderung des Parlaments oder des Rats legt die Kommission einen der Aufforderung entsprechenden Gesetzentwurf vor. Im Fall der Weigerung der Kommission kann das Parlament oder der Rat gemäß den in ihren Geschäftsordnungen festgelegten Verfahren einen ihrer ursprünglichen Aufforderung entsprechenden Gesetzentwurf einbringen. Die Kommission muß ihre Stellungnahme zu dem Entwurf abgeben.

3. Unter den in Artikel 38 dieses Vertrags vorgesehenen Bedingungen
- kann die Kommission für jeden Gesetzentwurf Änderungsvorschläge vorlegen; über diese Änderungsvorschläge wird vorrangig abgestimmt;
- können die Mitglieder des Parlaments und die Vertretungen der Mitgliedstaaten im Rat im Rahmen der Aussprachen innerhalb ihrer jeweiligen Institutionen ebenfalls Änderungsvorschläge vorlegen.

Artikel 38 Verabschiedung der Gesetze

1. Alle Gesetzesentwürfe werden dem Parlament unterbreitet. Innerhalb von sechs Monaten billigt das Parlament den Entwurf mit oder ohne Änderungen. Ein Organgesetzentwurf kann vom Parlament mit absoluter Mehrheit geändert werden; für seine Billigung ist eine qualifizierte Mehrheit erforderlich.

Werden die für die Billigung des Entwurfs erforderlichen Mehrheiten nicht erzielt, so hat die Kommission das Recht, ihn zu ändern und ihn dem Parlament erneut zu unterbreiten.

2. Der vom Parlament mit oder ohne Änderungen gebilligte Entwurf wird dem Rat der Union übermittelt. Die Kommission kann innerhalb eines Monats nach der Billigung durch das Parlament eine Stellungnahme abgeben, die ebenfalls dem Rat übermittelt wird.

3. Der Rat beschließt innerhalb von sechs Monaten. Billigt er den Entwurf mit absoluter Mehrheit, ohne ihn zu ändern, oder lehnt er ihn einstimmig ab, so ist das Gesetzgebungsverfahren beendet.

Hat die Kommission ausdrücklich eine negative Stellungnahme zu dem Entwurf abgegeben oder handelt es sich um einen Entwurf für ein Organgesetz, so billigt der Rat den Entwurf mit qualifizierter Mehrheit, ohne ihn zu ändern oder lehnt ihn mit der gleichen Mehrheit ab; in diesen Fällen ist das Gesetzgebungsverfahren beendet.

Wurde bei der Abstimmung über den Entwurf keines der obengenannten erforderlichen Ergebnisse erzielt oder wurde der Entwurf mit einfacher Mehrheit oder – bei Organgesetzen – mit absoluter Mehrheit geändert, so wird das in Absatz 4 dieses Artikels vorgesehene Konzertierungsverfahren eröffnet.

4. In den im letzten Unterabsatz von Absatz 3 dieses Artikels genannten Fällen tritt der Konzertierungsausschuß zusammen. Dieser Ausschuß setzt sich aus einer Delegation des Rates der Union und einer Delegation des Parlaments zusammen. Die Kommission nimmt an den Arbeiten des Ausschusses teil.

Einigt sich der Ausschuß innerhalb von drei Monaten auf einen gemeinsamen Text, so wird dieser Text dem Parlament und dem Rat zur Billigung unterbreitet; diese beschließen innerhalb von drei Monaten mit absoluter Mehrheit oder – bei Organgesetzen – mit qualifizierter Mehrheit. Änderungen sind nicht zulässig.

Erzielt der Ausschuß innerhalb der vorgenannten Frist keine Einigung, so wird der aus dem Rat hervorgegangene Text dem Parlament zur Billigung unterbreitet, das innerhalb von drei Monaten mit absoluter Mehrheit oder – bei Organgesetzen – mit qualifizierter Mehrheit entscheidet. Es sind nur Änderungen zulässig, die von der Kommission vorgelegt wurden. Innerhalb von drei Monaten kann der Rat den vom Parlament angenommenen Text mit qualifizierter Mehrheit ablehnen. Es sind keine Änderungen mehr zulässig.

5. Unbeschadet des Artikels 23 Absatz 3 dieses Vertrags gilt, wenn das Parlament oder der Rat innerhalb der ihnen gesetzten Fristen keine Abstimmung über den Entwurf durchführen, dies als Annahme des Entwurfs durch die Institution, die nicht Stellung genommen hat. Ein Gesetz kann jedoch nicht als angenommen gelten, wenn es nicht entweder vom Parlament oder vom Rat ausdrücklich gebilligt wurde.

6. Das Parlament und der Rat können, sofern eine bestimmte Situation dies erfordert, die in diesem Artikel vorgesehenen Fristen einvernehmlich verlängern.

Artikel 39 Gesetzesveröffentlichung

Unbeschadet des Artikels 76 Absatz 4 dieses Vertrags stellt der Präsident desjenigen Teils der Legislative, der als letzter ausdrücklich einen Beschluß gefaßt hat, den Abschluß des Gesetzgebungsverfahrens fest und veranlaßt unverzüglich die Veröffentlichung des Gesetzes im Amtsblatt der Union.

Artikel 40 Befugnis zum Erlaß von Verordnungen

Die Kommission erläßt die zur Ausführung des Gesetzes erforderlichen Verordnungen und Beschlüsse, wobei sie sich an die im Gesetz vorgesehenen Verfahren hält. Die Verordnungen werden im Amtsblatt der Union veröffentlicht, und die Beschlüsse werden denjenigen, an die sie sich richten, formell zur Kenntnis gebracht. Das Parlament und der Rat der Union werden unverzüglich unterrichtet.

Artikel 41 Anhörung der Betroffenen

Vor Verabschiedung einer Maßnahme hören die Institutionen der Union, soweit möglich und zweckmäßig, die Betroffenen an. Die Verfahren für diese Anhörung werden durch Gesetz der Union festgelegt.

Artikel 42 Recht der Union

Das Recht der Union gilt unmittelbar in den Mitgliedstaaten. Es hat Vorrang vor dem Recht der Mitgliedstaaten. Unbeschadet der Zuständigkeit der Kommission wird die Anwendung dieses Rechts durch die Behörden der Mitgliedstaaten sichergestellt. In einem Organgesetz werden die Verfahren festgelegt, nach denen die Kommission diese Anwendung überwacht. Die einzelstaatlichen Gerichte müssen das Recht der Union anwenden.

Artikel 43 Richterliche Kontrolle

Die Gemeinschaftsvorschriften über die richterliche Kontrolle finden in der Union Anwendung. Sie werden durch ein Organgesetz unter Berücksichtigung folgender Grundsätze ergänzt:

- Erweiterung des Klagerechts von Einzelpersonen gegen Akte der Union, die sie beschweren,
- Gleiches Beschwerderecht und Gleichbehandlung aller Institutionen vor dem Gerichtshof,
- Zuständigkeit des Gerichtshofs für den Schutz der Grundrechte gegenüber der Union,
- Zuständigkeit des Gerichtshofs, einen Akt der Union im Rahmen eines Vorabentscheidungsverfahrens zur Gültigkeitsprüfung oder aufgrund einer Einrede der Rechtswidrigkeit aufzuheben,
- Eröffnung eines Kassationsverfahrens vor dem Gerichtshof gegen einzelstaatliche letztinstanzliche Gerichtsentscheidungen, in denen die Befassung des Gerichtshofs im Wege der Vorabentscheidung verweigert oder die Vorabentscheidung des Gerichtshofs mißachtet wird,
- Befugnis des Gerichtshofs, die Verletzungen der sich aus dem Recht der Union ergebenden Verpflichtungen durch die Mitgliedstaaten zu ahnden,
- obligatorische Zuständigkeit des Gerichtshofs für die Entscheidung von Streitigkeiten zwischen den Mitgliedstaaten im Zusammenhang mit den Zielen der Union.

Artikel 44 Sanktionen

In dem in Artikel 4 Absatz 4 dieses Vertrages vorgesehenen Fall sowie in jedem anderen Fall einer schwerwiegenden und anhaltenden Verletzung der Vertragsbestimmungen durch einen Mitgliedstaat, die vom Gerichtshof auf Antrag des Parlaments oder der Kommission festgestellt wurde, kann der Europäische Rat nach Anhörung des betroffenen Staates mit Zustimmung des Parlaments Maßnahmen treffen,

- durch die die Rechte, die sich aus der Anwendung eines Teils oder der Gesamtheit der Vertragsbestimmungen ergeben, für den betreffenden Staat und seine Angehörigen ausgesetzt werden, unbeschadet der von den letztgenannten erworbenen Rechte,
- die so weit gehen können, daß die Teilnahme des betreffenden Staates am Europäischen Rat und am Rat der Union sowie an allen anderen Einrichtungen, in denen der Staat als solcher vertreten ist, ausgesetzt wird.

Der betreffende Staat nimmt nicht an der Abstimmung über die Sanktionen teil.

VIERTER TEIL: DIE POLITIKEN DER UNION

Artikel 45 Allgemeines

1. Auf der Grundlage des gemeinschaftlichen Besitzstandes setzt die Union gemäß diesem Vertrag, insbesondere gemäß Artikel 9, die eingeleiteten Maßnahmen fort und ergreift neue Maßnahmen.

2. Die Struktur- und Konjunkturpolitiken der Union werden so ausgearbeitet und durchgeführt, daß sie zusammen mit einer gleichgewichtigen Ausweitung der gesamten Union eine fortschreitende Verringerung der zwischen den verschiedenen Gebieten und Regionen bestehenden Ungleichgewichte ermöglichen.

Artikel 46 Einheitlicher Rechtsraum

Außerhalb der von der gemeinsamen Aktion erfaßten Bereiche erfolgt die Koordinierung der einzelstaatlichen Rechtsvorschriften im Hinblick auf die Schaffung eines einheitlichen Rechtsraums im Wege der Zusammenarbeit, um insbesondere

- Maßnahmen zur Stärkung des Zugehörigkeitsgefühls der Bürger zur Union zu ergreifen;
- die internationalen Formen der Kriminalität einschließlich des Terrorismus zu bekämpfen.

Die Kommission und das Parlament können Empfehlungen in diesem Sinne an den Europäischen Rat richten.

Titel I: Wirtschaftpolitik

Artikel 47 Binnenmarkt und Freizügigkeit

1. Die Union hat die ausschließliche Zuständigkeit, die Freizügigkeit der Person und den freien Dienstleistungs-, Güter- und Kapitalverkehr in ihrem Hoheitsgebiet zu vollenden, zu sichern und auszubauen; außerdem besitzt sie die ausschließliche Zuständigkeit im Bereich des Handels zwischen den Mitgliedstaaten.

2. Diese Liberalisierung erfolgt auf der Grundlage von präzisen und verbindlichen Programmen und Zeitplänen, die von der Legislative nach den Regeln des Gesetzgebungsverfahrens festgelegt werden. Die Kommission legt die Durchführungsbestimmungen für diese Programme fest.

3. Durch diese Programme muß die Union

- innerhalb von drei Jahren nach Inkrafttreten dieses Vertrages die Freizügigkeit

für Personen und den freien Güterverkehr, was insbesondere die Abschaffung der Personenkontrollen an den Binnengrenzen umfaßt,
- innerhalb von fünf Jahren nach Inkrafttreten dieses Vertrages den freien Dienstleistungsverkehr einschließlich des Bankenwesens und aller Formen des Versicherungswesens,
- innerhalb von zehn Jahren nach Inkrafttreten dieses Vertrages den freien Kapitalverkehr

verwirklichen.

Artikel 48 Wettbewerb

Die Union hat die ausschließliche Zuständigkeit für die Vollendung und den Ausbau der Wettbewerbspolitik auf der Ebene der Union, unter Berücksichtigung
- der Notwendigkeit, auf der Grundlage der in Artikel 66 des Vertrages über die Gründung der Europäischen Gemeinschaft für Kohle und Stahl festgelegten Kriterien eine Regelung für die Genehmigung von Unternehmenszusammenschlüssen zu schaffen,
- der Erfordernisse der Umstrukturierung und Stärkung der Industrie der Union angesichts der tiefgreifenden Störungen, die der internationale Wettbewerb hervorrufen kann,
- der Notwendigkeit, jede Diskriminierung zwischen privaten und öffentlichen Unternehmen zu untersagen.

Artikel 49 Angleichung der Rechtsvorschriften für Unternehmen und der Steuergesetzgebung

Die Union ergreift Maßnahmen zur Angleichung der Gesetzes-, Verordnungs- und Verwaltungsvorschriften für Unternehmen, insbesondere Gesellschaften, sofern sich diese Vorschriften unmittelbar auf eine gemeinsame Aktion der Union auswirken. Durch Gesetz wird ein europäisches Unternehmensstatut geschaffen.

In dem für die Verwirklichung der wirtschaftlichen Integration der Union erforderlichen Maße erfolgt durch Gesetz eine Angleichung der Steuergesetzgebung.

Artikel 50 Konjunkturpolitik

1. Die Union besitzt die konkurrierende Zuständigkeit im Bereich der Konjunkturpolitik, um insbesondere die Koordinierung der Wirtschaftspolitiken innerhalb der Union zu erleichtern.

2. Die Kommission legt unter Berücksichtigung der gesetzlich festgelegten Grundsätze und Grenzen Leitlinien und Ziele fest, nach denen sich die Maßnahmen der Mitgliedstaaten richten müssen.

3. Die Bedingungen, unter denen die Kommission darüber wacht, daß die von den Mitgliedstaaten getroffenen Maßnahmen den von ihr festgelegten Zielen entsprechen, werden durch Gesetz festgelegt. Es ermächtigt die Kommission, die monetäre, budgetäre oder finanzielle Unterstützung durch die Union von der Beachtung der in Anwendung von Absatz 2 dieses Artikels getroffenen Maßnahmen abhängig zu machen.

4. Die Bedingungen, unter denen die Kommission in Konzertierung mit den Mitgliedstaaten die Haushalts- und Finanzmechanismen der Union für konjunkturelle Zwecke nutzt, werden durch Gesetz festgelegt.

Artikel 51 Kreditpolitik

Die Union besitzt konkurrierende Zuständigkeit für die europäische Geld- und Kreditpolitik, insbesondere mit dem Ziel der Abstimmung in der Inanspruchnahme des Kapitalmarkts durch Schaffung eines europäischen Kapitalmarktausschusses sowie der Errichtung einer europäischen Bankenaufsichtsbehörde.

Artikel 52 Europäisches Währungssystem

1. Alle Mitgliedstaaten beteiligen sich vorbehaltlich des in Artikel 35 dieses Vertrages enthaltenen Grundsatzes am Europäischen Währungssystem.

2. Die Union besitzt die konkurrierende Zuständigkeit, um die vollständige Währungsunion schrittweise zu verwirklichen.

3. Die Vorschriften betreffend

- das Statut und die Funktionsweise des Europäischen Währungsfonds gemäß Artikel 33 dieses Vertrages,
- die Bedingungen für den effektiven Transfer eines Teils der Reserven der Mitgliedstaaten auf den Europäischen Währungsfonds,
- die Bedingungen für die fortschreitende Umwandlung der ECU in eine Reservewährung und ein Zahlungsmittel und für die Erweiterung ihrer Anwendung,
- die Modalitäten und die einzelnen Stufen der Verwirklichung der Währungsunion,
- die Pflichten und Auflagen, die für die Zentralbanken bei der Festlegung ihrer Ziele im Bereich der Geldschöpfung gelten,

werden durch Organgesetz festgelegt.

4. In den ersten fünf Jahren nach Inkrafttreten dieses Vertrags kann der Europäische Rat in Abweichung von Artikel 36, 38 und 39 dieses Vertrags das Inkrafttreten der oben genannten Organgesetze innerhalb eines Monats nach ihrer Annahme aussetzen und sie zur erneuten Prüfung an das Parlament und den Rat der Union zurücküberweisen.

Artikel 53 Sektorale Politiken

Um den spezifischen Erfordernissen der Organisation, Förderung oder Koordinierung bestimmter Wirtschaftssektoren gerecht zu werden, besitzt die Union konkurrierende Zuständigkeiten zu denen der Mitgliedstaaten, um sektorale, auf der Ebene der Union abgestimmte Politiken zu verfolgen. In den unten genannten Bereichen wird mit diesen Politiken insbesondere das Ziel verfolgt, durch die Schaffung verläßlicher Rahmenbedingungen die von den Unternehmen im Wettbewerb zu treffenden Entscheidungen über Investitionen und Innovationen zu erleichtern.

Bei den betreffenden Bereichen handelt es sich vor allem um:

- die Landwirtschaft und die Fischerei,
- das Verkehrswesen,
- das Fernmeldewesen,
- Forschung und Entwicklung,
- die Industrie,
- den Energiebereich.

a) Im Bereich der Landwirtschaft und Fischerei verfolgt die Union eine Politik, deren Ziel es ist, die in Artikel 39 des Vertrags zur Gründung der Europäischen Wirtschaftsgemeinschaft festgelegten Ziele zu verwirklichen.

b) Im Bereich des Verkehrswesens verfolgt die Union eine Politik, die darauf ausgerichtet ist, zur wirtschaftlichen Integration der Mitgliedstaaten beizutragen. Sie wird insbesondere im Wege der gemeinsamen Aktion tätig, um jede Diskriminierung zu beenden, die Ausgangsbedingungen für den Wettbewerb zwischen den verschiedenen Verkehrsträgern zu harmonisieren, Behinderungen des grenzüberschreitenden Verkehrs zu beseitigen und die Leistungsfähigkeit der Verkehrswege zu entwickeln, so daß sie ein den europäischen Bedürfnissen gewachsenes Verkehrsnetz ergeben.

c) Im Bereich des Fernmeldewesens nutzt die Union die gemeinsame Aktion, um ein Fernmeldenetz mit gemeinsamen Normen und harmonisierten Tarifen zu schaffen. Ihre Zuständigkeit erstreckt sich insbesondere auf die Sektoren der Spitzentechnologie, die Forschungs- und Entwicklungsmaßnahmen und die öffentliche Beschaffungspolitik.

d) Im Bereich von Forschung und Entwicklung kann die Union gemeinsame Strategien ausarbeiten mit dem Ziel, die einzelstaatlichen Aktionen zu koordinieren und auszurichten und die Zusammenarbeit zwischen den Mitgliedstaaten und zwischen den Forschungsinstituten zu fördern. Sie kann ihre finanzielle Unterstützung für gemeinsame Forschungsarbeiten gewähren, kann dabei einen Teil des Risikos übernehmen und in ihren eigenen Forschungseinrichtungen Forschungsarbeiten durchführen.

e) Im industriellen Bereich kann die Union Entwicklungsstrategien ausarbeiten, um den Politiken der Mitgliedstaaten in bestimmten Bereichen, die für die wirtschaftliche und politische Sicherheit der Union besonders wichtig sind, eine Richtung zu geben und sie zu koordinieren. Die Kommission, der die Aufgabe übertragen wird, die notwendigen Durchführungsmaßnahmen zu treffen, legt dem Parlament und dem Rat der Union regelmäßig einen Bericht über industriepolitische Probleme vor.

f) Im Energiebereich ist das Handeln der Union darauf ausgerichtet, die Versorgungssicherheit, die Stabilität des Marktes der Union und – soweit es eine Preisregulierung gibt – eine harmonisierte Preispolitik zu gewährleisten, die mit der Praxis des lauteren Wettbewerbs vereinbar ist. Ziel der Union ist es ferner, die Entwicklung alternativer und regenerativer Energiequellen zu fördern, gemeinsame technische Normen für Effizienz, Sicherheit, Bevölkerungs- und Umweltschutz einzuführen und die Nutzung der europäischen Energiequellen zu fördern.

Artikel 54 Andere Kooperationsformen

1. Haben Mitgliedstaaten auf eigene Initiative Grundlagen für eine industrielle Zusammenarbeit außerhalb des Anwendungsbereichs dieses Vertrags geschaffen, so kann der Europäische Rat, falls das gemeinsame Interesse dies rechtfertigt, beschließen, diese Formen der Zusammenarbeit in eine gemeinsame Aktion der Union umzuwandeln.

2. In bestimmten Einzelbereichen, die unter eine gemeinsame Aktion fallen, können durch Gesetz europäische Fachbehörden eingesetzt und die für sie geltenden Formen der Kontrolle festgelegt werden.

Titel II: Gesellschaftspolitik

Artikel 55 Allgemeines

Die Union besitzt die konkurrierende Zuständigkeit auf dem Gebiet der Sozial- und Gesundheits-, Verbraucher-, Regional-, Umwelt-, Bildungs- und Forschungs-, Kultur- und Informationspolitik.

Artikel 56 Sozial- und Gesundheitspolitik

1. Die Union wird im Bereich der Sozial- und Gesundheitspolitik tätig, und zwar insbesondere auf den Gebieten

- der Beschäftigung und insbesondere der Herstellung vergleichbarer Bedingungen für die Erhaltung und Schaffung von Arbeitsplätzen,
- des Arbeitsrechts und der Arbeitsbedingungen,
- der Gleichstellung von Mann und Frau,
- der beruflichen Ausbildung und Fortbildung,
- der sozialen Sicherheit und des Fürsorgewesens,
- der Verhütung von Arbeitsunfällen und Berufskrankheiten,
- des Gesundheitsschutzes am Arbeitsplatz,
- des Koalitionsrechts und der Kollektivverhandlungen zwischen Arbeitgebern und Arbeitnehmern, insbesondere im Hinblick auf den Abschluß unionsweiter Tarifverträge,
- der Formen der Beteiligung der Arbeitnehmer an Entscheidungen, die das Arbeitsleben und die Betriebsverfassung betreffen,
- der Festlegung des Maßes, in dem die Angehörigen von Drittstaaten an der Gleichbehandlung teilhaben können,
- der Annäherung der Regeln über Forschung, Herstellung, Wirksamkeit und Vertrieb von Arzneimitteln,
- der Vorsorge gegen Suchtgefahren,
- der Koordinierung der gegenseitigen Hilfe bei Epidemien und Katastrophen.

Artikel 57 Verbraucherpolitik

Die Union kann Regeln zum Schutz der Gesundheit, der Sicherheit sowie der wirtschaftlichen Interessen der Verbraucher, insbesondere in Schadensfällen, festlegen. Die Union kann Maßnahmen zur Förderung der Unterrichtung, Aufklärung und Anhörung der Verbraucher unterstützen.

Artikel 58 Regionalpolitik

Die Regionalpolitik der Union hat zur Aufgabe, den Abstand zwischen den einzelnen Regionen und insbesondere den Rückstand der am wenigsten begünstigten Regionen dadurch zu verringern, daß die Wirtschaftstätigkeit in diesen Regionen mit dem Ziel der künftigen Entwicklung wiederbelebt und ein Beitrag dazu geleistet wird, die Voraussetzungen zu schaffen, um der übermäßigen Konzentration der Wanderungsbewegung in bestimmte Produktionszentren ein Ende zu setzen. Die Regionalpolitik der Union fördert ferner die grenzüberschreitende regionale Zusammenarbeit.

Die Regionalpolitik der Union stellt zwar eine Ergänzung der Regionalpolitik der Mitgliedstaaten dar, doch werden mit ihr eigene Ziele der Union verfolgt.

Die Regionalpolitik der Union umfaßt
- die Entwicklung eines europäischen Rahmens für die Raumordnungspolitiken der in jedem Mitgliedstaat zuständigen Stellen,
- die Förderung von Investitionen und Infrastrukturvorhaben, die die nationalen Programme in den Rahmen eines Gesamtkonzepts einfügen,
- die Durchführung integrierter Programme der Union zugunsten bestimmter Regionen, die gemeinsam mit den Vertretern der betroffenen Bevölkerung erarbeitet werden, und, soweit möglich, die Zuweisung der benötigten Mittel direkt an die betreffenden Regionen.

Artikel 59 Umweltpolitik

Im Umweltbereich sind die Verhütung und – soweit möglich nach dem Verursacherprinzip – die Wiedergutmachung von Schäden, die über den Rahmen eines Mitgliedstaats hinausgehen oder für die eine gemeinsame Lösung gefunden werden muß, Aufgabe der Union. Sie fördert eine Politik des rationellen Einsatzes der natürlichen Ressourcen, der Nutzung regenerierbarer Rohstoffe und der Wiedergewinnung von Abfällen, die den Erfordernissen des Umweltschutzes Rechnung trägt.

Die Union ergreift Maßnahmen im Bereich des Tierschutzes.

Artikel 60 Bildungs- und Forschungspolitik

Um einen Rahmen zu schaffen, der den Bürgern zum Bewußtsein einer eigenen Identität der Union verhilft, und um einen Ausbildungsstandard sicherzustellen, der die freie Wahl der Berufstätigkeit, des Arbeitsplatzes oder einer Ausbildungsstätte an jedem Ort der Union ermöglicht, ergreift die Union Maßnahmen auf folgenden Gebieten:
- Festlegung gemeinsamer oder vergleichbarer Ausbildungsziele,
- unionsweite Geltung und Gleichwertigkeit von Diplomen und von Schul-, Studien- und Ausbildungszeiten,
- Förderung der wissenschaftlichen Forschung.

Artikel 61 Kulturpolitik

1. Die Union kann Maßnahmen treffen, die darauf abzielen,
- das kulturelle und sprachliche Verständnis zwischen den Unionsbürgern zu fördern,
- die Kenntnis ihres kulturellen Lebens innerhalb und außerhalb ihres Gebietes zu verbreiten,
- Jugendaustauschprogramme aufzustellen.

2. Das Europäische Hochschulinstitut und die Europäische Stiftung werden zu sonstigen Einrichtungen der Union.

3. Die Regelungen zur Angleichung des Urheberrechts und für den freien Verkehr von Kulturgütern werden durch Gesetz festgelegt.

Artikel 62 Informationspolitik

Die Union fördert den Informationsaustausch und den Informationszugang für die Bürger. Zu diesem Zweck beseitigt sie unter Gewährleistung eines möglichst großen Wettbewerbs und einer Vielfalt der Organisationsformen in diesem Bereich die Hindernisse für einen freien Informationsaustausch. Sie fördert die Zusammenarbeit von Rundfunk- und Fernsehgesellschaften, mit dem Ziel, unionsweite Programme auszuarbeiten.

Titel III: Die internationalen Beziehungen der Union

Artikel 63 Aktionsgrundsätze und Aktionsweisen

1. Die Union richtet ihre Bemühungen im Rahmen der internationalen Beziehungen auf die Schaffung des Friedens durch die friedliche Lösung von Konflikten sowie auf die Sicherheit, die Abschreckung von Angriffen, die Entspannung, den gegenseitigen ausgewogenen und kontrollierbaren Abbau der Streitkräfte und der Rüstung, die Achtung der Menschenrechte, die Hebung des Lebensstandards in der Dritten Welt, die Ausweitung und Verbesserung der internationalen Wirtschafts- und Währungsbeziehungen im allgemeinen und des internationalen Handels im besonderen sowie die Verstärkung der internationalen Organisation aus.

2. Das Handeln der Union auf internationaler Ebene ist auf die Verwirklichung der in Artikel 9 dieses Vertrags festgelegten Ziele ausgerichtet. Es erfolgt entweder im Wege der gemeinsamen Aktion oder im Wege der Zusammenarbeit.

Artikel 64 Gemeinsame Aktion

1. Im Rahmen der internationalen Beziehungen handelt die Union in den Bereichen, in denen sie gemäß diesem Vertrag ausschließliche oder konkurrierende Zuständigkeiten besitzt, im Wege der gemeinsamen Aktion.

2. Im Bereich der Handelspolitik besitzt die Union die ausschließliche Zuständigkeit.

3. Die Union verfolgt eine Politik der Entwicklungshilfe. Innerhalb eines Übergangszeitraums von zehn Jahren wird diese Politik schrittweise Gegenstand einer gemeinsamen Aktion der Union. Soweit die Mitgliedstaaten weiterhin unabhängige Programme durchführen, legt die Union den Rahmen fest, in dem sie die Koordinierung dieser Programme mit ihrer eigenen Politik unter Einhaltung der bestehenden internationalen Verpflichtungen gewährleistet.

4. Für die Bereiche der Außenpolitik, die auf Grund der Verträge zur Gründung der Europäischen Gemeinschaften in die ausschließlichen Zuständigkeiten der Europäischen Gemeinschaften fallen, in denen diese Zuständigkeiten jedoch nicht in vollem Umfang wahrgenommen wurden, werden durch Gesetz entsprechende Regeln festgesetzt, damit sie spätestens innerhalb einer Frist von fünf Jahren vollständig ausgeübt werden können.

Artikel 65 Durchführung der gemeinsamen Aktion

1. Bei der Wahrnehmung ihrer Zuständigkeiten wird die Union in ihren Beziehungen zu Drittländern und internationalen Organisationen durch die Kommission vertreten. Die Kommission handelt insbesondere im Namen der Union internationale Abkommen aus. Sie ist zuständig für die Verbindungen zu allen internationalen Organisationen und arbeitet insbesondere im kulturellen Bereich mit dem Europarat zusammen.

2. Der Rat der Union kann der Kommission Leitlinien für ihr internationales Handeln erteilen; er hat mit absoluter Mehrheit Leitlinien festzulegen, wenn sich die

Kommission an der Ausarbeitung von Akten und an der Aushandlung von Abkommen beteiligt, durch die für die Union internationale Verpflichtungen entstehen.

3. Das Parlament wird rechtzeitig und in angemessener Weise über alle Maßnahmen unterrichtet, die die zuständigen Institutionen der Union auf dem Gebiet der internationalen Politik ergreifen.

4. Das Parlament und der Rat der Union, die jeweils mit absoluter Mehrheit beschließen, billigen die internationalen Abkommen und beauftragen den Präsidenten der Kommission, die Ratifikationsurkunden zu hinterlegen.

Artikel 66 Zusammenarbeit

Die Pflege der internationalen Beziehungen der Union erfolgt im Wege der Zusammenarbeit, wenn Artikel 64 dieses Vertrags nicht anwendbar ist und es sich um folgende Bereiche handelt:

- Fragen, die die Interessen mehrerer Mitgliedstaaten der Union betreffen,
- oder Bereiche, in denen die Mitgliedstaaten als einzelne nicht so wirksam handeln können wie die Union,
- oder Bereiche, in denen eine Politik der Union notwendig erscheint, um die im Rahmen der Zuständigkeiten der Mitgliedstaaten durchgeführten Außenpolitiken zu ergänzen,
- oder Fragen, die die politischen und wirtschaftlichen Aspekte der Sicherheit betreffen.

Artikel 67 Durchführung der Zusammenarbeit

In den in Artikel 66 genannten Bereichen gilt:

1. Der Europäische Rat ist für die Zusammenarbeit zuständig. Der Rat der Union ist für die Durchführung dieser Zusammenarbeit verantworlich. Die Kommission kann Politiken und Aktionen vorschlagen, die auf Veranlassung des Europäischen Rates oder des Rates der Union entweder von der Kommission oder von den Mitgliedstaaten durchgeführt werden.
2. Die Union achtet darauf, daß die außenpolitischen Leitlinien der Mitgliedstaaten aufeinander abgestimmt sind.
3. Die Union koordiniert die Standpunkte der Mitgliedstaaten bei der Aushandlung internationaler Abkommen und im Rahmen der internationalen Organisationen.
4. Sind in dringenden Fällen Sofortmaßnahmen erforderlich, so kann ein besonders betroffener Staat nach Unterrichtung des Europäischen Rates und der Kommission allein handeln.
5. Der Europäische Rat kann seinen Präsidenten, den Präsidenten des Rates der Union oder die Kommission ersuchen, als Sprecher der Union aufzutreten.

Artikel 68 Erweiterung des Bereichs der Zusammenarbeit und Übergang der Zusammenarbeit in die gemeinsame Aktion

1. Der Europäische Rat kann den Bereich der Zusammenarbeit insbesondere auch auf Fragen der Rüstung, des Verkaufs von Waffen an Drittländer, der Verteidigungspolitik und der Abrüstung ausdehnen.

2. Unter den Voraussetzungen von Artikel 11 dieses Vertrags kann der Europäische Rat beschließen, einen bestimmten Bereich der Zusammenarbeit in die gemeinsame Aktion im Bereich der Außenpolitik zu überführen. In diesem Fall gel-

ten die Bestimmungen von Artikel 23 Absatz 3 dieses Vertrags ohne zeitliche Begrenzung. Ausgehend von dem in Artikel 35 dieses Vertrags festgelegten Grundsatz kann der Rat der Union in Ausnahmefällen einstimmig einen oder mehrere Mitgliedstaaten von bestimmten Maßnahmen, die im Rahmen der gemeinsamen Aktion getroffen werden, ausnehmen.

3. In Abweichung von Artikel 11 Absatz 2 dieses Vertrags kann der Europäische Rat beschließen, Bereiche, die gemäß Absatz 2 dieses Artikels in die gemeinsame Aktion überführt wurden, erneut der Zusammenarbeit oder der Zuständigkeit der Mitgliedstaaten zu unterstellen.

4. Unter den in Absatz 2 genannten Bedingungen kann der Europäische Rat beschließen, ein bestimmtes Problem für die zu seiner Lösung erforderliche Zeit in die gemeinsame Aktion zu übertragen. In diesem Fall findet Absatz 3 keine Anwendung.

Artikel 69 Gesandtschaftsrecht

1. Die Kommission kann mit Zustimmung des Rates der Union Vertretungen in Drittländern und bei den internationalen Organisationen einrichten.

2. Sie sind für die Vertretung der Union in allen Fragen, die in die Bereiche der gemeinsamen Aktion fallen, zuständig. Sie können auch gemeinsam mit dem diplomatischen Vertreter desjenigen Mitgliedstaates, der den Präsidenten des Europäischen Rates stellt, die diplomatischen Aktivitäten der Mitgliedstaaten in den unter die Zusammenarbeit fallenden Bereichen koordinieren.

3. In Drittländern und bei internationalen Organisationen, in denen keine Vertretung der Union eingerichtet ist, wird die Union vom diplomatischen Vertreter des Mitgliedstaats, der den Präsidenten des Europäischen Rates stellt, oder, falls dies nicht möglich ist, vom diplomatischen Vertreter eines anderen Mitgliedstaates vertreten.

FÜNFTER TEIL: DIE FINANZEN DER UNION

Artikel 70 Allgemeines

1. Die Union verfügt über eigene Mittel, die von ihren Institutionen auf der Grundlage des von der Haushaltsbehörde verabschiedeten Haushaltsplans verwaltet werden. Die Haushaltsbehörde wird vom Europäischen Parlament und vom Rat der Union gebildet.

2. Die Einnahmen der Union dienen dazu, die Durchführung der gemeinsamen Aktion der Union sicherzustellen. Im Falle des Aufgreifens neuer Aufgaben werden der Union die hierzu notwendigen finanziellen Mittel nach den in Artikel 72 Absatz 2 dieses Vertrages vorgesehenen Verfahren zugewiesen.

Artikel 71 Einnahmen

1. Bei Inkrafttreten dieses Vertrags verfügt die Union über Einnahmen gleicher Art wie die Europäischen Gemeinschaften. Die Union erhält jedoch einen festen Mehrwertsteueranteil, der im Rahmen des in Artikel 74 dieses Vertrags vorgesehenen Programms im Haushaltsplan festgesetzt wird.

2. Die Union kann durch Organgesetz die Art oder die Bemessungsgrundlage der bestehenden Einnahmen ändern oder neue Einnahmen schaffen. Unbescha-

det des Artikels 75 Absatz 2 dieses Vertrags ermächtigt sie die Kommission durch Gesetz zur Begebung von Anleihen.

3. Die Erhebung der Einnahmen der Union obliegt grundsätzlich den Behörden der Mitgliedstaaten. Diese Einnahmen werden unmittelbar nach ihrer Erhebung an die Union überwiesen. Durch Gesetz werden die Durchführungsbestimmungen für diesen Absatz festgelegt und können eigene Stellen der Union für die Erhebung der Einnahmen geschaffen werden.

Artikel 72 Ausgaben

1. Die Ausgaben der Union werden jährlich auf der Grundlage einer Veranschlagung der Kosten jeder einzelnen gemeinsamen Aktion im Rahmen des in Artikel 74 dieses Vertrags vorgesehenen Finanzprogramms festgelegt.

2. Mindestens einmal jährlich legt die Kommission der Haushaltsbehörde einen Bericht über die Wirksamkeit der unternommenen Aktionen unter Berücksichtigung ihrer Kosten vor.

3. Alle Ausgaben der Union unterliegen dem gleichen Haushaltsverfahren.

Artikel 73 Finanzausgleich

Zur Verringerung der Ungleichgewichte in der Wirtschaftskraft der Regionen wird ein Finanzausgleich eingeführt. Das Nähere regelt ein Organgesetz.

Artikel 74 Finanzprogramme

1. Zu Beginn jeder Legislaturperiode unterbreitet die Kommission nach ihrer Einsetzung dem Europäischen Parlament und dem Rat der Union einen Bericht über die Aufteilung der Verantwortlichkeiten für die Durchführung von gemeinsamen Aktionen und die sich daraus ergebenden finanziellen Belastungen zwischen der Union und den Mitgliedstaaten.

2. Auf Vorschlag der Kommission wird in einem Mehrjahresfinanzprogramm, das gemäß den Modalitäten des Gesetzgebungsverfahrens angenommen wird, die Entwicklung der Ausgaben und Einnahmen der Union festgelegt. Diese Voranschläge, die jährlich überprüft werden, dienen als Grundlage für die Aufstellung des Haushaltsplans.

Artikel 75 Haushaltsplan

1. Im Haushaltsplan werden für jedes Kalenderjahr alle Ausgaben und Einnahmen der Union veranschlagt und genehmigt. Der Haushaltsplan muß bei seiner Verabschiedung ausgeglichen sein. Die Berichtigungs- und Nachtragshaushaltspläne werden unter denselben Bedingungen wie der Haushaltsplan verabschiedet. Die Einnahmen der Union sind nicht zweckgebunden.

2. Im Haushaltsplan wird für das jeweilige Haushaltsjahr der Höchstbetrag der Anleihen und Darlehen festgelegt. Außer in den im Haushaltsplan ausdrücklich vorgesehenen Ausnahmefällen können Kreditmittel nur zur Finanzierung von Investitionen verwendet werden.

3. Der Haushalt ist in Kapitel gegliedert, in denen die Ausgaben nach ihrer Art oder Zweckbestimmung zusammengefaßt sind und die gemäß den Bestimmungen der Haushaltsordnung untergliedert sind. Die Ausgaben der Institutionen – mit Ausnahme der Kommission – werden in gesonderten Teilen des Haushaltsplans

ausgewiesen; sie werden von diesen Institutionen ausgearbeitet und verwaltet und können nur Verwaltungsausgaben enthalten.

4. Die Haushaltsordnung der Union wird durch ein Organgesetz festgelegt.

Artikel 76 Haushaltsverfahren

1. Die Kommission arbeitet den Entwurf des Haushaltsplans aus und übermittelt ihn an die Haushaltsbehörde.

2. Innerhalb der in der Haushaltsordnung festgesetzten Fristen

a) kann der Rat der Union in erster Lesung mit einfacher Mehrheit Änderungen annehmen. Er leitet den Entwurf des Haushaltsplans mit oder ohne Änderungen dem Parlament zu;

b) kann das Parlament in erster Lesung die Änderungen des Rates mit absoluter Mehrheit ändern und weitere Änderungen mit einfacher Mehrheit annehmen;

c) muß, wenn die Kommission innerhalb von 15 Tagen den in erster Lesung vom Rat oder vom Parlament angenommenen Änderungen widerspricht, der betreffende Teil der Haushaltsbehörde in zweiter Lesung mit qualifizierter Mehrheit einen neuen Beschluß fassen;

d) gilt der Haushaltsplan, wenn er vom Parlament und vom Rat nicht oder in übereinstimmender Weise geändert wurde und die Kommission von ihrem Recht auf Widerspruch gegen in erster Lesung angenommene Änderungen keinen Gebrauch gemacht hat, als endgültig angenommen;

e) kann der Rat in zweiter Lesung mit qualifizierter Mehrheit die vom Parlament angenommenen Änderungen seinerseits ändern. Er kann den gesamten vom Parlament geänderten Entwurf des Haushaltsplans durch eine Abstimmung mit qualifizierter Mehrheit an die Kommission zurücküberweisen und verlangen, daß sie einen neuen Entwurf vorlegt; erfolgt keine Rücküberweisung, wird der Entwurf des Haushaltsplans in jedem Fall dem Parlament übermittelt;

f) kann das Parlament in zweiter Lesung die vom Rat angenommenen Änderungen nur mit qualifizierter Mehrheit ablehnen. Es verabschiedet den Haushaltsplan mit absoluter Mehrheit.

3. Beschließt einer der beiden Teile der Haushaltsbehörde nicht innerhalb der in der Haushaltsordnung festgelegten Fristen, so gilt der Entwurf, mit dem er befaßt wurde, als von ihm angenommen.

4. Nach Abschluß des in diesem Artikel festgelegten Verfahrens erklärt der Präsident des Parlaments den Haushaltsplan für endgültig festgestellt und veranlaßt unverzüglich seine Veröffentlichung im Amtsblatt der Union.

Artikel 77 Vorläufige Zwölftel

Ist der Haushaltsplan zu Beginn des Haushaltsjahres noch nicht verabschiedet, so können jeden Monat unter den in der Haushaltsordnung festgelegten Bedingungen Ausgaben bis zu einem Höchstbetrag von einem Zwölftel der im Haushaltsplan des vorangegangenen Haushaltsjahres unter Einschluß der Berichtigungs- und Nachtragshaushaltspläne bereitgestellten Mittel getätigt werden.

Nach Ablauf von sechs Monaten nach Beginn des Haushaltsjahres kann die Kommission nur noch Ausgaben tätigen, die es der Union ermöglichen, ihren bestehenden Verpflichtungen nachzukommen.

Artikel 78 Ausführung des Haushaltsplans

Der Haushaltsplan wird von der Kommission unter ihrer Verantwortung und unter den in der Haushaltsordnung festgelegten Bedingungen ausgeführt.

Artikel 79 Rechnungsprüfung

Die Ausführung des Haushaltsplans wird vom Rechnungshof überprüft. Er nimmt seine Aufgaben völlig unabhängig wahr und verfügt zu diesem Zweck über Prüfungsvollmachten gegenüber den Institutionen und Einrichtungen der Union sowie den betreffenden nationalen Stellen.

Artikel 80 Haushaltsrechnung

Nach Abschluß des Haushaltsjahres unterbreitet die Kommission der Haushaltsbehörde in der in der Haushaltsordnung festgelegten Form die Haushaltsrechnung, in der alle Operationen des Haushaltsjahres aufgeführt sind und der der Bericht des Rechnungshofes beiliegt.

Artikel 81 Entlastung

Das Parlament beschließt, die Entlastung zu erteilen, aufzuschieben oder zu verweigern; der Entlastungsbeschluß kann mit Bemerkungen versehen werden, denen die Kommission Rechnung tragen muß.

SECHSTER TEIL: ALLGEMEINE UND SCHLUSSBESTIMMUNGEN

Artikel 82 Inkrafttreten

Dieser Vertrag steht allen Mitgliedstaaten der Europäischen Gemeinschaften zur Ratifizierung offen.

Sobald dieser Vertrag von einer Mehrheit der Mitgliedstaaten der Europäischen Gemeinschaften, deren Bevölkerung 2/3 der Gesamtbevölkerung der Gemeinschaften ausmacht, ratifiziert ist, treten die Regierungen der Mitgliedstaaten, die ihn ratifiziert haben, unverzüglich zusammen, um einvernehmlich die Verfahren für die Inkraftsetzung dieses Vertrages und das Datum seines Inkrafttretens sowie über die Beziehungen zu den Mitgliedstaaten, die ihn noch nicht ratifiziert haben, zu beschließen.

Artikel 83 Hinterlegung der Ratifikationsurkunden

Die Ratifikationsurkunden werden bei der Regierung desjenigen Staates hinterlegt, der als erster das Ratifizierungsverfahren vollendet hat.

Artikel 84 Änderung des Vertrags

Eine Vertretung im Rat der Union, ein Drittel der Mitglieder des Parlaments oder die Kommission können der Legislative einen begründeten Gesetzentwurf zur Änderung einer oder mehrerer Bestimmungen des Vertrages vorlegen. Der Entwurf wird den beiden Teilen der Legislative zur Billigung unterbreitet, die gemäß dem für das Organgesetz vorgesehenen Verfahren entscheiden.

Der gebilligte Entwurf wird den Mitgliedstaaten zur Ratifizierung unterbreitet und tritt in Kraft, sobald er von allen ratifiziert wurde.

Artikel 85 Der Sitz

Der Europäische Rat beschließt über den Sitz der Institutionen. Ergeht innerhalb von zwei Jahren nach Inkrafttreten des Vertrages der Union kein Beschluß des Europäischen Rates über den Sitz, so entscheidet die Legislative endgültig gemäß dem für das Organgesetz geltenden Verfahren.

Artikel 86 Vorbehalte

Die Bestimmungen dieses Vertrags können nicht Gegenstand eines Vorbehalts sein. Dieser Artikel beläßt den Mitgliedstaaten die Möglichkeit, für die Union diejenigen Erklärungen beizubehalten, die sie zu den zum gemeinschaftlichen Besitzstand gehörenden Verträgen und Übereinkommen abgegeben haben.

Artikel 87 Dauer

Dieser Vertrag gilt auf unbegrenzte Zeit.

Quelle: ABl. der EG C 77 vom 13.3.1984, S. 33ff.

Dokument Nr. 2

Rede von Kommissionspräsident Gaston Thorn vom 14. Februar 1984 vor dem Europäischen Parlament zu dessen Entwurf eines Vertrages zur Gründung der Europäischen Union (Auszüge)

Herr Präsident, es ist dies nicht das erste Mal, daß die Kommission sich zu dieser ehrgeizigen Initiative äußert, welche die Vorbereitung – durch die Vertreter der europäischen Völker – eines Vertrages darstellt, der darauf angelegt ist, unsere Mitgliedstaaten im europäischen Aufbauwerk ein ganzes Stück voranzubringen. Unsere Kommission hat Ihren Entwurf seit seinen Anfängen Schritt um Schritt verfolgt. (. . .)

Gewiß setzen, Herr Präsident, die Unterstützung Ihrer politischen Initiative und der Umstand, daß wir Ihre Auffassungen teilen, nicht schon als solche voraus, daß wir in vollem Umfang und bedingungslos jeder der Bestimmungen zustimmen, die in Ihrem Vertragsentwurf enthalten sind. (. . .) Das gilt insbesondere – und ich werde nur dieses Beispiel zitieren – für die Bestimmungen, in denen, wenn auch unter Einschränkungen, die Möglichkeit geduldet wird, daß ein Mitgliedstaat ein vitales Interesse geltend macht, um sich der Beschlußfassung zu widersetzen. (. . .)

Nichtsdestoweniger, Herr Präsident, ist Ihr Vertrag zweifellos ein guter Vertrag, ein guter Vertragsentwurf. Nicht ohne Genugtuung erkennt die Kommission in diesem Vertrag die Leitlinien und die wesentlichen Strukturen wieder, die in ihrem Bericht von 1975 über die Europäische Union enthalten waren. Und ich stelle auch nicht ohne eine gewisse Freude fest, daß darin eine grundlegende Konvergenz mit meinen persönlichen Auffassungen zu finden ist.

Sie haben, glaube ich, recht gehabt, sich nicht mehr mit der Methode zu begnügen, die so oft als die Methode der „kleinen Schritte" bezeichnet wurde, dieser Methode, die darin besteht, die Rolle des Parlaments auszubauen und zu verbessern und dabei dennoch strikt innerhalb des von den Verträgen abgesteckten institutionellen Rahmens zu bleiben. Das hat zwar zu seiner Zeit gewiß zu nützlichen Ergebnissen geführt. Aber diese Methode scheint nunmehr ihre Möglichkeit erschöpft zu haben. Denn während unsere Kommission immer bereit gewesen ist, sich jeder mit den Verträgen zu vereinbarenden Verbesserung der institutionellen Beziehungen anzuschließen, scheint der Rat sich jetzt nicht mehr weiter engagieren zu wollen oder zu können, da keine wirklich zwingenden Rechtsvorschriften dafür vorhanden sind.

Sie haben also recht gehabt, sich auch nicht an die Staaten zu wenden, um die Verfassung der Europäischen Union in allen Einzelheiten festzulegen, sondern dem zuvorzukommen und sie in der gebührenden Form in einem Vertragentwurf zu definieren.

Damit haben Sie den Beweis erbracht, daß die Debatte zwischen den Vertretern der Völker und zwischen den transnationalen politischen Kräften fruchtbarer sein kann als Verhandlungen zwischen Regierungsvertretern. Ich glaube, daß das wesentlich war.

Sie haben auch recht gehabt in der Wahl des Zeitpunkts, denn nach etwa dreijähriger Arbeit wurde Ihr Entwurf in eben dem Moment fertig, da das Scheitern von Athen uns noch stärker das Erfordernis und die absolute Notwendigkeit eines neuen Ehrgeizes für Europa ins Bewußtsein gerückt hat. Ich muß zugeben, daß sie – leider – gute Propheten gewesen sind.

Und schließlich hatten Sie recht, sich trotz einer ehrgeizigen Vision davor zu hüten, in Irrealismus zu verfallen und mit den bisherigen Errungenschaften tabula rasa zu machen.

Es ist heute, glaube ich, völlig realistisch, daran zu denken, daß das Parlament sich mit dem Rat die Gesetzgebungsgewalt teilt. Denn einerseits ist seit dem Beginn der europäischen Integration inzwischen ein Vierteljahrhundert vergangen, und andererseits besitzt das Parlament jetzt die volle demokratische Legitimität. Und diese Demokratisierung des Gesetzgebungsprozesses haben Sie fertiggebracht, ohne seine Wirksamkeit zu beeinträchtigen. Es erscheint mir auch völlig realistisch, heute die politische Zusammenarbeit in das institutionelle System der Union zu integrieren. Ebenso ist es normal, der Union nur die Zuständigkeiten zu übertragen, die sie wirksamer als die Staaten auszuüben vermag, und die Ausübung dieser Kompetenzen nach und nach zu steigern, um einen reibungslosen Übergang zu verwirklichen.

Sie haben die Errungenschaften der Gemeinschaft gewahrt und sogar aufgewertet, insbesondere – das erkenne ich an und unterstreiche es – soweit es die Rolle der Kommission betrifft. Indem Sie der Kommission eine vorherrschende Rolle in der Gesetzgebungsinitiative zuerkannten und ihr die Verantwortung für die Verwaltung der gemeinsamen Aktionen übertrugen, haben Sie die politische Natur und den durch nichts zu ersetzenden Charakter dieser Institutionen bekräftigt, die weitgehend zur Originalität des europäischen Aufbauwerks beiträgt.

Ich nehme kein Blatt vor den Mund: Diejenigen, welche am Vorabend dieser neuen Wahlkampagne vorgeben, dem europäischen Aufbauwerk neuen Schwung geben zu wollen, und gleichzeitig die Kommission auf eine technische und administrative Rolle reduzieren möchten, gehören zu jenen, die aus der Gegenwartsgeschichte und aus der 25jährigen Erfahrung der Gemeinschaft keine Lehre gezogen haben – wollen sie doch in Wirklichkeit die Gemeinschaft in eine Institution zwischenstaatlicher Art verwandeln. Die der Kommission von den Verträgen zugewiesene politische Rolle verneinen, heißt die Natur der Gemeinschaft überhaupt verleugnen.

Herr Präsident, Sie führen heute ein schwieriges Unterfangen zu einem guten Ende, Sie gewinnen eine Wette, die manche für unmöglich gehalten haben und die von vielen als tollkühn angesehen wird. Dennoch legen Sie heute, wie es in der Geschichte der Menschen oft vorkommt, nur eine Etappe zurück. Sie legen diese Etappe nur zurück, um eine weitere in Angriff zu nehmen und sich einer weiteren Herausforderung zu stellen.

Bald wird der Wahlkampf eröffnet werden, in dem Ihr Vertragsentwurf, glaube ich, das Kernstück darstellen wird. Dann wird das neu gewählte Parlament darauf hinwirken müssen, daß der Vertrag von den Staaten angenommen wird. Das wird die Stunde der Wahrheit sein, dann wird die schwierigste Phase beginnen. So sind Sie zu einem schwierigen Kampf um die Zukunft Europas aufgebrochen. Ich kann Ihnen versichern, daß die Kommission in diesem Kampf unentwegt Ihr Verbündeter sein wird. Die Kommission zählt ihrerseits auf Ihre Unterstützung in dem Kampf, den sie Tag für Tag austragen muß, um unsere ernstlich krankende Gemeinschaft am Leben zu erhalten und ihr neuen Atem einzuhauchen. (. . .)

Wir sind also zum Kampf um zweierlei angetreten: einmal darum, die Gemeinschaft lebendig und lebensfähig zu erhalten, und zum anderen darum, ihre Umwandlung in eine echte Europäische Union vorzubereiten. Dies sind nicht etwa zwei einander widersprechende Aufgaben oder zwei voneinander unabhängige Aufgaben, sondern es handelt sich dabei in Wirklichkeit um zwei Momente eines und desselben Kampfes.

In diesem Kampf, Herr Präsident, können das Parlament und die Kommission wegen der Rollen, die ihnen übertragen sind, und vor allem wegen der Interessen, die sie vertreten, nur von Natur aus Verbündete sein. Denn das Parlament vertritt die europäischen Völker, und die europäischen Völker wollen – das wird von allen Meinungsumfragen bestätigt – mit wachsender Ungeduld die Integration Europas. Was die Kommission betrifft, so ist sie eine von den Mitgliedstaaten unabhängige Institution und hat die Aufgabe, das gemeinsame Interesse herauszuarbeiten, zu interpretieren und durchzusetzen.

Ich glaube also, meine Damen und Herren, daß aufgrund der einander ergänzenden Aufgaben unserer beiden Institutionen ein gemeinsames Vorgehen die beste Gewähr für die unmittelbare Zukunft Europas bietet. Ich wünsche Ihnen daher, und ich wünsche bei dieser Gelegenheit uns allen guten Mut, eine gute Kampagne und guten Erfolg.

Quelle: ABl. der EG, Verhandlungen des Europäischen Parlaments, Anhang 1–309, S. 46–48.

Dokument Nr. 3

Entschließungen der Italienischen Abgeordnetenkammer vom 14. Februar 1984 zum Entwurf eines Vertrages zur Gründung der Europäischen Union

Die Kammer,

in Kenntnis der Erklärungen der Regierung zur Lage in Europa und insbesondere in der Gemeinschaft,

unter Eingehung der Verpflichtung, gegebenenfalls, soweit es sie betrifft, unverzüglich die Debatte über die Billigung des Vorschlags für eine Reform der Verträge zur Gründung der Europäischen Union, der vom Institutionellen Ausschuß des Europäischen Parlaments ausgearbeitet wurde und im Begriff ist, vom Europäischen Parlament veabschiedet zu werden, einzuleiten,

verpflichtet die Regierung, diesen Vorschlag in Zukunft in allen geeigneten politischen Gremien und Institutionen energisch und unverzüglich zu unterstützen und sich im Hinblick auf die italienische Präsidentschaft in der Gemeinschaft im ersten Halbjahr 1984 entsprechend vorzubereiten.

Die Kammer

verpflichtet die Regierung, die Option für den Prozeß der Integration der Gemeinschaft im Rahmen der Entwicklung der EG und der EPZ, die den geeignetsten Rahmen für die Bekämpfung und Lösung politischer und wirtschaftlicher Krisen und der Krisen im Bereich der internationalen Sicherheit darstellen, nochmals uneingeschränkt zu bekräftigen und zur Kenntnis zu nehmen, daß bei diesem Prozeß gegenwärtig eine starke Rückentwicklung festzustellen ist und daß es, um diesem Mißstand abzuhelfen, außergewöhnlicher Anstrengungen bedarf, um für den gesamten Prozeß eine neue Grundlage zu schaffen. Zu diesem Zweck muß eine genaue und umfassende Strategie entwickelt werden, in die gleichzeitig die Regierungen, Parlamente und politischen Kräfte der Mitgliedstaaten der EG einbezogen werden;

verpflichtet insbesondere die Regierung,

a) die Initiative des Europäischen Parlaments zu unterstützen, die darauf ausgerichtet ist, ein Verfahren für die Revision der Verträge von Paris und Rom einzuleiten, die heute nicht mehr ausreichen, um das komplexe Gebilde der Gemeinschaft zu verwalten;
b) den Vertragsentwurf, der dem italienischen Parlament vom Europäischen Parlament übermittelt werden wird, als Regierung anzunehmen und seine Ratifizierung gemäß den verfassungsrechtlichen Vorschriften einzuleiten;
c) gleichzeitig Konsultationen mit den Regierungen der übrigen Mitgliedstaaten zu führen, um zu erreichen, daß der Vertrag von möglichst vielen Mitgliedstaaten ratifiziert wird;
d) die Probleme im Zusammenhang mit der Neugestaltung des EG-Haushalts, der Reform der gemeinsamen Agrarpolitik und der Erhöhung der Eigenmittel zu lösen und sie aus den Gemeinschaftsverhandlungen auszuschalten;
e) die Verfahren für die Erweiterung der Gemeinschaft durch den Beitritt Spaniens und Portugals zu beschleunigen;

f) die Initiativen zur Wiederherstellung der Wettbewerbsfähigkeit Europas im Bereich der Industrie, der Spitzentechnologien und der wissenschaftlichen Forschung zu unterstützen;
g) gemeinsam mit den übrigen Regierungen regelmäßige Konsultationen über Themen der europäischen Sicherheit einzuführen, um eine einheitliche Haltung in den wichtigen internationalen Verhandlungen über die Abrüstung und die vertrauensbildenden Maßnahmen zwischen Ost und West zu erreichen;
h) eine Politik der Nord-Süd-Zusammenarbeit zu verfolgen, bei der die notwendigen Mittel für konkrete Maßnahmen zugunsten der Entwicklungsländer bereitgestellt werden.

Quelle: Sitzungsdokumente des Europäischen Parlaments A 2–16/85 vom 9. April 1985 (Seeler-Bericht), S. 30f.

Dokument Nr. 4

Rede des französischen Staatspräsidenten François Mitterrand vor dem Europäischen Parlament am 24. Mai 1984 (Auszug)

(. . .)

Die bevorstehende Europawahl bietet eine Gelegenheit, Bilanz zu ziehen und neue Initativen zu ergreifen. Die Gemeinschaftsinstitutionen sind mit vielerlei Mängeln behaftet. Keiner dieser Mängel ist für sich genommen untragbar, aber durch ihr Zusammentreffen entsteht ein ständiger und allgemeiner Zwang, dessen Preis wir unablässig zu bezahlen haben. In erster Linie ist hier das Prinzip der Einstimmigkeit zu nennen, dessen Anwendung viel weiter getrieben wird, als die Verträge dies gebieten und selbst weiter als dies der „Luxemburger Kompromiß“ vorsah.

Wie kann ein komplexes und vielschichtiges Gefüge, wie es die Gemeinschaft geworden ist, nach den Regeln des Reichstags des alten Königreichs Polen verfahren, in dem jedes Mitglied eine Entscheidung verhindern konnte? Man weiß, zu welchem Ende dies geführt hat. Es ist Zeit, zu einer normaleren Praxis zurückzukehren, die größere Möglichkeiten eröffnet. Die französische Regierung, die die Anregung zu diesem Kompromiß gab, hat bereits vorgeschlagen, die Anwendung dieser Bestimmung auf Einzelfälle zu beschränken. Die Zunahme der Abstimmungen über wichtige Fragen kündigt die Rückkehr zu den Verträgen an. Die Bestimmung über die Einstimmigkeit ist jedoch nicht die einzige Schwierigkeit, mit der sich der Ministerrat konfrontiert sieht.

Es gibt außerdem eine viel zu ungleichmäßige Aufteilung der täglichen Verwaltungsaufgaben zwischen der Kommission, dem Ausschuß der Ständigen Vertreter und dem Ministerrat, dem auf diese Weise ein Teil seiner politischen Verantwortung, die ihm nach den Verträgen zusteht, entzogen wird. Dadurch wird der Europäische Rat zu einer dauernden Berufungsinstanz, d.h. einer ersten Instanz in der Abwicklung der laufenden Angelegenheiten. Dies ist ganz sicherlich nicht seine Aufgabe. Wir sollten der Kommission ihre Autorität zurückgeben.

Dem Ministerrat sollten wir wieder die Möglichkeit geben, die Politik zu betreiben, deren Leitlinien der Europäische Rat bestimmt. Dieser wiederum sollte ein ständiges Sekretariat für die politische Zusammenarbeit erhalten.

Es gibt Klagen – das ist mir bekannt – über die unzulänglichen Beziehungen zwischen dem Rat und Ihrem Parlament. Lassen Sie uns diesen Mangel beheben, indem wir gemäß den von den Mitgliedstaaten in der feierlichen Erklärung von Stuttgart unterzeichneten Verpflichtungen eine Reform des Konzertierungsverfahrens vorschlagen.

Lassen Sie uns schließlich über die beste Möglichkeit nachdenken, der Präsidentschaft der Gemeinschaft eine stärkere Kontinuität zu verleihen. Europa war zu jeder Zeit ein vielfältiges Gebilde. Es hat sich stufenweise entwickelt und je nach seinen Bedürfnissen die Institutionen eingesetzt, die ihm zum jeweiligen Zeitpunkt am geeignetsten erschienen, wobei es die Notwendigkeit einbezog, ihre wechselseitigen Beziehungen zu verändern. Gewisse Bezugspunkte müssen jedoch erhalten bleiben. Daher ist es unerläßlich, den Grundvertrag zu konsolidieren, der die europäischen Länder verbindet und ihre Rechtsgrundlage darstellt, d.h. den Vertrag von Rom. Die Initiative führt uns jedoch bereits über diesen Vertrag hinaus in Bereiche, die er nicht abdeckt. Ich denke an das Erziehungs- und Gesundheitswesen, an die Justiz, die Sicherheit und den Kampf gegen den Terrorismus. Was stellen wir aber fest?

Man hat von einem Europa der verschiedenen Geschwindigkeiten oder einem Europa mit „variabler Geometrie" gesprochen. Dieses Konzept, das eine Realität widerspiegelt, drängt sich auf. Man muß dafür sorgen, daß es die Zentralstruktur, die die Gemeinschaft bleibt, ergänzt und nicht zu einem konkurrierenden Faktor wird. Jedesmal, wenn sich derlei Probleme gestellt haben, hat Europa eine neue Institution geschaffen – den Europäischen Rat –, einen neuen Rechtsakt verabschiedet, der der Praxis Rechnung trägt – das Europäische Währungssystem oder die politische Zusammenarbeit gemäß der feierlichen Erklärung von Stuttgart –, einen von den nationalen Parlamenten ratifizierten Vertrag abgeschlossen: das Abkommen von Lomé. Und nun ermutigt uns Ihr Parlament, diesen Weg fortzusetzen, und legt uns den Entwurf eines Vertrages zur Gründung der Europäischen Union vor.

Diejenigen unter uns, die sie befürworten, werden die gleiche Methode wie bisher verfolgen. Einer neuen Situation muß ein neuer Vertrag entsprechen, der, wohlgemerkt, nicht die bestehenden Verträge ersetzen soll, sondern sie ausdehnen soll auf Bereiche, die sie nicht abdecken. Das politische Europa ist ein Beispiel dafür. Frankreich, meine Damen und Herren, ist zu diesem Schritt bereit.

Ich spreche im Namen meines Landes, wenn ich erkläre, daß wir bereit sind, Ihren Entwurf, dessen Grundgedanken wir zustimmen, zu prüfen und zu vertreten. Ich schlage zu diesem Zweck vor, vorbereitende Gespräche in Angriff zu nehmen, die zu einer Konferenz der beteiligten Mitgliedstaaten führen könnten. Der Entwurf für die Europäische Union und die feierliche Erklärung von Stuttgart würden als Grundlage für diese Arbeiten dienen.

Das sind die Überlegungen, meine Damen und Herren, zu denen mich meine Erfahrungen als Europäer und mein Amt als Präsident des Europäischen Rates veranlassen. (. . .)

Quelle: ABl. der EG, Verhandlungen des Europäischen Parlaments, Anhang 1–314, S. 377–278.

Dokument Nr. 5

Entschließung des Dänischen Folketing zum Entwurf eines Vertrages zur Gründung der Europäischen Union, am 24. Mai 1984 mit 134 Stimmen bei 30 Gegenstimmen und 2 Enthaltungen angenommen

Das Folketing unterstreicht, daß das Vetorecht und die Beibehaltung der Kompetenzverteilung zwischen dem Ministerrat, der Kommission und dem Parlament weiterhin die Grundlage für den Beitritt Dänemarks zur EG bilden müssen, und lehnt aus diesem Grund den vom Europäischen Parlament ausgearbeiteten Entwurf eines Vertrags zur Gründung der Europäischen Union ab.

Das Folketing erklärt, daß sich Dänemark in den kommenden Jahren im Rahmen der Gemeinschaft aktiv dafür einsetzen wird,

1. einen wirksamen Beitrag zur Bekämpfung der Arbeitslosigkeit, insbesondere durch eine koordinierte Verkürzung der Arbeitszeit in allen Mitgliedstaaten, zu leisten,
2. im Bereich der Industrie, Forschung, Technologie und Energie neue gemeinsame Tätigkeiten durchzuführen,
3. die Bemühungen um eine Verbesserung der Umwelt und der Arbeitswelt zu koordinieren, ohne dadurch die Möglichkeiten für autonome Fortschritte in den einzelnen Ländern einzuschränken,
4. die Kontrolle über die multinationalen Unternehmen zu verstärken,
5. an den Grundsätzen, auf die sich die gemeinsame Agrarpolitik stützt, festzuhalten,
6. die Wirtschaft der Entwicklungsländer zu unterstützen,
7. die Zusammenarbeit mit den EFTA-Ländern zu intensivieren.

Quelle: Sitzungsdokumente des Europäischen Parlaments A 2–16/85 vom 9. April 1985 (Seeler-Bericht), S. 19.

Dokument Nr. 6

Entschließung der Belgischen Abgeordnetenkammer zum Entwurf eines Vertrages zur Gründung der Europäischen Union, am 24. Mai 1984 einstimmig angenommen

Die Kammer,

- geleitet von dem Wunsch, die demokratische Einigung Europas fortzusetzen und zu verstärken,
- in dem Bestreben, die Krise und die Arbeitslosigkeit zu bekämpfen, die Lebensbedingungen weltweit zu verbessern und zu einer friedlichen Koexistenz der Völker beizutragen,
- in der Erwägung, daß zu diesem Zweck neue Politiken ausgearbeitet und ein neues institutionelles Gleichgewicht geschaffen werden müssen,

- in der Erwägung, daß diese Absichten nur verwirklicht werden können, wenn die Ziele des Europäischen Aufbauwerks und die Aufgaben und Aktionsmöglichkeiten effizienterer und demokratischerer Institutionen neu definiert werden,
- in der Erwägung, daß der vom Europäischen Parlament am 14. Februar 1984 gebilligte Entwurf eines Vertrags zur Gründung der Europäischen Union eine solche Initiative darstellt,
- in der Erwägung, daß der Text dieses Vertragsentwurfs den Parlamenten und Regierungen der Europäischen Gemeinschaft übermittelt wurde,

fordert die Regierung auf,

- unverzüglich die notwendigen Maßnahmen zur Einleitung von Verhandlungen über den Entwurf eines Vertrags zur Gründung der Europäischen Union mit den übrigen Mitgliedstaaten zu treffen;
- das Ratifizierungsverfahren so rasch wie möglich einzuleiten, sobald zwischen den Mitgliedstaaten eine Einigung über den Vertrag erzielt worden ist, und bei den Regierungen der übrigen Mitgliedstaaten darauf zu drängen, daß sie sich der belgischen Regierung anschließen.

Quelle: Sitzungsdokumente des Europäischen Parlaments A 2–16/85 vom 9. April 1985 (Seeler-Bericht), S. 18.

Dokument Nr. 7

Bericht der Delegation der Französischen Nationalversammlung für die Europäischen Gemeinschaften vom 5. Juni 1984 über den Entwurf eines Vertrages zur Gründung der Europäischen Union (Schlußfolgerungen)

Die Delegation, die den von der Versammlung der Europäischen Gemeinschaften am 14. Februar 1984 angenommenen Entwurf eines Vertrags zur Gründung der Europäischen Union zur Kenntnis genommen hat, begrüßt die hochgesteckten Ziele, von denen dieser Vertragsentwurf gekennzeichnet ist, der eine Neubelebung des europäischen Aufbauwerks dadurch anstrebt, daß den gemeinsamen Institutionen die erforderlichen Befugnisse zur Schaffung einer Europäischen Union übertragen werden.

Zu den Erfolgsaussichten des Vertragsentwurfs:

Die Delegation

1. stellt fest, daß in der Entschließung zum Entwurf eines Vertrags zur Gründung der Europäischen Union zwar auf die am 19. Juni 1983 von den Staats- bzw. Regierungschefs verabschiedete Feierliche Erklärung Bezug genommen wird, diese jedoch von den angestrebten Verfahren und Zielsetzungen her erhebliche Unterschiede zu dem Vertragsentwurf aufweist, der de facto eine zu einer Föderation der Vereinigten Staaten von Europa hinführende Verfassung enthält;

2. ist der Auffassung, daß man es zwar *der Versammlung* der Europäischen Gemeinschaften als Verdienst anrechnen muß, *ein so ehrgeiziges Unterfangen* – soweit es sie betrifft – erfolgreich abgeschlossen zu haben, diese Würdigung aber nicht von der Frage entbindet, ob sich denn dieses Unterfangen innerhalb eines Zeitraums verwirklichen läßt, der der Dringlichkeit der Probleme, denen sich Europa gegenübersieht, angemessen ist;

3. stellt fest, daß durch die hochgesteckten Ziele des Entwurfs und damit zwangsläufig auch infolge der Kontroversen und Widerstände, die er hervorruft und auch weiterhin hervorrufen wird, *die Aussichten auf ein baldiges Inkrafttreten sehr geschmälert werden*. In der Lage, in der sich Europa zur Zeit befindet, sind jedoch rasche Lösungen vonnöten. Eine Verbesserung der Arbeitsweise der Kommission, ein Wiederingangsetzen des Beschlußfassungsmechanismus in der Gemeinschaft, eine verstärkte Beteiligung des Europäischen Parlaments am Rechtssetzungsprozeß – all dies sind Probleme, die auch ohne Änderung der Verträge oder die Ratifizierung eines neuen Vertrags gelöst werden können;

4. ist der Auffassung, daß die Verfasser des Vertragsentwurfs möglicherweise die Kräfte des institutionellen Voluntarismus überschätzt und die Gefahren, die ein erneutes Scheitern für die Entwicklung des europäischen Aufbauwerks in der derzeitigen Krisensituation mit sich bringen würden, unterschätzt haben, wobei das Scheitern auch die Form einer völligen Abstumpfung annehmen kann;

5. stellt fest, daß nach Artikel 86 *die Bestimmungen des Vertrags „nicht Gegenstand eines Vorbehalts sein (können)"* und ist der Auffassung, daß diese Einschränkung der Ratifizierung durch die Mitgliedstaaten auf keinen Fall förderlich sein wird.

Zu den Zuständigkeiten

Die Delegation

6. bemerkt, daß die sehr weitreichenden Zuständigkeiten, die der Europäischen Union und ihren Institutionen, insbesondere im Bereich der Verteidigung und im kulturellen Bereich schrittweise übertragen werden sollen, das Problem einer Überschneidung mit den Zuständigkeiten des Europarates und der Westeuropäischen Union aufwerfen;

7. ist der Auffassung, daß generell die Verteidigungsfragen und, untrennbar davon, die internationalen Beziehungen der Gemeinschaft eine so große Komplexität aufweisen, daß ihre Lösung nicht nur auf institutionellem Wege gefunden werden kann;

8. weist darauf hin, daß der Verfassungsrat in seinem Beschluß vom 30. Dezember 1976 die Auffassung vertreten hatte, daß die allgemeinen unmittelbaren Wahlen zum Europäischen Parlament keine Änderung der Verfassung vom 4. Oktober 1958 erforderlich machten, da sich an den dieser Versammlung „beschränkt übertragenen Zuständigkeiten und Befugnissen" nichts ändere. Angesichts dieses Beschlusses dürfte sich bei einer erheblichen Ausweitung der Zuständigkeiten des Europäischen Parlaments, wie sie in dem Entwurf vorgesehen ist, erneut die Frage nach der Vereinbarkeit mit der Verfassung stellen.

Zu den Institutionen

Die Delegation

9. begrüßt es, daß das Europäische Parlament, obgleich es den institutionellen Bestimmungen einen bevorzugten Platz eingeräumt hat, in der Entschließung zum Entwurf des Vertrags zur Gründung der Europäischen Union ausdrücklich erklärt hat, daß die Neubelebung des europäischen Aufbauwerks sowohl durch die Schaffung eines neuen institutionellen Gleichgewichts als auch „durch die Vertiefung der bestehenden Politiken" und „die Ausarbeitung neuer Politiken" erfolgen sollte;

10. stellt fest, daß der Vertragsentwurf darauf hinzielt, die Versammlung zu einer mit umfassenden Gesetzgebungs- und Haushaltsbefugnissen ausgestatteten parlamentarischen Institution zu machen; daß er zusätzlich zu der bereits bestehenden Befugnis, der Kommission das Mißtrauen auszusprechen, das Recht vorsieht, „die Einsetzung der Kommission (zu ermöglichen), indem es ihr politisches Programm billigt";

11. ist der Auffassung, daß die Stärkung des parlamentarischen Charakters der Institutionen der Union, die von der dem Europäischen Parlament übertragenen Befugnis herrührt, die Einsetzung der Kommission zu billigen oder abzulehnen, insofern mangelhaft bleibt, als es der Vertrag unterläßt, *ein Verfahren zur Auflösung des Parlaments vorzusehen*, und *äußert die Befürchtung, daß diese Unterlassung zu einem institutionellen Ungleichgewicht führt*;

12. billigt zwar die Absicht, den Rückgriff auf ein Vetorecht innerhalb des Rates zu begrenzen, befürchtet jedoch, daß durch die Bestimmung, wonach nach einer Übergangszeit von 10 Jahren das Recht eines Mitgliedstaates, ein vitales Interesse geltend zu machen, um mit dem Einverständnis der Kommission die Vertagung eines Beschlusses zu erlangen, erlöschen soll, für einige Mitgliedstaaten die Billigung des Entwurfs erschwert wird;

13. stellt fest, daß die Institutionalisierung des Europäischen Rates und seiner Rolle als politischer Initiator der Union paradoxerweise mit einer gewissen Minderung der Stellung, die ihm in dem neuen institutionellen Gefüge eingeräumt wird, einhergeht: *der Rat steht* auf der Liste der Institutionen der Union *an letzter Stelle*; entgegen dem ursprünglichen Entwurf verkörpert er nicht mehr „die Identität der Europäischen Union". Die Delegation bedauert, daß der Vertrag keine Bestimmung über die Schaffung eines *etwaigen ständigen Sekretariats des Europäischen Rates* enthält.

Zu den Modalitäten des Inkraftsetzens

Die Delegation

14. fragt sich, ob die für das Inkrafttreten des Vertrags vorgesehenen Bestimmungen mit denen der französischen Verfassung über internationale Verträge und Abkommen vereinbar sind;

15. hebt hervor, daß die im Vertragsentwurf gebrauchte Formulierung nicht ausdrücklich die Abschaffung der Institutionen der derzeitigen Gemeinschaft impliziert, da der Vertrag nicht das Europa der Zehn ablöst, sondern ergänzend zu ihm hinzutritt, und fragt sich, ob langfristig oder sogar mittelfristig gesehen das gleich-

zeitige Bestehen von zwei verschiedenen institutionellen Systemen, dem der Gemeinschaftsverträge und dem des Vertrags über die Europäische Union, möglich ist;

16. weist allerdings darauf hin, daß die Erklärung, die der französische Staatspräsident am 24. Mai 1984 in Straßburg als amtierender Präsident des Europäischen Rates abgegeben hat, zu einer Berücksichtigung des Vertragsentwurfs tendiert;

17. ist der Ansicht, daß „eine neue Sachlage auch einen neuen Vertrag erfordert" und daß das europäische Aufbauwerk nicht fortschreiten kann, wenn sich die Gemeinschaft nicht mit den institutionellen Instrumenten ausstattet, welche den Ausdruck eines politischen Willens ermöglichen. (. . .)

Quelle: Sitzungsdokumente des Europäischen Parlaments A 2–16/85 (Seeler-Bericht), S. 21–24.

Dokument Nr. 8

„EUROPA – DIE ZUKUNFT"

Arbeitspapier der britischen Regierung, dem Europäischen Rat in Fontainebleau am 25. und 26. Juni 1984 vorgelegt

Einführung

1. Auf der Sitzung des Stuttgarter Europäischen Rates wurde ein anspruchsvolles Programm beschlossen, das eine Revision fast aller Aspekte des Wirkens der Gemeinschaft beinhaltet. Die Verhandlungen waren nicht einfach, was nicht überraschend ist. Es wird auch weiterhin Auseinandersetzungen über Prioritäten und die Zuweisung von Mitteln geben. Dies wäre auch in einer voll ausgewachsenen Föderation der Fall. Die Gemeinschaft entwickelt sich durch einen Prozeß der Auseinandersetzungen und Diskussionen, die zur Lösung ihrer Differenzen unerläßlich sind.

2. Die Gemeinschaft steht jetzt kurz von einer Einigung über die Grundsatzfragen die ihre künftige Entwicklungsrichtung bestimmen. Es wurden einige Fortschritte im Hinblick auf die Finanzierung der Tätigkeit der Gemeinschaft auf lange Sicht und zur Herbeiführung einer gerechteren Verteilung der Haushaltsbeiträge erreicht. Einige Schritte wurden auch zur Begrenzung der künftigen Kosten der Gemeinsamen Agrarpolitik unternommen. Die Zehn einigten sich auf die Erarbeitung einer Reihe neuer Politiken zur Förderung der wirtschaftlichen, sozialen und politischen Weiterentwicklung, von der ihr künftiges Wohlergehen abhängt. Die Verhandlungen warten noch auf ihren Abschluß. Ein erfolgreicher Ausgang wird die Gemeinschaft befähigen, sich auf langfristige Ziele und auf die Erfüllung der Bedürfnisse und Erwartungen ihrer 270 Millionen Einwohner zu konzentrieren.

3. Dies bedeutet eine Vertiefung des Wirkens der Gemeinschaft nach innen wie nach außen. Die Europäische Gemeinschaft, die den größten Anteil am Welthandel und den nicht zu überschätzenden Vorteil der Begabungen und des Erfin-

dungsreichtums ihrer Bürger sowie der Mannigfaltigkeit ihrer Einzelwirtschaften besitzt, hat gerade erst begonnen, ihr Riesenpotential anzuzapfen. Der Gemeinsame Markt ist ein Mittel zu dem Zweck, der im EWG-Vertrag selbst als „eine harmonische Entwicklung des Wirtschaftslebens, eine beständige und ausgewogene Wirtschaftsausweitung, eine größere Stabilität und eine beschleunigte Hebung der Lebenshaltung" definiert wird.

4. Die Energien der Gemeinschaft müssen sich aber auch nach außen richten, damit wir

(I) das Gefühl einer gemeinsamen Zweckbestimmung und eines gemeinsamen Moments entwickeln können, das zum Zusammenhalt einer Gemeinschaft von zwölf Mitgliedern nötig ist;

(II) unsere kollektiven Interessen in einer zunehmend problematischen Welt verteidigen können;

(III) und unserer internationalen Verantwortung für die Sache der Freiheit, der Demokratie, des Wohlstands und des Friedens gerecht werden können.

5. Wenn die Europäische Gemeinschaft Einfluß in der Welt haben soll, dann muß sie auch einen Einfluß im nationalen Leben jedes Mitgliedslandes haben.

Die Stärkung der Gemeinschaft

6. Wenn die uns alle betreffenden Probleme des Wachstums, überholter industrieller Strukturen und der Arbeitslosigkeit wirksam angegriffen werden sollen, müssen wir den im EWG-Vertrag vorgesehenen echten gemeinsamen Markt für Waren und Dienstleistungen aufbauen, der für unsere Fähigkeit, die technologische Herausforderung der USA und Japans anzunehmen, unerläßlich ist. Nur durch anhaltende Bemühungen um den Abbau der noch verbliebenen Hindernisse für den Handelsaustausch innerhalb der Gemeinschaft können wir den Bürgern Europas die Möglichkeit geben, von den dynamischen Triebkräften eines voll integrierten gemeinsamen Marktes mit einer unermeßlichen Kaufkraft zu profitieren. Der Erfolg der Vereinigten Staaten bei der Arbeitsplatzbeschaffung beweist, was erreicht werden kann, wenn die internen Handels- und Wirtschaftsschranken beseitigt werden. Wir müssen die Bedingungen schaffen, unter denen auch die Unternehmer Europas auf ihrer Stärke aufbauend Wohlstand und Arbeitsplätze schaffen können. Dies bedeutet Maßnahmen zur Harmonisierung von Normen und zur Verhinderung ihrer absichtlichen Ausnutzung als Hindernisse für den innergemeinschaftlichen Handel; schnellere und besser aufeinander abgestimmte Zollabfertigungsverfahren; verstärkte Bemühungen zur Verbesserung der gegenseitigen Anerkennung beruflicher Qualifikationen sowie die Liberalisierung des Dienstleistungsverkehrs einschließlich des Bankwesens, der Versicherungswirtschaft und des Güter- und Personenverkehrs. Wenn wir es nicht vermögen, unserer Dienstleistungs- und verarbeitenden Industrie die uneingeschränkten Vorteile des potentiell größten Einzelmarktes der industrialisierten Welt zu eröffnen, dann wird sie nie auf internationaler Ebene voll wettbewerbsfähig werden und nicht in der Lage sein, die so dringend benötigten Arbeitsplätze innerhalb der Gemeinschaft zu schaffen.

7. Gleichzeitig müssen wir mehr tun und stärker daran arbeiten, die innerhalb der Gemeinschaft getroffenen Maßnahmen den Bürgern näher zu bringen. Es sind anhaltende Bemühungen erforderlich, um die Zollabfertigung und andere Formali-

täten zu vereinfachen und zu beschleunigen, die unseren Bürgern die unbehinderte Überquerung der Staatsgrenzen innerhalb der Gemeinschaft erschweren. Wir sollten zum Beispiel darauf hinarbeiten, daß die Bürger Europas ebenso unbehindert und kostengünstig reisen können wie die Bewohner der Vereinigten Staaten. Bedeutende Schritte in dieser Richtung könnten durch die Förderung des freien Wettbewerbs und die Liberalisierung des Flugverkehrs erzielt werden.

8. Die Gemeinsame Agrarpolitik hat ihr Ziel erreicht, für Europa eine starke landwirtschaftliche Basis zu schaffen. Bei der Produktivitätssteigerung wurden erstaunliche Zuwachsraten erreicht. Die Beibehaltung der besten Elemente dieser Politik erfordert anhaltende Bemühungen um die Korrektur der Verzerrungen, die sich in Gestalt riesiger kostspieliger Überschüsse bei bestimmten Produkten manifestieren, die hohe Lagerungskosten verursachen und Maßnahmen für ihren Abbau erfordern, die die Handelsbeziehungen mit unseren OECD-Partnern komplizieren und vor unseren eigenen Bürgern und Steuerzahlern nicht vertretbar sind. Auf dem Milchwirtschaftssektor wurde bereits ein gewichtiger und mutiger Schritt zur Eindämmung der Überschußproduktion getan. Es sind aber anhaltende und über viele Jahre hinweg angelegte Bemühungen erforderlich, um einen besseren Ausgleich zwischen Angebot und Nachfrage zu erreichen und damit Mittel für andere Zwecke freizusetzen.

9. Die gleiche Priorität muß während des kommenden Jahrzehnts der Schaffung der richtigen Bedingungen für die Entwicklung eines starken, leistungsfähigen und kosteneffektiven Industriesektors eingeräumt werden, der im Konkurrenzkampf mit den Vereinigten Staaten, Japan und den neu industrialisierten Ländern bestehen kann. Dabei müssen wir mit Vorrang prüfen, ob und was auf Gemeinschaftsebene im Gegensatz zu einzelstaatlichen Maßnahmen eher oder wirtschaftlicher erreicht werden kann. Eine bessere Zusammenarbeit bei der Forschung und Entwicklung trägt zur Vermeidung von Doppelarbeit und Vergeudung bei. Auf einigen Gebieten können die Regierungen direkt zusammenarbeiten, um die industrielle Aktivität auf europäischer Ebene zu fördern, wie es beispielsweise beim Airbus, beim Europäischen Strategischen Forschungs- und Entwicklungsprogramm auf dem Gebiet der Informationstechnologien (ESPRIT) oder beim JET-Projekt der Fall ist. Die Kommission hat der Gemeinschaft vorgeschlagen, sich jetzt mit möglichen Gemeinschaftsprogrammen im Fernmeldewesen und in der Biotechnologie zu beschäftigen. Wir sollten diese und ähnliche Vorschläge sehr sorgfältig prüfen, um zu ermitteln, ob sie auf Gemeinschaftsebene effektiver verwirklicht werden können. Dabei sollten wir der Förderung der Zusammenarbeit auf der Ebene der Industrie einen hohen Stellenwert zuordnen. Die Regierungen der Mitgliedsländer müssen auf die Verringerung der administrativen und rechtlichen Beschränkungen bei der Risikoverteilung und bei Investitionen hinarbeiten, damit die europäischen Firmen auf eine Weise am Wettbewerb teilnehmen und zusammenarbeiten können, die ihre Fähigkeit zum Erreichen des Leistungsstands ihrer Konkurrenten stärkt.

10. Die Schaffung günstiger Bedingungen für das Wirtschaftswachstum ohne gebührende Berücksichtigung der weiter gespannten Interessen unserer Umwelt und unserer Verbraucher ist nicht vertretbar. Die Völker Europas müssen sehen können, daß die Gemeinschaft ihre Lebensqualität verbessert. Viele Umweltprobleme erfordern Maßnahmen, die die Möglichkeiten eines einzelnen Mitgliedstaa-

ten übersteigen. Sie müssen auf der Grundlage einer gründlichen Analyse der verfügbaren wissenschaftlichen Erkenntnisse und unter Berücksichtigung der Kosten und der Leistungsfähigkeit der Industrie und Wirtschaft angegangen werden. Dies ist ein Gebiet, auf dem die Gemeinschaft eine wichige Rolle zu spielen hat. Das Vereinigte Königreich hat bereits angeregt, schnellstmöglich Beschlüsse über die Einführung von bleifreiem Benzin zu fassen. Es wird auch Zeit für ein Forschungsprogramm zur Lösung der durch den sauren Regen verursachten Probleme, und die Überwachungsmaßnahmen für den grenzüberschreitenden Verkehr von gefährlichen Abfallstoffen müssen weiter vervollkommnet werden.

11. Auf dem Kultursektor sollten wir prüfen, ob die Regierungen nicht mehr zur Förderung des Lehrens anderer Gemeinschaftssprachen tun können. Die Europäische Stiftung könnte dabei und bei der Förderung des gegenseitigen Austausches von Fachkräften eine nützliche Rolle spielen. Der uneingeschränkte Zugang zu den Satelliten-Rundfunk- und Fernsehsystemen der Partnerländer würde den Prozeß des gegenseitigen kulturellen Austausches auf eine höchst praktische Weise unterstützen, die das breite Hörer- und Zuschauerpublikum direkt betrifft.

12. Dieser Prozeß wird eine politische Anleitung erfordern. Wir sollten im Europäischen Rat vereinbaren, daß jede Mitgliedsregierung ihre Prioritäten und Zielsetzungen auf den von den Römischen Verträgen erfaßten Gebieten mit dem Ziel überprüft, in jedem einzelnen Falle festzustellen, ob nicht durch gemeinsames Wirken auf Gemeinschaftsebene größere Fortschritte erzielt werden können.

Ein flexibles Europa

13. Die Europäischen Gemeinschaften mit ihren eigenen institutionellen und rechtlichen Strukturen und ihren eigenen Mitteln sind und müssen der Rahmen bleiben, innerhalb dessen das Gemeinschaftsrecht angewendet wird. Im Gemeinschaftsrahmen getroffene Maßnahmen müssen weiterhin auf der Grundlage gleicher Rechte und Pflichten erfolgen. Allerdings könnte im nächsten Jahrzehnt etwas mehr Flexibilität des Handelns erforderlich sein, wenn nämlich die Gemeinschaft größer sein wird, ihre Mitglieder vielfältiger und auf einigen Gebieten der technologischen Entwicklung die industriellen Strukturen und Interessen der Mitgliedstaaten unterschiedlicher sein werden. Aus diesen praktischen Gründen heraus kann es mitunter sinnvoller sein, wenn die Beteiligung an neuen Projekten auf freiwilliger Grundlage erfolgt. Dies darf allerdings nicht zu starren Abgrenzungen zwischen unterschiedlichen Teilnehmergruppen führen. Dies würde auf unsere neuen Mitglieder besonders desillusionierend wirken, die damit rechnen, sich einer demokratischen und homogenen Gemeinschaft anzuschließen. Wenn Projekte und Vorhaben mit begrenzter Teilnehmerschaft von einzelnen Mitgliedstaaten begonnen werden, müssen auch die anderen Mitgliedstaaten die Möglichkeit haben, sich diesen anzuschließen, wenn und wann sie dazu fähig sind. Die Möglichkeiten für durch Gemoinschaftsmittel finanzierte oder durch Gemeinschaftsrecht als Rechtsgrundlage getroffene Maßnahmon sollten zunächst geprüft werden, ehe beschlossen wird, sie auf einer begrenzteren Grundlage auszuführen. Der Fortschritt allor solchen für die europäische Integration relevanten Tätigkeiten sollte sorgfältig verfolgt und im angemessen hohen Gremium zur Diskussion gestellt werden.

Europa in der Welt

14. Es muß unser Ziel sein, durch politische Kooperation über die gemeinsame Handelspolitik hinaus gemeinsame Haltungen gegenüber externen Fragen einzunehmen. Eine derartige Politik kann nur schrittweise verwirklicht werden, doch sollte sie trotzdem unser gemeinsames Ziel sein.

15. Die Gemeinschaft und ihre Mitgliedstaaten verfügen bereits über viele der Elemente einer gemeinsamen Außenpolitik. Die Gemeinschaft ist durch die EG-EFTA-Abkommen mit anderen westeuropäischen Ländern verbunden. Das Abkommen von Lomé bindet die Gemeinschaft in einem Vertragsverhältnis, das die Entwicklungshilfe und den Handel mit 64 Entwicklungsländern regelt. Die gemeinsame Handelspolitik regelt die Handelsbeziehungen mit der übrigen Welt. Die Gemeinschaft spricht in internationalen Wirtschaftsorganisationen mit einer Stimme. Es besteht ein ganzes Netz von Assoziierungs- und Kooperationsabkommen sowohl mit Einzelstaaten als auch Gruppierungen wie der ASEAN und dem Andenpakt. Die Erweiterung der Europäischen Politischen Zusammenarbeit erleichtert es den Mitgliedern der Gemeinschaft in zunehmendem Maße, gemeinsame Haltungen zu Weltproblemen einzunehmen und in internationalen Gremien auch auf anderen als wirtschaftlichen Sachgebieten gemeinsam abzustimmen. Wir sollten uns für die Zukunft vornehmen, diese verschiedenen Elemente stärker zusammenzufassen. Auf diese Weise könnte schrittweise eine gemeinsame Außenpolitik erreicht werden.

16. Die Vereinigten Staaten werden für die Sicherheit Europas und die Gestaltung der Ost-West-Beziehungen auch weiterhin eine maßgebende Rolle spielen, und dies trifft in nicht geringerem Maße auch auf die Behandlung der Probleme der Weltwirtschaft und des Welthandels zu. Wir müssen dafür sorgen, daß Europa auf allen diesen Gebieten keine weniger wichtige Rolle spielt. Durch gemeinsame Schritte der Gemeinschaft und der Zehn muß Europa die Vereinigten Staaten davon überzeugen, daß einseitige amerikanische Maßnahmen wie beispielsweise auf dem Gebiet des Technologietransfers, der Extraterritorialität, der Globalsteuerung und vor allem des protektionistischen Schutzes der amerikanischen Industrie den Prozeß der Konsultation und Kooperation im Rahmen der Atlantischen Allianz gefährden. In gleicher Weise müssen wir in Europa bereit sein, mehr Fortschritte bei der Liberalisierung unserer Handelspraktiken zu machen und unsere Rolle bei der Stärkung des Handelssystems im Rahmen des GATT voll zu spielen. Das Instrumentarium für die Konsultation und Kooperation unter den Verbündeten ist bereits vorhanden. Was wir brauchen, ist der Wille auf beiden Seiten, dieses Instrumentarium zur Erzielung praktischer Ergebnisse zu benutzen: auf bilateraler Ebene, im Rahmen des Atlantischen Bündnisses und im Namen der Gemeinschaft und ihrer Mitgliedstaaten.

17. Europa ist mehr als nur Westeuropa. Gegen Ende dieses Jahrhunderts könnte sich die Sowjetunion zunehmend ernsteren Wirtschaftsschwierigkeiten und wachsenden Problemen in Osteuropa gegenübersehen. Dann aber wird es mehr denn je nötig sein, daß eine klare und überzeugende westeuropäische Stimme zur Abwicklung der Ost-West-Beziehungen gehört wird. Die Europäer haben ein Eigeninteresse an Wirtschaftsbeziehungen zur Sowjetunion und den osteuropäischen Ländern, und dies zeigt sich auch im Grad und in der Intensität ihrer politi-

schen Kontakte mit ihnen. Sie müssen sich klar werden über den ihnen daraus erwachsenden besonderen Status und über die Möglichkeiten, die sich dadurch für eine koordinierte Haltung zu weiter gefaßten Fragen ergeben, so z.B. der Unterstützung einer differenzierten wirtschaftlichen und sozialen Entwicklung in Osteuropa. Schritte dieser Art werden die politischen Gemeinsamkeiten Europas stärken und dazu beitragen, daß Europa nachdrücklicher an den bedeutenden internationalen Fragen mitwirken kann, an denen es ein legitimes Interesse hat.

18. Die Gemeinschaft muß auch ihren Einfluß bei den anderen großen Industrieländern geltend machen, damit diese ihre Mitverantwortung für die Weltwirtschaft übernehmen: bei den USA, damit sie mehr die internationalen Auswirkungen ihrer binnenwirtschaftspolitischen Maßnahmen berücksichtigen, und bei Japan, damit es seine Finanzmärkte in die Weltwirtschaft integriert und den Umfang seiner Fertigwarenimporte auf einen Stand anhebt, der dem anderer demokratischer Industrieländer vergleichbar ist. Die Gemeinschaft muß gemeinsam mit diesen bedeutenden Handelspartnern an der weiteren Liberalisierung des internationalen Handels und der Erweiterung des offenen Handelssystems arbeiten, und dazu gehört auch eine neue, gut vorbereitete GATT-Verhandlungsrunde. Damit würden viele und unterschiedliche Entwicklungsländer wirksamer in das Welthandelssystem eingegliedert und gleichzeitig die weiter entwickelten unter diesen angehalten, mehr Verantwortung für dessen gute Abwicklung zu übernehmen. Unsere bisherigen Leistungen bei der Förderung der Entwicklung in den Ländern des Lomé-Abkommens, in Südostasien, Lateinamerika und vielen anderen Ländern sowie bei unserer Nahrungsmittelhilfe und bei den Programmen für nicht assoziierte Länder ist lobenswert. Jedoch bestehen noch Möglichkeiten für eine bessere Koordinierung unter den Mitgliedstaaten, der Gemeinschaft und anderen Geberländern, damit durch unsere Hilfe ein maximaler politischer wie auch entwicklungstechnischer Effekt erzielt werden kann.

19. In der Europäischen Politischen Zusammenarbeit müssen die Zehn mit mehr Nachdruck und mehr Zielbewußtsein wirken. Die Zusammenarbeit darf sich nicht darauf beschränken, zu immer komplizierter werdenden Herausforderungen lediglich Erklärungen abzugeben. Die Zehn haben das nötige Gewicht und müssen mehr politischen Willen zeigen, um gemeinsam zu handeln: Sie müssen ihre Bemühungen dort konzentrieren, wo ihre Einflußmöglichkeiten am größten und ihre Interessen am unmittelbarsten berührt sind, so z.B. im Nahen Osten und Afrika, und sie müssen sich darüber klar sein, daß ihr Einfluß keinen bleibenden Wert haben wird, wenn er nicht durch die erforderlichen Ressourcen unterstützt wird. Die Mitgliedstaaten müssen ihre feierliche Verpflichtung zur gegenseitigen Konsultation und Berücksichtigung der Ansichten ihrer Partner ernster nehmen und auf die Erzielung gemeinsamer Positionen hinarbeiten. Das Ziel muß die schrittweise Erarbeitung einer gemeinsamen Außenpolitik sein.

Verteidigung und Sicherheit

20. Unser Ziel muß die Stärkung des europäischen Pfeilers des Atlantischen Bündnisses und die Verbesserung der europäischen Zusammenarbeit bei der Verteidigung sein.

21. Europa trägt im Rahmen des Bündnisses bereits eine schwere Bürde an Verteidigungsausgaben, wenn auch einige Mitglieder einen größeren Teil dieser

Bürde als andere tragen. Europa trägt durch eine Vielfalt politischer und wirtschaftlicher wie auch militärischer Instrumente zur Sicherheit sowohl unseres Kontinents als auch der Welt insgesamt bei. Dieser Beitrag ist weit höher, als gemeinhin in den Vereinigten Staaten angenommen wird. Wenn diese Ansichten nicht berichtigt werden, erhöht sich unter dem Druck des Kongresses die Versuchung für Amerika, mehr den Interessen außerhalb Europas nachzugehen. Trotzdem bleibt die amerikanische strategische Verpflichtung gegenüber Europa eine unablösbare Garantie für die westliche Sicherheit. Wenn wir diese Sicherheit erhalten und dafür sorgen wollen, daß unsere Ansichten auch bei künftigen amerikanischen Regierungen gebührende Beachtung finden werden, müssen die europäischen Verbündeten Antworten auf einige schwierige Fragen finden: Sind wir bereit, einen größeren Teil der Verantwortung für unsere Verteidigung zu übernehmen? Wie können wir auf eine erneuerte Infragestellung der Verteidigungspolitik durch die Öffentlichkeit reagieren? Wie reagieren wir auf die Forderung nach der Entwicklung neuer Technologien zu einer Zeit steigender Kosten und knapper werdender Mittel? Die Antworten auf diese Fragen zeigen, daß derartige Probleme gemeinsam angegangen werden müssen.

22. Bisher wurden die meisten Arbeiten zur Koordinierung der europäischen Positionen zu diesen Fragen im Rahmen der NATO geleistet, und zwar insbesondere in der Eurogroup und der IEPG – Unabhängigen Europäischen Programmgruppe – (die den Vorteil der Mitgliedschaft Frankreichs hat), und es könnte noch mehr getan werden, um das Potential dieser Gruppen weiter auszuschöpfen. Wir müssen weiterhin an der Durchsetzung der Feierlichen Erklärung vom 19. Juni 1983 arbeiten, die eine nützliche Bekräftigung der politischen und wirtschaftlichen Ziele der Gemeinschaft darstellt. Wenn wir aber einen baldigen Fortschritt wollen – und eine frühzeitige Chance zur Demonstration unserer Ernsthaftigkeit – dann müssen wir bereit sein, auch neue Wege zu beschreiten und darunter auch solche, die sich im Rahmen der WEU anbieten.

23. Verfahren und neue Organisationen sind kein Ersatz für Inhalt und praktische Maßnahmen zur Lösung anstehender Probleme. Wir müssen bereit sein, Anstrengungen zu unternehmen, ehe wir sie zusammenfassen können. Ein Fortschritt verlangt insbesondere, daß wir uns auf zwei Aspekte des Problems konzentrieren und zwar auf die Bereitstellung von Mitteln und auf verteidigungsindustrielle Aspekte. Wir sollten dazu kommen, durch gemeinsame Beschaffung und Zusammenarbeit bei Herstellungsprojekten einen besseren Gegenwert für unsere Ausgaben zu erzielen, und wir müssen dabei akzeptieren (wie bisherige Erfahrungen stets gezeigt haben), daß dieses Herangehen sehr reale politische Probleme und Schwierigkeiten aufwirft, für die es keine leichten Lösungen gibt. Einzelprojekte lassen sich wahrscheinlich am besten von Fall zu Fall durch solche Mitgliedsländer organisieren, die die Kapazitäten für derartige Projekte und den Willen für deren Ausführung haben, wobei sie den durch die IEPG abgesteckten Rahmen nutzen. Die allgemeinen Aussichten für derartige Projekte könnten jedoch wesentlich durch weitere Fortschritte in Richtung auf eine stärker integrierte europäische industrielle und technologische Basis und durch die Stärkung des Binnenmarktes der Gemeinschaft verbessert werden. Dies sind Gebiete, auf denen die Gemeinschaft ein echtes Anliegen hat und denen wir uns dringend zuwenden sollten.

Organisation und Institutionen

24. Auf mehreren Gebieten können spezifische Verbesserungen vorgenommen werden. Die folgenden betreffen die Gemeinschaft:

(a) Die Rolle der Kommission ist für das Funktionieren der Gemeinschaft von entscheidender Bedeutung. Daher ist es wichtig, daß sie Persönlichkeiten gewinnt – und die Mitgliedstaaten Persönlichkeiten ernennen – die höchste Qualifikationen und ein klares Verständnis der zu lösenden Aufgaben besitzen. Nach der Erweiterung muß die Kommission immer noch fähig sein, echte Positionen für Leute der besten Qualität zu bieten. Eine Kommission aus siebzehn Mitgliedern wäre wahrscheinlich zu groß, um effektiv zu sein oder allen ihren Mitgliedern ernstzunehmende Portefeuilles bieten zu können.

(b) Auch die Präsidentschaft spielt bei der Abwicklung der Gemeinschaftsangelegenheiten eine Schlüsselrolle. Ihre Wirksamkeit würde durch eine verstärkte Zusammenarbeit zwischen dem amtierenden Präsidenten und seinen Vorgängern und Nachfolgern verbessert werden.

(c) Eine baldige Sitzung des Europäischen Rates sollte die Einführung eines neuen Verfahrens erwägen, nach dem der Rat in jedem Jahre eine kurze und prägnante Prioritätenliste mit spezifischen Terminen und Zielsetzungen vereinbart, die als Grundlage der Gemeinschaftstätigkeit während der nächsten zwölf Monate dienen würde.

(d) Wenn die Kommission ihre alljährlichen Gesetzesvorlagen erörtert, muß es eine gründliche Ausmerzung aller hoffnungslos blockierten Vorlagen geben, und ungerechtfertigte Fälle von Obstruktion sollten dem Rat zur Kenntnis gebracht werden.

(e) Die im Vertrag vorgesehenen Abstimmungsverfahren müssen uneingeschränkt befolgt werden. Das Prinzip der Einstimmigkeit muß in allen Fällen beachtet werden, für die der Vertrag dies vorschreibt. Das gleiche Prinzip gilt auch für Mehrheitsentscheidungen. Gleichzeitig müssen aber die Mitgliedstaaten in Fällen, wenn sehr wichtige nationale Interessen auf dem Spiel stehen, weiterhin auf einer Diskussion solange bestehen können, bis eine Einigung erzielt wird. Sie sollten aber in jedem einzelnen Falle angehalten werden, ihre Gründe voll darzulegen.

(f) Der Europäische Rat sollte sich davor hüten, gegenüber dem Rat die Rolle eines Appellationsgerichts zu übernehmen. Seine eigentliche und unübertragbare Aufgabe besteht in der Festlegung der strategischen Gründzüge und der politischen Richtungsweisung für alle Gebiete der Gemeinschaftstätigkeit und für die Zusammenarbeit der Mitgliedstaaten. Zu diesem Zweck könnte es ausreichen, nicht öfter als zweimal jährlich zusammenzutreten – vielleicht für zwei volle Tage. Als Alternative könnte eine der drei jährlichen Sitzungen in einem zwangloseren Rahmen etwa nach dem „Gymnich-Muster" ohne Berater stattfinden. Die primäre Zuständigkeit für die Vorbereitung der Sitzungen des Europäischen Rates sollte wie bisher bei den Außenministern liegen.

(g) In einer Gruppierung demokratischer europäischer Staaten muß das direkt gewählte Europäische Parlament mit zunehmendem Verantwortungsbewußtsein die Anliegen und Prioritäten unserer Völker widerspiegeln. Gestützt auf die diversen in der Feierlichen Erklärung vom Juni 1983 enthaltenen Verfahren müssen der Rat und die einzelnen Mitgliedstaaten Voraussetzungen für die bessere Unterrichtung des Parlaments schaffen, auf dessen Anregungen reagieren und ihm die Möglichkeit geben, harmonischer mit den wichtigen Entscheidungsgremien der Gemeinschaft zusammenzuarbeiten.

(h) Nach Abschluß der sich aus Stuttgart ergebenden Verhandlungen sollte es den Mitgliedsregierungen möglich sein, ihren Bürgern die Gemeinschaft in einem günstigeren Licht zu präsentieren. Es ist wichtig, daß die Menschen ein objektives Bild des gegenwärtigen Standes der europäischen Integration erhalten. Es wäre zu wünschen, daß die Außenminister auf einer baldigen zwanglosen Zusammenkunft diese Frage besprechen und sich möglichst auf einige gemeinsame Themen einigen, die ihre Regierungen in deren Darstellungen der Gemeinschaft und der in dieser diskutierten Fragen verwenden können.

Schlußfolgerungen

25. Die Europäische Gemeinschaft und die Atlantische Allianz haben den Ländern Europas einen bisher nicht dagewesenen Zeitraum des Friedens und der Prosperität gebracht. Wir dürfen auf den Errungenschaften der Nachkriegsgeneration nicht ausruhen. Während des nächsten Jahrzehnts wird sich Europa neuen wirtschaftlichen und sozialen Herausforderungen und einer anhaltenden Bedrohung seiner Sicherheit gegenübersehen.

26. Periodisch abgegebene pessimistische Äußerungen über die Zukunft der Gemeinschaft haben sich bisher niemals bestätigt. Europa muß seine interne Entwicklung vorantreiben. Die Fortschritte, die in Richtung auf den in der Präambel zum EWG-Vertrag erwähnten „immer engeren Zusammenschluß der europäischen Völker" erreicht wurden, können kaum rückgängig gemacht werden.

27. Unsere heutigen Ziele müssen sein:

- die Kräftigung der Demokratie und die Stärkung der politischen Stabilität in Europa. Dies bedeutet den erfolgreichen Abschluß der Beitrittsverhandlungen mit Spanien und Portugal;
- die Entwicklung einer dynamischen Gesellschaft, in der die Wirtschaft blüht und die Reichtum schaffenden Tätigkeiten gefördert werden. Zu diesem Zweck müssen wir den Binnenmarkt, insbesondere auf dem Dienstleistungssektor, vervollkommnen;
- die Verstärkung des europäischen Pfeilers des Atlantischen Bündnisses und des Beitrags, den Europa zur eigenen Sicherheit leistet;
- die Unterstützung von Maßnahmen zur Verbesserung sowohl der Qualität des Lebens als auch des Lebensstandards in der Gemeinschaft;
- die Steigerung der Bemühungen, unter gebührender Beachtung der Forderungen nach wirtschaftlicher und industrieller Leistungsfähigkeit, die Umwelt zu schützen und ihre Qualität zu verbessern;
- die dringende Vereinbarung bestimmter organisatorischer Änderungen;
- die Einigung auf politische Maßnahmen, die die Relevanz der Gemeinschaft für die unsere Gesellschaften betreffenden Probleme, insbesondere die Arbeitslosigkeit, garantiert;
- die Ausführung der erforderlichen Schritte zur Stärkung der Stimme der Gemeinschaft, um ihren Einfluß in der Welt spürbarer zu machen;
- die Verstärkung des Bewußtseins unserer Bürger für all das, was uns verbindet.

Quelle: Britische Dokumentation (Britische Botschaft in Bonn), Nr. D 14, 28.6.1984.

Dokument Nr. 9

Rede von Bundeskanzler Dr. Helmut Kohl vor dem Deutschen Bundesrat am 8. Februar 1985 (Auszüge)

(. . .)

Herr Präsident! Meine Damen und Herren! Wir müssen in den vor uns liegenden Monaten unseren Blick auf die Zukunft richten. Die Gemeinschaft kann es sich nicht leisten, von improvisierten Antworten auf die Probleme der Tagespolitik zu leben. Die Gemeinschaft braucht eine politische Perspektive. Auch unsere Mitbürger wollen wissen, welches die langfristigen politischen Ziele sind. Der Europäische Rat in Fontainebleau hat einen Ausschuß aus persönlichen Beauftragten der Staats- und Regierungschefs eingesetzt, der Vorschläge zur institutionellen Weiterentwicklung erarbeiten soll. Es geht dabei darum, die Arbeit der bestehenden Institutionen zu verbessern, den vorhandenen Ansatz einer gemeinsamen Außen- und Sicherheitspolitik weiterzuentwickeln, den Binnenmarkt auszubauen sowie der Wirtschafts- und Währungspolitik neue Impulse zu geben.

Der Ausschuß hat auf dem Gipfel in Dublin einen ersten Zwischenbericht veröffentlicht. Bereits zum Europäischen Rat im März wird der Ausschußbericht vorliegen. Auf meinen Antrag hin wird sich der Europäische Rat in Mailand im kommenden Juni eingehend mit den Vorschlägen sowohl dieses Ausschusses als auch mit den Überlegungen des gleichzeitig in Fontainebleau eingesetzten Ausschusses „Europa der Bürger" befassen. Ich hoffe sehr, daß es gelingt, nicht nur in den gesetzgebenden Körperschaften der Bundesrepublik Deutschland, sondern vor allem auch außerhalb dieser Körperschaften in notwendigen Gesprächen unter den tragenden politischen Parteien unserer Demokratie ein möglichst hohes Maß an Übereinstimmung auf diesem Weg zu finden. Das entspräche einer politischen Tradition, die in den Jahrzehnten seit Bestehen der Bundesrepublik glücklicherweise herangewachsen ist.

Niemand, der die Entwicklung der Gemeinschaft in den letzten 20 Jahren kritisch betrachtet, wird die Notwendigkeit durchgreifender institutioneller Reformen bestreiten. Seit dem sogenannten Luxemburger Dissens Mitte der 60er Jahre hat der Rat stillschweigend auch in den Fällen Einstimmigkeit praktiziert, in denen die Römischen Verträge die Anwendung der Mehrheitsabstimmung vorsahen. Die Folge, meine Damen und Herren, ist bekannt: Entscheidungen auch über drängende Fragen werden häufig blockiert, weil ein Mitgliedstaat einen Beschluß so lange aufhalten kann, bis seine Forderungen wenigstens annähernd erfüllt sind.

Die Bundesregierung drängt auf eine verstärkte Hinwendung zu den Mehrheitsregeln der Römischen Verträge; denn es ist zu befürchten, daß in einer künftigen Zwölfergemeinschaft die Entscheidungsprozesse noch schwieriger werden, wenn wir hier nicht nach einem gangbaren Weg suchen. Ich gehe davon aus, daß der Ausschuß für institutionelle Fragen geeignete Vorschläge unterbreiten wird.

Die Rolle der Europäischen Kommission als der Sachwalterin der Gemeinschaftsinteressen muß gestärkt werden; denn, meine Damen und Herren, es ist nicht zu leugnen, daß in Brüssel die nationalen Interessen häufig größer geschrieben werden als das Gemeinschaftsinteresse.

Für mich ist es ein entscheidendes Anliegen, daß das Europäische Parlament auch in diesem Zusammenhang ein größeres Mitspracherecht bei der Gestaltung der Gemeinschaftspolitik erhält. Die zweite Direktwahl zum Europäischen Parlament, bei der – wie wir alle wissen – die Wahlbeteiligung spürbar zurückgegangen ist, muß uns, den Trägern der politischen Meinungsbildung in der Bundesrepublik Deutschland, eine Warnung sein.

Ich glaube nicht, daß wir den Bürgern zumuten können, bei der nächsten Wahl zum Europäischen Parlament in einem dritten Wahlgang Abgeordnete in freier, geheimer und direkter Wahl zu wählen, deren Zuständigkeiten, deren Kompetenzen in einer Weise eingeschränkt sind, wie dies heute der Fall ist. Es muß das Ziel – und das ist auch eine Lektion deutscher Geschichte, der letzten hundert Jahre Verfassungspolitik in Deutschland – sein, das Europäische Parlament langfristig mit echten legislativen Kompetenzen auszustatten.

Im Februar des vergangenen Jahres hat das Europäische Parlament den Entwurf eines Vertrages zur Gründung der Europäischen Union verabschiedet. Dieser Entwurf ist, wie Sie wissen, zur Zeit Gegenstand der Diskussion in Bundestag und Bundesrat. Das entspricht der Absicht des Europäischen Parlaments, den Entwurf zunächst den parlamentarischen Gremien der Mitgliedstaaten und nicht den Regierungen zur Stellungnahme zuzuleiten. Dieser Entwurf enthält richtungweisende Elemente einer europäischen Verfassung. Er geht über die Tagespolitik hinaus und lenkt den Blick auf eine zukünftige Ordnung.

Es ist allerdings – und das muß man realistisch sehen – durchaus berechtigt, die Frage zu stellen, ob es zweckmäßig ist, die Diskussion über die Weiterentwicklung der Gemeinschaft mehr oder minder ausschließlich auf der Grundlage dieses Entwurfs zu führen, der ganz kühn und von mir bejaht das verfassungspolitische Endziel in den Vordergrund rückt, aber, wie Sie beim Studium der Details feststellen werden, auch sehr kühn die Wegstrecke überspringt, die dorthin führt. Wir müssen zunächst einmal diese Wegstrecke überwinden.

Dennoch möchte ich hier ausdrücklich sagen, daß ich es gut finde, daß dieser Entwurf jetzt bei uns diskutiert wird und daß wir auch von uns aus Beiträge – es ist ja ein Entwurf, nicht mehr, aber auch nicht weniger – zu einer Verbesserung dieses Entwurfs leisten können.

Herr Präsident! Meine Damen und Herren! Ziel unserer Politik ist die Europäische Union. Die Frage, wie wir diese Konzeption unter den gegebenen Umständen am besten verwirklichen können, werden wir in den kommenden Monaten beraten und mit den Partnern eingehend erörtern. Ich bin zuversichtlich, daß wir die Chance wahrnehmen werden, in der Europapolitik 1985 einen entscheidenden Schritt auf dem Weg zur europäischen Integration tun zu können.

Ich weiß, daß trotz aller Kritik eine große Mehrheit unserer Mitbürger diese Zielsetzung unterstützt. Ich weiß auch, daß in diesem Jahr möglicherweise die große Chance, vielleicht die letzte Chance in diesem Jahrzehnt, besteht, angesichts der politischen Konstellation in einzelnen europäischen Ländern einen entscheidenden Schritt voran zu tun. Ich vermerke es besonders dankbar, daß hier die französische und die deutsche Regierung in einer sehr glücklichen Weise zusammenarbeiten können, unterstützt von einer ganzen Reihe von anderen befreundeten Regierungen in Europa. (. . .) Meine Damen und Herren, bei den weiteren Schritten der zukünftigen europäischen Entwicklung wird es nicht zuletzt auf Ihren Beitrag ankommen. Die Bundesregierung versucht, die berechtigten Interessen der Länder zur Geltung zu bringen. Ich wiederhole noch einmal meine Bereitschaft, Sie über alle Überlegungen, die die verfassungsmäßigen und die politischen Interessen der Länder berühren, rechtzeitig zu unterrichten. Die Bundesländer werden daher den Abschlußbericht des Ausschusses für institutionelle Fragen unmittelbar nach dem Europäischen Rat vom März zugeleitet bekommen. Ich möchte hier ausdrücklich anbieten, daß wir vor der wichtigen Konferenz in Mailand gemeinsam darüber sprechen.

Diese Gesprächsbereitschaft besteht natürlich auch in anderen EG-Fragen. Ich habe sehr viel Verständnis für die Sorge der Länder, in Brüssel könnten Entscheidungen mit Auswirkungen für die Bundesländer getroffen werden, ohne daß diese dazu überhaupt gehört werden. In EG-Angelegenheiten haben sich besondere Verfahren der gegenseitigen Information und Beteiligung entwickelt. Sie kennen die Bereitschaft der Bundesregierung, an der Verbesserung dieser Verfahren, soweit dies notwendig sein sollte, mitzuwirken. Diese rechtzeitige Information ist eine Voraussetzung für die gemeinsame Verpflichtung von Bund und Ländern, Brüsseler Beschlüsse in einer angemessenen Zeit in nationales Recht umzusetzen(. . .)

Quelle: Bundesrat. Stenographischer Bericht, 547. Sitzung, Plenarprotokoll 547, S. 57–58.

Dokument Nr. 10

Rede von Ministerpräsident Johannes Rau vor dem Deutschen Bundesrat am 8. Februar 1985 (Auszug)

(. . .)

Wir brauchen eine Reform der Institutionen. Wir brauchen Europa und seine Einrichtungen nicht noch einmal zu erfinden. Aber im Rahmen des heute Möglichen sollten wir alles tun, um die Gemeinschaft handlungsfähiger und lebensfähiger zu machen, ihre Organe zu stärken, ihre Entscheidungsstrukturen zu verbessern und den Blick für weitere Entwicklungsmöglichkeiten offenzuhalten.

Im Vertrag von Rom ist festgestellt worden, daß Beschlüsse des Minsterrates per Mehrheitsentscheidung fallen sollen. Seit fast zwei Jahrzehnten ist dieses Instrument faktisch außer Kraft gesetzt. Deshalb kommen viele nötige Entscheidungen in Europa nicht mehr zustande. Ich halte das für einen entscheidenden Fehler der gegenwärtigen Praxis. Der Ministerrat muß wieder dazu kommen, daß Entscheidungen im Normalfall als Mehrheitsentscheidungen getroffen werden können.

Ebenso dringend ist eine Ausweitung der Rechte des Europäischen Parlaments. Wir haben immer gewußt, daß es nicht ausreicht, das Parlament nur direkt durch die Bürger wählen zu lassen. Wir hatten vor fünf Jahren die Hoffnung, daß sich die direkt gewählten Parlamentarier selbst eine wirkliche und wirksame Beteiligung an den gemeinschaftlichen Entscheidungsprozessen erkämpfen würden. Das ist nur in sehr bescheidenem Maße gelungen. Das Beharrungs- und Verhinderungsvermögen der nationalen Regierungen und der Brüsseler Bürokratie hat sich als stärker erwiesen. Damit kann sich niemand zufriedengeben.

Ich meine, wir sollten deshalb die Bundesregierung dazu auffordern, sich an die Seite der europäischen Parlamentarier zu stellen, wenn es um die Mitwirkung des Europaparlaments bei der Aufstellung und Ausgestaltung des EG-Haushalts, wenn es um die stärkere Beteiligung bei der Berufung der Kommission und um die Stärkung der Initiativrechte des Europaparlaments geht.

Die Länder können es nicht hinnehmen, wenn über den Umweg der Europäischen Union versucht werden sollte, ihre Eigenstaatlichkeit und ihre ureigensten Kompetenzen indirekt auszuhöhlen. Die Finanzministerkonferenz hat im Oktober 1984 beachtenswerte Bedenken gegen das im Vertragsentwurf für eine Europäische Union vorgesehene Finanzierungssystem erhoben. Auch ich bin der Überzeugung, daß wir in der Europäischen Gemeinschaft eine Obergrenze für alle Eigeneinnahmen brauchen, deren Änderung der Zustimmung aller Mitgliedstaaten bedarf, wenn wir zu notwendigen inhaltlichen Reformen – etwa in der Agrarpolitik – kommen wollen.

Die großen Probleme der Europäischen Gemeinschaft, die 13 Millionen Arbeitslosen, die regionalen Ungleichgewichte, die zunehmende Grenzüberschreitung der Umweltschäden, die Überschußproduktion, die anstehende Süderweiterung: Das alles wird erheblich verstärkt und verschärft dadurch, daß der Ministerrat keine solide Haushaltspolitik betreibt. Das Europäische Parlament hat mit 321 gegen 3 Stimmen bei 16 Enthaltungen den Haushaltsentwurf abgelehnt, weil die Einnahmen nur für die Ausgaben der ersten zehn Monate reichen.

Natürlich geht es bei diesem Haushaltskonflikt auch um Einfluß und Macht der Organe der EG. Dazu will ich mich hier nicht weiter äußern. Aber es kann auf Dauer nicht gutgehen, wenn sich der Ministerrat bei den Haushaltsberatungen gegenüber den Vorschlägen des Parlaments taub, blind und sprachlos stellt. (. . .)

Quelle: Bundesrat. Stenographischer Bericht, 547. Sitzung, Plenarprotokoll 547, S. 61–62.

Dokument Nr. 11

Bericht des Vierten für europäische Fragen zuständigen Gemischten Ausschusses der beiden Kammern des Irischen Parlaments vom 20. März 1985 zum Vertragsentwurf des Europäischen Parlaments zur Gründung der Europäischen Union (Schlußfolgerungen)

(. . .)

Nach Einschätzung des Gemischten Ausschusses hat die Gemeinschaft die von den Gründungsvätern angestrebte Dynamik verloren. Heute herrscht eine Tendenz zum Stillstand vor. Die gegenwärtigen institutionellen Strukturen weisen in ihrer Gesamtheit Ermüdungserscheinungen auf. Der Binnenmarkt ist unvollendet. Wirtschaftliche Konvergenz und Währungsunion sind von einer Realisierung noch weit entfernt. Dem Regionalfonds ist es nicht gelungen, die ökonomische Auseinanderentwicklung von wohlhabenderen Regionen in der Gemeinschaft zuungunsten der weniger begünstigten Randgebiete wie Irland aufzuhalten. Die Gemeinschaft wirkt heute eher wie ein Stückwerk, als ein integriertes soziales und wirtschaftliches Ganzes. (. . .)

Die Europäische Union ist als ein dynamischer Prozeß aufzufassen. Sie muß – wie dies auch im „Bericht der drei Weisen" richtig erkannt worden ist – in zunehmendem Maße zu einer Solidargemeinschaft führen. Ein neuer Vertrag könnte hierfür die Grundlage sein. Dieser müßte die fundamentalen Prinzipien der bestehenden Verträge beachten und ergänzen, um so die Europäische Union zu gründen. Die Idee eines Vertrages zur Europäischen Union ist nicht neu. Herr Tindemans hat diesen Gedanken bereits vor einigen Jahren in seinem Bericht zur Europäischen Union vorgetragen. Demzufolge würde die Rolle der Gemeinschaft als ein Eckstein der Europäischen Integration bestätigt, dem Europäischen Rat würde die Funktion eines politischen Gremiums zufallen, das für die Vorgabe von Richtlinien für die Europäische Zusammenarbeit Verantwortung trägt. Ein Rechtsakt in diesem Sinne würde noch nicht die Gründung der Europäischen Union bedeuten, doch würde er einen geeigneten Rahmen zur Erreichung dieses Zieles darstellen.

Die Trennungslinie zwischen Gemeinschaft und politischer Zusammenarbeit ist zunehmend unklarer geworden. Daher scheint die Zeit für konkrete Reformen gekommen. Wichtige Probleme, mit denen sich die Gemeinschaft heute konfrontiert sieht (Wirtschaftskrise, Energieprobleme und die Beziehungen zu den Entwicklungsländern), können nicht länger losgelöst von außenpolitischen Entscheidungen behandelt werden.

Der Gemischte Ausschuß ist grundsätzlich für Reformen zur Verbesserung der Arbeit der Europäischen Gemeinschaften und er ist für Schritte, die zu einer wirklichen Europäischen Union führen. Er begrüßt die Initiative des Europäischen Parlaments zur Ausarbeitung des Vertragsentwurfs zur Gründung der Europäischen Union.

Der Gemischte Ausschuß hat die beachtliche Unterstützung, die der Vertragsentwurf und andere Aktivitäten zur Schaffung der Union bei europäischen Führungspersönlichkeiten gefunden haben, zur Kenntnis genommen. Er ist sich der Notwendigkeit bewußt, die Öffentlichkeit und die politischen Kräfte in Irland auf eine mögliche internationale Konferenz noch in diesem Jahr und – nach erfolgreichem Ausgang dieser Konferenz – auf die mögliche Gründung der Europäischen Union vorzubereiten. Doch ist er sich auch der Notwendigkeit zum Schutz der irischen vitalen Interessen bewußt. Unsere Verhandlungsführer werden bereit sein, diese in einer solchen Konferenz zu verteidigen.

Der Gemischte Ausschuß weist auf die beachtlichen wirtschaftlichen, sozialen, kulturellen und politischen Vorteile hin, die aus einer funktionierenden Europäischen Union gezogen werden können. Er betont, daß diese Vorteile auf Kosten der nationalen Interessen Irlands gehen würden, wenn nicht folgende Bedingungen erfüllt werden:

- eine ausreichende Verpflichtung zur Ausstattung der Europäischen Union mit den notwendigen Finanzmitteln;
- eine ausreichende Verpflichtung zur Ressourcenumverteilung in der Union mit der Zielsetzung der wirtschaftlichen Konvergenz;
- ein so großes Maß an Solidarität gegenüber diesem Land, daß unsere vitalen nationalen Interessen auch bei einer allmählichen Abschaffung des Veto-Rechts und bei stärkeren Befugnissen von Kommission und Parlament gewahrt würden;

– die Vereinbarung einer Formel, die Irlands Neutralität ohne zeitliche Begrenzung sicherstellt.

Der Gemischte Ausschuß unterstreicht die immensen Vorteile aus der EG-Mitgliedschaft für dieses Land, wenn auch in einigen Bereichen Enttäuschung vorhanden ist. Der Gemischte Ausschuß weist darauf hin, daß Irland nach einem Austritt aus der Gemeinschaft oder aus einer eventuellen Union mit dieser ein Freihandelsabkommen aushandeln könnte, entsprechend den EFTA-Regelungen. Dadurch würde Irland von den Vorteilen der Gemeinsamen Agrarpolitik, des Regional- und Sozialfonds, von der Europäischen Politischen Zusammenarbeit und von vielen anderen Feldern, in denen wir zu unserem gemeinsamen Nutzen mit den anderen Mitgliedstaaten in der Gemeinschaft zusammenarbeiten, ausgeschlossen. Die Erweiterung der Gemeinschaft um Spanien und Portugal würde ein mögliches Ausscheiden Irlands heute noch unsinniger machen. Der Gemischte Ausschuß vertritt daher die Auffassung, daß von allen vitalen nationalen Interessen, die es in der Gemeinschaft zu verteidigen gilt, die kontinuierliche Mitgliedschaft Irlands selbst das bedeutsamste ist.

Quelle: Fourth Joint Committee on the secondary Legislation of the European Community, Report No. 14.

Dokument Nr. 12

Bericht des Ad-hoc-Auschusses für institutionelle Fragen an den Europäischen Rat in Brüssel am 29. und 30. März 1985

Vorwort[1,2]

Es war ein vielversprechender Anfang für Europa, als nach dem Zweiten Weltkrieg zunächst mit der Europäischen Gemeinschaft für Kohle und Stahl (EGKS) und anschließend mit der Europäischen Wirtschaftsgemeinschaft (EWG) ein Einigungswerk begonnen wurde, das als solches völlig neu und mit keinem bereits bestehenden Rechtsgebilde vergleichbar war. Die Gemeinschaft – sie beruht auf den Grundsätzen der pluralistischen Demokratie und der Achtung der Menschenrechte, die Grundvoraussetzungen für die Mitgliedschaft sind und zu den unverrückbaren Zielen ihres Handelns in der Welt gehören – entspricht in ihrer Besonderheit den vielschichtigen, aber tiefempfundenen Bedürfnissen unserer Bürger.

Obwohl die Gemeinschaft bereits auf den Gipfelkonferenzen von Den Haag 1969 und Paris 1972 beschlossen hatte, dieses europäische Einigungswerk zu vervollkommnen, befindet es sich heute in einer Krise und weist große Mängel auf.

Außerdem haben sich die Mitgliedstaaten in Streitigkeiten verloren, die ihnen den Blick für die erheblichen wirtschaftlichen und finanziellen Vorteile verstellten, welche ihnen aus der Vollendung des Gemeinsamen Marktes und der Europäischen Wirtschafts- und Währungsunion erwachsen sollten.

Nach zehn Jahren der Krise ist Europa im Unterschied zu Japan und den Vereinigten Staaten noch immer nicht zu Wachstumsraten zurückgekehrt, die es ihm ermöglichen könnten, die besorgniserregende Zahl von fast 14 Millionen Arbeitslosen zu verringern.

Gerade dieses Europa muß sich immer größeren Herausforderungen stellen, und zwar sowohl in bezug auf die immer schärfere Konkurrenz anderer Länder auf industriellem und technologischem Gebiet als auch in bezug auf den Kampf um die Erhaltung seiner politischen Unabhängigkeit, die es sich in der Vergangenheit gegenüber der übrigen Welt stets bewahrt hat.

Angesichts dieser Herausforderungen muß Europa seinen Glauben an die eigene Größe wiederfinden und ein neues gemeinsames Wagnis eingehen, nämlich den Aufbau einer politischen Einheit, wobei auf keine Fall dogmatisch vorzugehen ist, sondern klar festgelegte vorrangige Ziele zu verfolgen sind und die Mittel für deren Verwirklichung vorgesehen werden müssen.

Die Gemeinschaft verliert nicht den Umstand aus den Augen, daß sie nur einen Teil von Europa darstellt. In ihrer Entschlossenheit, gemeinsam voranzuschreiten, bleiben sich die Mitgliedstaaten ihrer Kulturgemeinschaft mit den anderen Ländern des Kontinents bewußt und sind überzeugt, daß jeder Fortschritt des gemeinschaftlichen Einigungswerks den Interessen von ganz Europa dient.

Der Ausschuß, der seine Aufgabe als rein politischen Auftrag sieht und keinen formgerechten Entwurf für einen neuen Vertrag vorlegen will, hat die Ziele, die Politiken und die institutionellen Reformen zusammengestellt, die unbedingt notwendig sind, damit Europa wieder die Kraft und Entschlossenheit seiner Anfänge zurückgewinnen kann[3].

I

Eine echte politische Einheit[4,5]

Es genügt in der Tat nicht, einfach eine Liste der erforderlichen Maßnahmen – seien sie auch noch so präzise und konkret – aufzustellen, denn derartige Versuche sind schon oft unternommen worden, aber ergebnislos geblieben. Wir müssen heute qualitative Fortschritte erzielen und die verschiedenen Vorschläge global konzipieren, um auf diese Weise den gemeinsamen politischen Willen der Mitgliedstaaten zu bekunden. Dieser Wille muß letzten Endes zu der Konzeption einer echten politischen Einheit[4] zwischen den europäischen Staaten, d.h. einer Europäischen Union führen, die

- imstande ist, nach demokratischen Verfahren Entscheidungen im Namen aller Bürger unter Berücksichtigung ihres gemeinsamen Interesses an der politischen und sozialen Entwicklung, am wirtschaftlichen Fortschritt und an der Sicherheit[6] zu treffen, wobei die Entscheidungsverfahren, je nachdem, ob es sich um die Zusammenarbeit zwischen den Regierungen, um den Bereich der Gemeinschaftsverträge oder gar um neue, noch zu schaffende Instrumente handelt, unterschiedlich sein können;
- schließlich die Eigenart eines jeden ihr angehörenden Staates respektiert.

II

Vorrangige Zielsetzungen

A. Ein homogener interner Wirtschaftsraum

Es muß ein homogener interner Wirtschaftsraum geschaffen werden, indem der im Rom-Vertrag vorgesehene vollständig integrierte Binnenmarkt verwirklicht wird, der eine wesentliche Etappe auf dem Weg zu dem seit 1972 angestrebten Endziel der Wirtschafts- und Währungsunion darstellt: So würden den Europäern die dynamischen Auswirkungen eines einzigen Marktes mit gewaltiger Kaufkraft zugute kommen. Dies würde zu mehr Arbeitsplätzen, größerem Wohlstand und rascherem Wachstum führen. Damit würde die Gemeinschaft für die Bürger zur greifbaren Realität.

a) durch Vervollständigung des Vertrages

1. durch Schaffung eines echten Binnenmarktes bis zum Ende des Jahrzehnts anhand eines genauen Zeitplans.

Dies setzt voraus, daß

- die Freizügigkeit der Bürger Europas effektiv verwirklicht wird;*
- durch eine stabile und kohärente Wirtschafts-, Finanz- und Geldpolitik in den Mitgliedstaaten und in der Gemeinschaft ein investitions- und innovationsfreundliches Klima geschaffen wird;
- bis zur Einführung europäischer Normen die einzelstaatlichen Normen nach dem einfachen Grundsatz, daß alle Waren, die in einem Mitgliedstaat hergestellt und vertrieben werden, ohne Behinderung in der gesamten Gemeinschaft verkehren können, unverzüglich allseitig anerkannt werden;
- raschere und koordinierte Zollverfahren sowie bis 1987 – wie vorgesehen – ein einziges Abfertigungsdokument eingeführt werden;
- bald eine gemeinsame Verkehrspolitik eingeführt wird;
- in naher Zukunft ein echter gemeinsamer Finanzmarkt einschließlich des Versicherungswesens geschaffen wird[7];
- der Zugang zu öffentlichen Lieferaufträgen geöffnet wird[7];
- ein geeignetes Umfeld für die Zusammenarbeit zwischen den europäischen Unternehmen geschaffen wird und insbesondere Unterschiede in der Besteuerung, die die Verwirklichung der Ziele der Gemeinschaft behindern, beseitigt werden;
- die europäische Integration im Finanzwesen unter anderem durch die Liberalisierung des Kapitalverkehrs und die Schaffung eines europäischen Kapitalmarktes verstärkt und gleichzeitig das Europäische Währungssystem weiter ausgebaut wird[7].

2. Durch die Stärkung der Wettbewerbsfähigkeit der europäischen Wirtschaft[8].

Die europäische Wirtschaft muß durch eine Rückkehr zu dem in den Verträgen verankerten Grundprinzip der Förderung von leistungsfähigen Herstellern voll wettbewerbsfähig gemacht werden. Dies setzt insbesondere voraus, daß

- alle Maßnahmen beseitigt werden, die den Wettbewerb innerhalb des Gemeinsamen Marktes verfälschen, und zwar insbesondere dadurch, daß bei der Anwendung der einzelstaatlichen und gemeinschaftlichen Wettbewerbsregeln der neuen Lage der Industrie Rechnung getragen wird und entsprechend den Bestimmungen der Verträge eine strenge Kontrolle der staatlichen Beihilfen vorgenommen wird[9];
- zwecks Einhaltung der in den Verträgen verankerten Grundsätze in den verstaatlichten Industrien die erforderliche Transparenz hergestellt wird.

3. Durch Förderung der wirtschaftlichen Konvergenz[10,11]

- Die Solidarität zwischen den Mitgliedstaaten im Hinblick auf eine Verringerung der strukturellen Ungleichgewichte, die einer Konvergenz des Lebensstandards in den einzelnen Mitgliedstaaten entgegenstehen, ist durch Stärkung der spezifischen Gemeinschaftsinstrumente sowie durch eine sorgfältige Definition der Gemeinschaftspolitiken zu fördern.
- Das tatsächliche Streben nach Integration und die damit verbundene Stärkung der Gemeinschaftsorgane erfordern positive Maßnahmen, um dem Trend zur Ungleichheit entgegenzuwirken und die Konvergenz des Lebensstandards in den einzelnen Mitgliedstaaten zu fördern[12].

b) durch Schaffung einer Technologiegemeinschaft

Die durch einen echten Binnenmarkt abgestützte Wachstumskapazität Europas muß unter anderem auf eine vorbehaltlose Mitwirkung an der technologischen Innovation aufbauen und – auch durch raschere Beschlußfassungsverfahren – zur Schaffung einer Technologiegemeinschaft führen. Dadurch soll die europäische Industrie in die Lage versetzt werden, im Bereich der Produktion und Anwendung der Spitzentechnologien auf dem Weltmarkt voll wettbewerbsfähig zu werden.

Dies bedeutet unter anderem, daß

- die Industrieunternehmen in der Gemeinschaft hinsichtlich der Erzeugnisse der Spitzentechnologien über gemeinsame europäische Normen und geeignete Verfahren auf europäischer Ebene verfügen müssen,
- die internationale Zusammenarbeit im Stadium Forschung/Entwicklung zu verstärken ist,
- die Verfahren für die Vergabe öffentlicher und halböffentlicher Aufträge in der Gemeinschaft, insbesondere was die Lieferung und den Einsatz von Ausrüstungen im Bereich der Datenverarbeitung und der Kommunikation anbelangt, zu liberalisieren sind[13],
- der Dienstleistungsverkehr im Zusammenhang mit dem Einsatz der Spitzentechnologien zu liberalisieren ist[13],
- es für eine erfolgreiche technisch-industrielle Entwicklung in der Technologiegemeinschaft notwendig ist, mehr Möglichkeiten für die Entfaltung individueller Kreativität und Leistung zu bieten.

Des weiteren sind spezifische Maßnahmen zu treffen, um

- die berufliche Bildung und Ausbildung auszubauen;
- Hochschulen und Forschungsinstituten Anreize zu geben, damit sie ihre Tätigkeit mehr auf Bereiche mit kommerziellen Möglichkeiten ausrichten und für die Weitergabe ihrer Arbeitsergebnisse sorgen;
- die Forschungs- und Entwicklungstätigkeiten auf einzelstaatlicher und gemeinschaftlicher Ebene zu koordinieren;
- eine verstärkte industrielle Zusammenarbeit zwischen europäischen Gesellschaften, einschließlich der Inangriffnahme grenzüberschreitender Vorhaben in den Schlüsselbereichen, zu bewirken und zu fördern;
- unter Vermeidung von Verzerrungen den internationalen Austausch von Technologien und Erzeugnissen der Spitzentechnologie durch eine aktive gemeinsame Handelspolitik im Einklang mit den Verpflichtungen aus dem GATT auszubauen.

c) durch Ausbau des Europäischen Währungssystems (EWS)

Das Europäische Währungssystem, das bis zur Wiederherstellung der Voraussetzungen für die schrittweise Verwirklichung der Wirtschafts- und Währungsunion eingeführt wurde, ist einer der europäischen Erfolge des letzten Jahrzehnts. Durch dieses System konnten die Einheit des Gemeinsamen Marktes gewahrt, angemessene Wechselkurse aufrechterhalten und das Fundament für eine Währungsidentität der Gemeinschaft gelegt werden.

Es ist jetzt aber an der Zeit, auf dem Wege zur Währungsintegration fortzuschreiten durch

- engere Koordinierung der Wirtschafts-, Haushalts- und Währungspolitiken mit dem Ziel einer echten Konvergenz der Wirtschaftsleistungen;
- Liberalisierung des Kapitalverkehrs und Beseitigung der Devisenkontrolle[14];
- Stärkung des europäischen Geld- und Kapitalmarktes, damit dieser Markt attraktiv wird und die Wachstums- und Investitionsbemühungen abstützen kann;
- Teilnahme aller Mitgliedstaaten sowohl am EWS als auch am Wechselkursmechanismus, soweit die erforderlichen wirtschaftlichen und währungspolitischen Bedingungen erfüllt sind;
- verstärkte, aber nicht inflationistische Verwendung der ECU bei den Transaktionen zwischen den Zentralbanken, und zwar unabhängig davon, ob diese am System beteiligt sind oder nicht;
- Beseitigung der Hindernisse für die Verwendung der ECU bei Privatgeschäften, soweit dies mit der Währungsstabilität zu vereinbaren ist;
- Förderung der ECU als internationale Reservewährung: Koordinierung der Wechselkurspolitik gegenüber Drittwährungen, insbesondere dem Dollar, und schrittweise Stärkung der Rolle des Europäischen Fonds für Währungspolitische Zusammenarbeit (EFWZ) nach Maßgabe der Fortschritte bei der Verwendung der ECU[15].

Durch ein Zusammenwirken all dieser Maßnahmen kann das EWS der zweiten institutionellen Phase nähergebracht werden, die in dem Beschluß, den der Europäische Rat 1978 in Bremen gefaßt hat, vorgesehen wurde.

d) durch Aufbringung der erforderlichen Mittel[16]

Die Verstärkung der bisher unternommenen Bemühungen sowie neue Politiken und neue Befugnisse für die Gemeinschaft bedeuten oft – wenn auch nicht immer – zusätzliche Ausgaben und somit einen Transfer von Mitteln. Diese Mittel müßten im Rahmen eines klar definierten und fest auf dem Prinzip der eigenen Mittel begründeten gemeinschaftlichen Finanzierungssystems bereitgestellt werden. Dieses System, das in angemessenen Zeitabständen überprüft würde, müßte der Gemeinschaft für einen genügend langen Zeitraum eine sichere Einnahmequelle verschaffen.

Reale Transfers von Mitteln könnten nur stattfinden, wenn sie einer strengen Haushaltsdisziplin unterworfen werden und sich – jedenfalls in den meisten Fällen – in Einsparungen in den Mitgliedstaaten niederschlagen.

B. Förderung der gemeinsamen Werte unserer Zivilisation

Die angestrebte Europäische Union beruht nicht nur auf einer Wirtschaftsgemeinschaft. Die interne Logik der Integration hat bereits dazu geführt, daß die europäischen Staaten auch in anderen Bereichen als dem der Wirtschaft zusammenarbeiten und in Zukunft noch verstärkt zusammenarbeiten werden. Wenn sich diese unerläßliche Entwicklung durchsetzt, werden alle Aspekte des Zusammenlebens in unseren Ländern eine europäische Dimension annehmen.

Dazu müssen eine Reihe von Maßnahmen ergriffen werden, die, wo immer dies möglich ist, in enger Zusammenarbeit mit der Gemeinschaft nicht angehörenden europäischen Ländern und mit dem Europarat durchzuführen sind, der einen nützlichen Beitrag, insbesondere für die Durchsetzung der Menschenrechte und die gemeinsame kulturelle Identität leistet.

Es handelt sich um folgende Maßnahmen:

1. Umweltschutz

Die meisten Formen der Umweltverschmutzung reichen über die Grenzen hinaus und stellen eine immer größere Gefahr für den Lebensraum und die Gesundheit der Menschen sowohl in der Gemeinschaft als auch außerhalb der Gemeinschaft dar. Der Umweltschutz sowie die Verbesserung der Arbeitsbedingungen und der Sicherheit am Arbeitsplatz sind Bereiche, denen großer Vorrang gebührt.

2. Schrittweise Verwirklichung eines europäischen Sozialraums

Ein integrierter Binnenwirtschaftsraum muß nicht nur auf die Industrie-, Wirtschafts- und Währungspolitik gestützt werden, sondern auch auf die Sozialpolitik. Auf diesem Gebiet muß die Union den Zielen treu bleiben, die sich die Gemeinschaft von Anfang an gesetzt hat, und sie muß über die Befugnisse und Mittel verfügen, die es ihr ermöglichen, immer dann zu handeln, wenn sozialpolitische Maßnahmen auf europäischer Ebene notwendig werden.

Die schrittweise Verwirklichung eines europäischen Sozialraums als logische Folge einer wirtschaftlich integrierten, dynamischen und wettbewerbsfähigen Gemeinschaft, deren Ziel Vollbeschäftigung und optimale Beschäftigung ist, bedeutet, daß

- insbesondere in den in Artikel 118 des Vertrags genannten grundlegenden Bereichen durch Harmonisierung, Genehmigung gemeinsamer Beschlüsse oder jede andere geeignete Maßnahme der jeweilige Aktionsrahmen abzustecken ist;
- eine Sozialpolitik zu verfolgen ist, die das mittelfristige Aktionsprogramm sowie Veränderungen der sozialen und wirtschaftlichen Bedürfnisse der Gemeinschaft berücksichtigt;
- der Dialog zwischen den Sozialpartnern auf europäischer Ebene zu entwickeln ist, der, wenn die Sozialpartner dies für wünschenswert halten, in vertragliche Beziehungen einmünden kann.

3. Schrittweise Verwirklichung eines einheitlichen Rechtsraums

Dies setzt folgendes voraus:

- Verstärkten Schutz der Grundrechte und -freiheiten, wie sie sich aus den gemeinsamen Grundprinzipien und der Europäischen Konvention zum Schutz der Menschenrechte und Grundfreiheiten ergeben. In diesem Zusammenhang hat der Europäische Gerichtshof eine wesentliche Rolle gespielt und wird dies in Zukunft noch verstärkt tun.

- Harmonisierung oder stärkere Angleichung der einzelstaatlichen Rechtsvorschriften in allen unter die Europäische Union fallenden Bereichen, soweit dies für die Erreichung der Ziele der Union notwendig ist.
- Möglichkeit, in bestimmten Bereichen der Zusammenarbeit zwischen den Regierungen Übereinkommen zwischen Mitgliedstaaten zu schließen, die in den Fällen, in denen keine Einstimmigkeit erzielt werden kann, zwischen denjenigen Mitgliedstaaten angewendet werden könnten, die sie ratifiziert haben, sofern diese eine starke Mehrheit bilden.
- Bekämpfung des organisierten Verbrechens und des Terrorismus durch verstärkte Zusammenarbeit zwischen den Mitgliedstaaten.
- Weitere Kodifizierung des Gemeinschaftsrechts.

4. Förderung der gemeinsamen kulturellen Werte

Ihre gemeinsame Kultur ist eines der stärksten Bindeglieder zwischen den Staaten und Völkern Europas. Sie ist Teil der europäischen Identität. Die Förderung der europäischen kulturellen Identität sollte die kulturelle Vielgestaltigkeit und die jeweiligen nationalen Wertvorstellungen, die integraler Bestandteil hiervon sind, umfassend zum Ausdruck bringen.

Die Förderung der gemeinsamen kulturellen Werte und der europäischen kulturellen Identität erfordert:
- den Schutz des europäischen kulturellen Erbes,
- die Unterstützung des kulturellen Schaffens,
- Maßnahmen zur Überwindung der Sprachbarrieren,
- die Weiterentwicklung der neuen Medien im europäischen Rahmen,
- die Beseitigung der Hindernisse für den freien Verkehr von Kulturgütern und den freien Kommunikationsfluß,
- die Verbesserung der Kenntnisse über die Völker der Gemeinschaft in ihrer Vielgestaltigkeit und ihrer Beiträge zur europäischen Kultur[17],
- die Intensivierung des Personenaustauschs.

Die Europäische Stiftung und das Europäische Hochschulinstitut sollten an diesen Maßnahmen beteiligt werden. Die Zusammenarbeit mit Drittstaaten sowie die Zusammenarbeit in einem weiteren internationalen Rahmen sollte ebenfalls gefördert werden. Für die praktische Durchführung der kulturellen Zusammenarbeit ist ein kohärenter Rahmen notwendig.

C. Streben nach außenpolitischer Identität[18]

Die außenpolitische Identität Europas läßt sich nur schrittweise im Rahmen gemeinsamer Aktionen und im Rahmen der Europäischen Politischen Zusammenarbeit (EPZ) nach den für jeden dieser Bereiche geltenden Regeln erreichen. Es wird immer deutlicher, daß ein Zusammenwirken dieser beiden Bereiche notwendig und sinnvoll ist. Sie müssen deshalb besser aufeinander abgestimmt werden. Das Ziel der Europäischen Politischen Zusammenarbeit muß nach wie vor die systematische Ausarbeitung und die Durchführung einer gemeinsamen Außenpolitik sein[19].

Auch im Sicherheitsbereich, in dem eines der Hauptziele der Europäischen Union der Zusammenhalt und die Solidarität der europäischen Länder in dem umfassenderen Rahmen Europas und der westlichen Welt ist, läßt sich dieses Ziel nur unter Berücksichtigung der bestehenden Bündnisse einerseits erreichen und der verschiedenen Sondersituationen andererseits – wie z.B. der Situation der beiden Nuklearmächte, die Mitglied sind, und der Lage bestimmter Mitgliedstaaten mit spezifischen Problemen in diesem Bereich.

a) Außenpolitik

Zunächst ist darauf hinzuweisen, daß gemeinsame Politiken mit einer Außendimension in den Verträgen vorgesehen sind und bereits bestehen neben externen Politiken wie die Entwicklungspolitik und die Handelspolitik.

Insbesondere muß die Entwicklungspolitik der Gemeinschaft unbeschadet der bestehenden Maßnahmen der Mitgliedstaaten verstärkt werden.

Im diplomatischen Bereich könnten zunächst mehrere Maßnahmen in Betracht gezogen werden, die Fortschritte in Richtung darauf ermöglichen, daß immer mehr mit einer Stimme gesprochen wird[20].

1. Stärkung der Strukturen der Politischen Zusammenarbeit durch folgende Maßnahmen:

- Errichtung eines ständigen Sekretariats für die Politische Zusammenarbeit, damit die aufeinanderfolgenden Vorsitze eine größere Kontinuität und Kohärenz der Arbeiten gewährleisten können; das Sekretariat würde weitgehend die Infrastruktur des Rates benutzen und hätte zur Kohärenz zwischen der Politischen Zusammenarbeit und der Außenpolitik der Gemeinschaft beizutragen;
- regelmäßige Veranstaltung von EPZ-Arbeitssitzungen an den Arbeitsstätten der Gemeinschaft, während Ministertagungen auch in den Hauptstädten der Mitgliedstaaten stattfinden sollten.

2. Verbesserung der Aktivitäten im Rahmen der politischen Zusammenarbeit durch

- eine ausdrückliche Verpflichtung der Mitgliedstaaten, die Europäische Politische Zusammenarbeit dadurch zu fördern, daß sie einer Formalisierung der Verpflichtung zur vorherigen Konsultation zustimmen;
- Bemühungen um einen Konsens unter Berücksichtigung der Mehrheitsmeinung im Hinblick auf eine rasche Annahme der gemeinsamen Standpunkte und die Erleichterung gemeinsamer Maßnahmen;
- Einnahme eines gemeinsamen Standpunkts in den multilateralen und interregionalen Beziehungen, insbesondere in den Vereinten Nationen.

3. Verpflichtung der Mitgliedstaaten und der Gemeinschaft, von Fall zu Fall zu prüfen, ob eine gemeinsame Vertretung bei internationalen Organisationen, insbesondere im UN-Rahmen und in den Ländern, in denen nur wenige Mitgliedstaaten vertreten sind, wünschenswert ist.

4. Kodifizierung der Regeln und Praktiken der Europäischen Politischen Zusammenarbeit.

b) Sicherheit und Verteidigung[21]

Es muß dafür Sorge getragen werden, daß sich die Mitgliedstaaten der gemeinsamen Interessen der künftigen Europäischen Union auf dem Gebiet der Sicherheit stärker bewußt werden. Die interessierten Mitgliedstaaten tragen nach besten Kräften dazu bei, um eine ausreichende Verteidigung wie auch die politische Solidarität zu wahren und nach Mitteln zu suchen, um über die Aushandlung nachprüfbarer und ausgewogener Maßnahmen zur Rüstungskontrolle und Abrüstung auf dem niedrigstmöglichen Rüstungsstand die Sicherheit zu gewährleisten.

In jedem Falle ist bei dieser Frage folgendes zu berücksichtigen:

1. die bereits bestehenden Organisationen, denen nicht alle Partner in der Europäischen Gemeinschaft angehören, wie das Atlantische Bündnis, das den Rahmen und das Fundament unserer Sicherheit darstellt, und die Westeuropäische Union, mit deren gegenwärtig verfolgtem Ausbau ein spezifisch europäischer Verteidigungsbeitrag geleistet würde[22];

2. die unterschiedlichen Möglichkeiten und Verantwortlichkeiten sowie die besonderen Situationen der Mitgliedstaaten der Gemeinschaft;

3. die Interessen und Ziele, die von den Mitgliedstaaten unbeschadet ihrer jeweiligen Situation im Bereich der Verteidigung und Sicherheit als gemeinsam angesehen werden, insbesondere das Erfordernis, daß das Atlantische Bündnis in Europa eine ausreichende militärische Stärke aufrechterhält, um wirksam für Abschreckung und Verteidigung zu sorgen, damit der Frieden gewahrt und die demokratischen Werte geschützt werden[23].

Hierzu wird folgendes vorgeschlagen:

i) Umfassendere und intensivere Konzertierung hinsichtlich der Probleme der Sicherheit im Rahmen der Politischen Zusammenarbeit. Diese Konzertierung könnte insbesondere folgendes umfassen:

- Gedankenaustausch über die Art der äußeren Bedrohungen der Sicherheit der Union.
- Gedankenaustausch darüber, wie die Sicherheitsinteressen der Mitgliedstaaten durch die internationale Lage und im besonderen die Entwicklung der Rüstungstechniken und der strategischen Doktrinen, Veränderungen in den Beziehungen der Großmächte und den Verlauf der Verhandlungen über Abrüstung und Rüstungskontrolle berührt werden können.
- Bemühungen, die Standpunkte der Mitgliedstaaten zu den entscheidenden Fragen der Wahrung des Friedens in Europa, wann immer dies möglich ist, aufeinander abzustimmen.

ii) Verstärkte Bemühungen um die Festlegung und Einführung gemeinsamer Normen für Rüstungssysteme und -material unter Berücksichtigung der derzeitigen Arbeiten in den zuständigen Gremien.

Besondere Aufmerksamkeit widmen die Mitgliedstaaten

- der Rationalisierung der Forschungs- und Entwicklungsarbeiten in militärischen Ausrüstungen;
- der Unterstützung der Fähigkeit, Ausrüstungen der Spitzentechnologie herzustellen, mit denen die Verteidigungskapazität Europas verstärkt werden kann.

iii) Verpflichtung der Mitgliedstaaten, diese Systeme und Ausrüstungen gemeinsam zu entwerfen, zu entwickeln und herzustellen.

iv) Bereitschaft der Mitgliedstaaten, die technologischen und industriellen Voraussetzungen zur Wahrung ihrer Sicherheit zu schaffen.

III

Die Mittel: Leistungsfähige demokratische Institutionen[24]

Die Europäische Union braucht – wie die heutige Gemeinschaft – Institutionen, die ganz im Dienste des gemeinsamen Interesses stehen. Ihre Tätigkeit und ihr Verhalten muß ihre ursprüngliche Zweckbestimmung im Rahmen ihrer spezifischen Befugnisse deutlich widerspiegeln. In erster Linie müssen die Institutionen selbst die Vorschriften der Verträge einhalten und anwenden.

Die Tendenz, den Europäischen Rat einfach zu einem weiteren Organ werden zu lassen, das die laufenden Angelegenheiten der Gemeinschaft erledigt, muß sich wenden. Die Staats- und Regierungschefs müßten eine strategische Rolle spielen und der Gemeinschaft Leitlinien und politische Impulse geben. Zu diesem Zweck würden zwei Tagungen des Europäischen Rates pro Jahr ausreichen.

A. Erleichterte Beschlußfassung im Rat, die vor allem Änderungen in der Praxis sowie bestimmte Anpassungen der bestehenden Vorschriften bedingt:

- Entbürokratisierung der Institutionen, da die nationalen Verwaltungen im letzten Jahrzehnt über ihre Sachverständigen eine zu starke Stellung eingenommen haben; insbesondere muß die Autorität des Ausschusses der Ständigen Vertreter über die verschiedenen Arbeitsgruppen gestärkt werden, damit die Beschlüsse des Rates besser vorbereitet werden können und damit der Rat sich auf die wichtigsten Fragen konzentrieren kann.
- Die Ausweitung der Tätigkeit der Gemeinschaft auf eine immer größere Anzahl von Bereichen hat dazu geführt, daß sich die Zusammensetzung des Rates im Laufe der Zeit immer mehr spezialisiert hat. Der Rat muß jedoch ein einziges Organ bleiben, in dem die Minister mit allgemeiner Zuständigkeit (der sogenannte Rat „Allgemeine Angelegenheiten") ihre wichtige Koordinierungs- und Lenkungsrolle spielen können.
- Im Interesse der Effizienz und des inneren Zusammenhalts sollten die Regeln und Verfahren des Rates streng angewendet werden.
- Grundsätze für die Abstimmungen:
  a) Die Mehrheit im Ausschuß ist für die Aufstellung eines neuen allgemeinen Grundsatzes, wonach die Beschlüsse mit qualifizierter oder einfacher Mehrheit gefaßt werden müssen. Einstimmigkeit wäre noch in bestimmten Ausnahmefällen erforderlich, deren Zahl jedoch gegenüber den derzeitigen Verträgen deutlich niedriger wäre und die in einer Liste abschließend aufgezählt würden.

     Im Geiste einer Rückkehr zu den Verträgen muß der Vorsitz abstimmen lassen, wenn die Kommission oder drei Mitgliedstaaten dies beantragen. Die Abstimmung muß innerhalb von dreißig Tagen erfolgen[25,26,27].
  b) Die Minderheit im Ausschuß ist der Auffassung, daß man inbesondere im Rahmen der erweiterten Gemeinschaft stärker auf die in den Verträgen vorgesehenen Mehrheitsbeschlüsse zurückgreifen sollte. Wenn man sich lange genug um einen Konsens bemüht hat, müßte der Vorsitz eine Abstimmung verlangen.

     Wo die Verträge Einstimmigkeit vorsehen, müßten die Mitgliedstaaten auch öfter von der Möglichkeit der Stimmenthaltung nach Artikel 148 Absatz 3 (EWG), Artikel 118 (Euratom) und Artikel 28 (EGKS) Gebrauch machen.

     Wenn ein Mitgliedstaat der Meinung ist, daß wichtige Interessen seines Landes auf dem Spiel stehen, so wären die Beratungen fortzusetzen, bis ein einstimmiger Beschluß zustandekommt[28].

– In Ausnahmefällen Anwendung des Verfahrens differenzierter Gemeinschaftsregeln, um die Durchführung bestimmter Beschlüsse zu erleichtern, sofern diese Differenzierung befristet ist und sich allein auf wirtschaftliche und soziale Überlegungen stützt und sofern der Grundsatz der Haushaltseinheit gewahrt ist[29].

B. Verstärkung der Befugnisse der Kommission

Die Kommission gewährleistet die autonome Vertretung des gemeinsamen Interesses. Eingedenk des allgemeinen Interesses, dessen Garant sie ist, darf sie sich nicht besondere einzelstaatliche Interessen zu eigen machen.

Damit sie die ihr übertragenen Aufgaben, die sie zur treibenden Kraft der Gemeinschaft machen, uneingeschränkt erfüllen kann, sind ihre Befugnisse zu verstärken, und zwar insbesondere dadurch, daß ihr umfangreichere Exekutivbefugnisse im Rahmen der Gemeinschaftspolitiken übertragen werden.

Zunächst einmal ist die Autonomie, über die sie verfügt, zu bestätigen, damit sie entsprechend der Verpflichtung, die ihr sowie jedem einzelnen ihrer Mitglieder ausdrücklich auferlegt ist, in voller Unabhängigkeit handeln kann.

Zu diesem Zweck wird vorgeschlagen, daß der Präsident der Kommission in Zukunft vom Europäischen Rat ernannt wird.

Die übrigen Mitglieder der Kommission werden von den Regierungen der Mitgliedstaaten auf Vorschlag des designierten Präsidenten einvernehmlich ernannt[30].

Der Kommission darf nur ein Staatsangehöriger je Mitgliedstaat angehören[31].

Zu Beginn ihrer Arbeitszeit sollte die Kommission auf der Grundlage ihres Programms ein Vertrauensvotum des Europäischen Parlaments erhalten[32].

Ebenso muß anerkannt werden, daß die Kommission ein autonomes Organ mit vollen Initiativ-, Exekutiv- und Verwaltungsbefugnissen ist.

C. Das Europäische Parlament, Garant für den demokratischen Charakter des Europäischen Systems[33]

Ein aus allgemeinen Wahlen hervorgegangenes Parlament dürfte nach demokratischen Vorstellungen nicht länger mit einer Rolle abgespeist werden, die nur beratender Natur ist oder sich auf Beschlüsse über einen geringen Teil der Gemeinschaftsausgaben beschränkt. Damit würde das Parlament zur Bedeutungslosigkeit oder zum Aufbegehren und meist zu beidem verurteilt.

Die Stärkung der Rolle des Parlaments wird in drei Richtungen angestrebt:

a) Effektive Beteiligung an der Legislative in Form gemeinsamer Beschlußfassung mit dem Rat, wobei die betreffenden Bereiche ausdrücklich festgelegt werden; zu diesem Zweck wird der Kommissionsvorschlag zunächst vom Europäischen Parlament erörtert; der Rat befindet über den vom Europäischen Parlament angenommenen Text; besteht kein Einvernehmen, so wird auf Vorschlag der Kommission, die im übrigen ihr Initiativrecht während des gesamten Gesetzgebungsverfahrens behält, ein Vermittlungsverfahren eingeleitet[34].

b) Stärkere Überwachung der verschiedenen Politiken der Union und stärkere politische Kontrolle der Kommission sowie der Zusammenarbeit im außenpolitischen Bereich; von der Union ausgehandelte Assoziiierungs- und Beitrittsabkommen werden ebenfalls der Genehmigung durch das Europäische Parlament unterworfen[35].

c) Übernahme von Verantwortung bei den Beschlüssen über die Einnahmen als krönendes Element bei der Herstellung eines neuen fundamentalen institutionellen Gleichgewichts.

- Die Konzertierung zwischen Parlament und Rat würde zum Zeitpunkt der Festlegung des Orientierungsrahmens auf der Grundlage der Mehrjahresplanung erfolgen.
- Die Beschlüsse über die Entwicklung der Eigenmittel werden gemeinsam vom Rat und vom Parlament gefaßt, damit das Parlament am Ausgleich der Ausgaben durch die Einnahmen beteiligt werden kann.

Diese Entwicklungen sollten mit einer verstärkten Repräsentativität des Parlaments mittels einer Vereinheitlichung der Verfahren zur Wahl seiner Mitglieder Hand in Hand gehen.

D. Gerichtshof

Wegen des verbindlichen Charakters des Rechts der Union hat der Gerichtshof der Europäischen Gemeinschaften auf dem Weg zur Europäischen Union eine wesentliche Rolle zu spielen. Der Gerichtshof gewährleistet, daß den in den Verträgen niedergelegten Rechten, Pflichten und Befugnissen entsprochen wird. Die Rolle des Gerichtshofs als oberster Instanz für alle unter die Verträge fallenden Bereiche, einschließlich Schutz der durch die gemeinschaftliche Rechtsordnung gewährleisteten Grundrechte der Einzelpersonen, ist zu festigen. Zu diesem Zweck muß der Gerichtshof

- in geeigneter Weise von den Aufgaben entlastet werden, die ihm in bezug auf Streitfälle zwischen Beamten und Organen zufallen;
- für die Auslegung der internationalen Übereinkommen im Anwendungsbereich der Verträge zuständig sein, wobei möglichst eine Standardklausel gelten soll.

IV

Vorgehen[36]

Der Ausschuß schlägt vor, in naher Zukunft eine Konferenz der Vertreter der Regierungen der Mitgliedstaaten einzuberufen, die den Entwurf eines Vertrags über die Europäische Union aushandeln soll; bei diesen Verhandlungen wären der Besitzstand der Gemeinschaft, dieser Bericht und die Feierliche Deklaration von Stuttgart zur Europäischen Union zugrundezulegen, und man sollte sich von Geist und Methode des vom Europäischen Parlament verabschiedeten Vertragsentwurfs inspirieren lassen:

- Parteien der Konferenz sind die Mitgliedstaaten.
- Spanien und Portugal werden eingeladen, als Vollmitglieder an diesen Verhandlungen teilzunehmen, sofern die Beitrittsverträge noch vor der Eröffnung der Konferenz unterzeichnet worden sind.
- Die Kommission der Gemeinschaft nimmt an den Verhandlungen teil.
- Das Europäische Parlament wird eng an den Arbeiten der Konferenz beteiligt. Die Ergebnisse dieser Arbeiten werden dem Europäischen Parlament unterbreitet.

Schon der Beschluß der Staats- und Regierungschefs, eine solche Konferenz einzuberufen, hätte großen symbolischen Wert und würde den Gründungsakt für die Europäische Union darstellen.

Anlage A

Bemerkungen von Herrn Møller

Ich bin nicht davon überzeugt, daß das Gesamtkonzept des Berichts der richtige Weg ist. Auch ich bin der Auffassung, daß die Gemeinschaft einen neuen Elan braucht. Meines Erachtens sollte dies jedoch folgende Punkte betreffen:

Ein effizienteres Beschlußfassungsverfahren unter Wahrung der im Vertrag festgelegten Verteilung der Befugnisse auf die einzelnen Organe. Die Befugnisse sollten nicht länger verwischt, sondern an den eindeutigen Bestimmungen des Vertrages ausgerichtet werden.

Wiederherstellung des Grundziels leistungsfähiger Produktionsstrukturen unter Ausschaltung von Verzerrungsfaktoren. Die allmähliche Einführung eines Quotensystems, von Produktionsschwellen und ähnlichem stellt diesen Grundsatz in Frage.

Entwicklung neuer gemeinsamer Politiken als Ergänzung zur Gemeinsamen Agrarpolitik. Der Gemeinschaft müssen hierzu zusätzliche finanzielle Mittel zur Verfügung gestellt werden.

Intensivierung und Verstärkung unserer Konsultationen im Rahmen der Europäischen Politischen Zusammenarbeit mit dem Ziel, Bereiche von gemeinsamem Interesse festzustellen und zu einer steigenden Anzahl gemeinsamer Standpunkte zu gelangen.

Entwicklung neuer Tätigkeiten auf europäischer Ebene, bei denen die Beteiligung nicht auf die derzeitigen Mitglieder der Gemeinschaft beschränkt werden sollte.

Anlage B

Bemerkungen von Herrn Papantoniou

In dem Bericht werden die größten Herausforderungen, vor die Europa gegenwärtig gestellt ist, korrekt dargestellt. Bei der Abhandlung des Themas werden zahlreiche nützliche Punkte aufgezeigt, jedoch wird bestimmten wichtigen Aspekten nicht genügend Aufmerksamkeit geschenkt. Die Vorteile der wirtschaftlichen Integration sind nicht nur ungleich aufgeteilt, sie können sogar Einbußen für die weniger wohlhabenden Regionen mit sich bringen. Daher muß die Schaffung eines integrierten Marktes und einer Technologiegemeinschaft mit erheblichen Bemühungen um einen verstärkten Zusammenhalt der Gemeinschaft durch Förderung der regionalen Entwicklung und der Konvergenz der Lebensstandards Hand in Hand gehen.

Im außenpolitischen Bereich müßten bei der Verbesserung der politischen Zusammenarbeit und der Förderung der Solidarität in Sicherheitsfragen die besondere Situation und die Probleme der einzelnen Mitgliedstaaten volle Berücksichtigung finden, und bei der Erarbeitung gemeinsamer Standpunkte müßte der Notwendigkeit des Konsenses Rechnung getragen werden.

Schließlich müßte die Reform der Institutionen aufzeigen, daß es beträchtliche Möglichkeiten gibt, die Beschlußfassung im Rahmen der Verträge zu verbessern, und die Notwendigkeit des Schutzes lebenswichtiger nationaler Interessen anerkennen, wenn diese von den Mitgliedstaaten geltend gemacht werden.

Liste der Mitglieder des Ad-hoc-Ausschusses für institutionelle Fragen

Herr James Dooge (Vorsitz), Vertreter des Premierministers von Irland, Herrn Garret FitzGerald.

Herr Jean Dondelinger, Vertreter des Ministerpräsidenten von Luxemburg, Herrn Jacques Santer.

Herr Maurice Faure, Vertreter des Präsidenten der Französischen Republik, Herrn François Mitterrand.

Herr Mauro Ferri, Vertreter des Ministerpräsidenten von Italien, Herrn Bettino Craxi.

Herr Fernand Herman, Vertreter des Premierministers von Belgien, Herrn Wilfried Martens.

Herr Otto Møller, Vertreter des Ministerpräsidenten von Dänemark, Herrn Poul Schlüter.

Herr Ionannis Papantoniou, Vertreter des Premierministers von Griechenland, Herrn Andreas Papandreou.

Herr Malcolm Rifkind, Vertreter der Premierministerin des Vereinigten Königreichs, Frau Margaret Thatcher.

Herr Carlo Ripa Di Meana, Vertreter des Präsidenten der Kommission, Herrn Jacques Delors.

Herr Jürgen Ruhfus, Vertreter des Bundeskanzlers der Bundesrepublik Deutschland, Herrn Helmut Kohl.

Herr Willem van Eekelen, Vertreter des Ministerpräsidenten der Niederlande, Herrn Ruud Lubbers.

Bemerkungen und Vorbehalte der Mitglieder

1 Siehe Bemerkungen von Herrn Møller (Anlage A).

2 Siehe Bemerkungen von Herrn Papantoniou (Anlage B).

3 Herr Møller meinte, daß die Schwierigkeiten beim Aufbau Europas daher rührten, daß die bestehenden Verträge nicht in vollem Umfang durchgeführt worden seien; diese Schwierigkeiten könnten durch eine strikte Anwendung der Verträge behoben werden. Als Ziel müsse die Schaffung der bereits in Erklärungen definierten Europäischen Union angestrebt werden.

4 Vorbehalt von Herrn Papantoniou, der vorschlug, die Überschrift dieses Kapitels in „Eine echte politische und wirtschaftliche Einheit" zu ändern.

5 Herr Møller meinte, daß die Worte „eine echte politische Einheit" durch die Worte „Die Europäische Union" ersetzt werden sollten.

6 Herr Møller war der Ansicht, daß der Punkt „Sicherheit" auf die politischen und wirtschaftlichen Aspekte der Sicherheit begrenzt werden sollte.

* Diese Frage wird vom Ad-hoc-Ausschuß für das Europa der Bürger behandelt.

7 Vorbehalt von Herrn Papantoniou, der meinte, daß bei der Einführung dieser Politiken die jeweiligen Gegebenheiten der einzelstaatlichen Wirtschaft berücksichtigt werden sollten.

8 Herr Møller hob außerdem hervor, daß sämtliche Maßnahmen im landwirtschaftlichen Bereich, die in den vergangenen Jahren mit dem Ziel einer Renationalisierung der Gemeinsamen Agrarpolitik eingeführt worden sind, aufgehoben werden sollten.

9 Vorbehalt von Herrn Papantoniou, der bemerkte, daß bei der Anwendung der Wettbewerbsregeln der Verträge die jeweiligen Gegebenheiten der einzelstaatlichen Wirtschaft berücksichtigt werden müßten.

10 Vorbehalt von Herrn Papantoniou, der betonte, daß in dem Text das Erfordernis einer Verstärkung der auf die wirtschaftliche Konvergenz gerichteten Politiken deutlicher hervorgehoben und ihr Anwendungsbereich umfassender definiert werden sollte.

11 Vorbehalt von Herrn Ruhfus. Er machte geltend, daß die wirtschaftliche Konvergenz ihrem Wesen nach eine Konvergenz der Wirtschaftspolitiken sei, mit der die in Artikel 104 des Vertrags zur Gründung der Europäischen Wirtschaftsgemeinschaft aufgeführten Ziele verwirklicht werden sollten. Sie werde somit zur Verbesserung der Lebensbedingungen in den einzelnen Mitgliedstaaten beitragen. Auf dieser Grundlage müßten Tendenzen zur Ungleichheit aktiv bekämpft und strukturelle Ungleichgewichte in der Gemeinschaft verringert werden. Herr van Eekelen hat sich den Argumenten von Herrn Ruhfus angeschlossen.

12 Vorbehalt von Herrn Herman, der diesen zweiten Absatz durch einen Aufruf zu mehr Kohärenz zwischen den Wirtschaftspolitiken der Mitgliedstaaten ersetzen möchte, die eine bessere Garantie für die Verringerung der Unterschiede im Lebensstandard wäre.

13 Vorbehalt von Herrn Papantoniou, der meinte, daß bei der Einführung dieser Politiken die jeweiligen Gegebenheiten der einzelstaatlichen Wirtschaft berücksichtigt werden sollten.

14 Vorbehalt von Herrn Papantoniou, der meinte, daß bei der Einführung dieser Politiken die jeweiligen Gegebenheiten der einzelstaatlichen Volkswirtschaften berücksichtigt werden sollten.

15 Vorbehalt von Herrn Ruhfus, der betonte, daß für die Entwicklung der ECU zur internationalen Reservewährung gegenwärtig noch wichtige Voraussetzungen fehlen. Eine Stärkung der Rolle des EFWZ setzt zunächst weitere Fortschritte in der wirtschaftspolitischen Konvergenz sowie deren institutionelle Absicherung voraus.

16 Herr Møller ist der Auffassung, daß die vom Europäischen Rat in Fontainebleau beschlossene Anhebung des Mehrwertsteuerplafonds kaum für neue Gemeinschaftspolitiken ausreichen dürfte. Der Umfang der zusätzlichen Mittel müsse bestimmt werden durch die Notwendigkeit, die bestehenden Gemeinschaftspolitiken fortzusetzen und neue Politiken zu entwickeln, insbesondere in den Bereichen Forschung und Technologie.

17 Herr Ferri vertrat die Auffassung, daß in diesem Zusammenhang ausdrücklich die Kulturen der Minderheiten erwähnt werden sollten, deren Schutz eine Errungenschaft des modernen pluralen demokratischen Systems ist.

18 Herr Møller legte einen allgemeinen Vorbehalt zu diesem Punkt ein. Er vertrat die Ansicht, daß anstelle von Strukturveränderungen eine neue pragmatische Weiterentwicklung der Europäischen Politischen Zusammenarbeit auf der bestehenden Grundlage, die sich bereits bewährt hat, erforderlich wäre, insbesondere im Zusammenhang mit der Sicherheit sollte diese Frage auf die wirtschaftlichen und politischen Aspekte beschränkt werden.

19 Vorbehalt von Herrn Papantoniou, der vorgeschlagen hat, diesen Satz durch folgenden Text zu ersetzen: „Ziel der Europäischen Politischen Zusammenarbeit muß das systematische Bemühen um gemeinsame Standpunkte in Fragen der Außenpolitik bleiben."

20 Herr Papantoniou legte einen Vorbehalt gegen die Punkte 1, 2, 3 und 4 des Abschnitts über die Außenpolitik ein: Er sprach sich dafür aus, daß der informelle Charakter der derzeitigen politischen Zusammenarbeit beibehalten wird und betonte die Bedeutung des Konsens bei der Suche nach gemeinsamen Standpunkten.

21 Herr Dooge kann die Aufnahme des Abschnitts „Sicherheit und Verteidigung" nicht akzeptieren.

22 Vorbehalt von Herrn Papantoniou, der vorgeschlagen hat, Punkt 1 durch folgenden Text zu ersetzen: „die bereits bestehenden Organisationen (denen nicht alle Partner der Europäischen Gemeinschaft angehören), wie das Atlantische Bündnis und die Westeuropäische Union".

23 Vorbehalt von Herrn Papantoniou, der vorgeschlagen hat, die Worte „das Atlantische Bündnis" zu streichen und den Satz entsprechend anzupassen.

24 Vorbehalt von Herrn Møller gegen diese Kapitel. Herr Møller ist der Auffassung, daß die Probleme der Gemeinschaft nicht auf ein Versagen oder auf Unzulänglichkeiten der Institutionen des Gemeinschaftssystems zurückzuführen sind. Ganz im Gegenteil, es könne

gesagt werden, daß allmähliches Abweichen und Ausnahmen von diesen Grundprinzipien zusammen mit mangelndem politischen Willen die Ursache vieler heutiger Probleme seien. Folglich müßte das Gleichgewicht zwischen den Institutionen wieder hergestellt werden, wobei die in den Verträgen vorgesehene Aufteilung der Zuständigkeitsbereiche auf die verschiedenen Institutionen zu respektieren wäre.

25 Die Herren Faure, Ferri, Herman, Ripa di Meana, Ruhfus und van Eekelen haben diesem Text zugestimmt. Herr Dondelinger hat sich angeschlossen mit der Bemerkung, daß sich dieser Text am wenigsten von der derzeitigen Lage entferne.

26 Herr Dooge erklärte, er billige zwar die Grundsätze, auf denen dieser Text beruhe, könne den Text selbst aber nicht akzeptieren. Darin werde zwar die Möglichkeit, in Ausnahmefällen lebenswichtige Interessen geltend zu machen, nicht ausgeschlossen, jedoch werde seines Erachtens nicht ausdrücklich auf die Wahrung lebenswichtiger einzelstaatlicher Interessen in Ausnahmefällen verwiesen.

27 Herr Herman betonte, daß diese Vorschläge einen erheblichen Fortschritt gegenüber den Lösungen darstellten, die in dem Zwischenbericht des Ausschusses in bezug auf Abstimmung und Veto vorgesehen seien.

28 Die Herren Møller, Papantoniou und Rifkind haben diesem Text zugestimmt. Herr Rifkind ist außerdem der Auffassung, daß man zur Vermeidung von Mißbräuchen vorsehen müßte, daß jeder Mitgliedstaat, der unter diesem Blickwinkel eine Fortsetzung der Beratungen verlangt, im Rahmen eines besonderen Verfahrens des Rates in aller Form und ausführlich darlegen müßte, aus welchen Gründen seine Regierung meint, daß sehr wichtige Interessen auf dem Spiel stehen.

29 Vorbehalt von Herrn Møller.

30 Herr Rifkind ist der Auffassung, daß die übrigen Mitglieder des Kollegiums nach Konsultation des designierten Präsidenten von den Mitgliedstaaten designiert und dann im gegenseitigen Einvernehmen von den Regierungen der Mitgliedstaaten ernannt werden sollten.

31 Vorbehalt von Herrn Ruhfus, der geltend machte, daß diese Änderung den supranationalen Charakter der Kommission nicht verbessern und das innere Gleichgewicht, das sich seit der Gründung der Gemeinschaft bewährt habe, erheblich verändern würde.

32 Vorbehalt von Herrn Papantoniou, der vorgeschlagen hat, den Text der vier vorausgehenden Absätze durch folgenden Text zu ersetzen: „Zu diesem Zweck wird vorgeschlagen, daß der Präsident der Kommission einstimmig vom Europäischen Rat designiert und vor der Ernennung der übrigen Kommissionsmitglieder von den Regierungen der Mitgliedstaaten konsultiert wird. Die Kommission sollte sich aus einem Mitglied je Mitgliedstaat zusammensetzen".

33 Herr Rifkind hat einen Vorbehalt zu diesem Abschnitt eingelegt. Er ist der Meinung, daß das Europäische Parlament ermutigt werden sollte, im Rahmen seiner vertraglichen Befugnisse einen effizienteren Beitrag zum gemeinschaftlichen Beschlußfassungsprozeß zu leisten. Das Parlament müßte mehr von seinem Recht Gebrauch machen, Vorschläge für Gemeinschaftsmaßnahmen zu unterbreiten. Der Rat müßte das Parlament an den Maßnahmen, die im Anschluß an Entschließungen des Parlaments getroffen werden, beteiligen oder ihm die Gründe mitteilen, aus denen die Entschließung nicht berücksichtigt wird. Das Konzertierungsverfahren müßte verbessert und erweitert werden, insbesondere durch eine effizientere Konsultation zwischen Rat und Parlament in den ersten Phasen der Prüfung der Vorschläge.

34 Vorbehalt von Herrn Papantoniou. Er ist mit der gemeinsamen Beschlußfassung von Parlament und Rat im gesetzgeberischen Bereich nicht einverstanden und hat sich stattdessen für eine Verbesserung des Konzertierungsverfahrens und eine Ausweitung seines Geltungsbereichs ausgesprochen.

35 Vorbehalt von Herrn Papantoniou, der vorgeschlagen hat, den letzten Satz zu streichen.

36 Die Herren Papantoniou und Rifkind sind der Auffasung, daß über die in diesem Bericht enthaltenen Empfehlungen vor dem Europäischen Rat im Juni Konsultationen zwischen den Regierungen stattfinden müßten, damit auf der Juni-Tagung von den Regierungschefs Beschlüsse gefaßt werden können. Herr Møller teilt diese Auffassung, hat aber darauf hingewiesen, daß es nach dem Mandat des Ausschusses nicht Sache des Ausschusses ist, Empfehlungen für die Schlußfolgerungen vorzulegen, die der Europäische Rat aus diesem Bericht ziehen könnte.

Quelle: Bulletin der EG, 3/1985, S. 117–127.

Dokument Nr. 13

Entwurf eines Vertrages über die Europäische Union, von den Regierungen der Bundesrepublik Deutschland und Frankreichs den Regierungen der EG-Mitgliedstaaten auf der Tagung des Europäischen Rates in Mailand am 28. und 29. Juni 1985 vorgelegt

Präambel

Die Unterzeichnerstaaten –

in dem Willen, das auf der Grundlage der Verträge zur Gründung der Europäischen Gemeinschaften begonnene Werk fortzuführen und die Gesamtheit der Beziehungen zwischen ihren Staaten ohne weitere Verzögerung in eine Europäische Union umzuwandeln,

in dem Bewußtsein, daß Europa die Verantwortung zukommt, so oft wie möglich geschlossen mit einer Stimme zu sprechen, um seine gemeinsamen Interessen wirksamer durchzusetzen, Frieden und Freiheit besser zu sichern und den demokratischen Grundsätzen und der Achtung des Rechts, dem sie sich verpflichtet fühlen, in besonderem Maße Geltung zu verschaffen,

in der Überzeugung, daß die fortschreitende Einigung Europas, so wie sie in der Feierlichen Deklaration von Stuttgart beschlossen wurde, in Freiheit und Vielfalt zur Behauptung seiner Unabhängigkeit und zur Wahrung der großen Gleichgewichte in der Welt beiträgt,

entschlossen, die Europäische Union zu verwirklichen, von der dieser Vertrag eine neue Stufe darstellt, ausgehend von den Gemeinschaften, die nach ihren eigenen Regeln funktionieren, wie auch von der Politischen Zusammenarbeit zwischen den Unterzeichnerstaaten, und sie mit den nötigen Instrumenten zum Handeln auszustatten,

entschlossen, dem Europäischen Rat von seiner nächsten Sitzung an die Bezeichnung Rat der Europäischen Union zu geben und ihm ein Generalsekretariat zur Seite zu stellen

sind wie folgt übereingekommen:

Artikel 1

Die Unterzeichnerstaaten setzen sich zum Ziel, schrittweise eine europäische Außenpolitik zu verwirklichen.

Artikel 2

1) Die Unterzeichnerstaaten verpflichten sich,
- einander in allen wichtigen außenpolitischen Fragen, die für alle von Interesse sind, regelmäßig zu konsultieren und zu unterrichten;
- untereinander eine weitgehende Übereinstimmung der Standpunkte herbeizuführen und ihre Positionen im Hinblick auf gemeinsame Maßnahmen in den internationalen Beziehungen anzugleichen.

2) Diese Konsultationen finden statt, ehe die Unterzeichnerstaaten ihre endgültige Haltung festlegen.

3) Die Festlegung gemeinsamer Standpunkte bildet einen Bezugspunkt für ihre Politik. Um diesen Tätigkeitsbereich auszubauen, stellen sie weiterhin zunehmend fest, welches ihre gemeinsamen Grundsätze, Interessen und Ziele sind.

Artikel 3

Die Arbeit der Politischen Zusammenarbeit steht unter der allgemeinen Leitung des Rates der Europäischen Union. Die Außenminister treten mindestens viermal jährlich zusammen. Sie konsultieren einander auch anläßlich der Ministerräte der Gemeinschaft über außenpolitische Fragen.

Artikel 4

Die Unterzeichnerstaaten stellen ein Höchstmaß an Kohärenz zwischen der Außenpolitik der Europäischen Gemeinschaften und den in der Europäischen Politischen Zusammenarbeit vereinbarten Politiken sicher. Zu diesem Zweck nimmt die Kommission an allen Treffen der Politischen Zusammenarbeit teil. Um diese Kohärenz zu gewährleisten, sorgt die Präsidentschaft dafür, daß aus der Wechselwirkung zwischen den Gemeinschaftsangelegenheiten und den Angelegenheiten der Politischen Zusammenarbeit zahlreiche gemeinsame Aktionen hervorgehen.

Artikel 5

1) In den internationalen Institutionen und auf wichtigen internationalen Konferenzen, an denen die Unterzeichnerstaaten teilnehmen, werden diese nach Artikel 2 auf gemeinsame Positionen hinarbeiten.

2) Die Unterzeichnerstaaten bemühen sich um gemeinsame Positionen auch dort, wo in internationalen Institutionen und auf wichtigen internationalen Konferenzen nicht alle von ihnen vertreten sind. Diejenigen, die in solchen Gremien vertreten sind, berücksichtigen voll und ganz die im Rahmen der Europäischen Politischen Zusammenarbeit bereits vereinbarten Positionen.

Artikel 6

Die Unterzeichnerstaaten bringen immer, wenn sie es für zweckmäßig halten, ihre Kontakte zu Drittländern und regionalen Gruppierungen miteinander in Einklang.

Artikel 7

1) Die Unterzeichnerstaaten arbeiten darauf hin, die Zusammenarbeit zwischen ihren in Drittländern und bei internationalen Organisationen akkreditierten Auslandsvertretungen zu intensivieren, indem sie einander unterstützen und informieren.

2) Die Unterzeichnerstaaten prüfen die Möglichkeit einer gemeinsamen Vertretung bei den internationalen Wirtschaftsorganisationen, soweit eine solche nicht bereits besteht.

Artikel 8

1) Die Unterzeichnerstaaten stimmen darin überein, daß eine engere Zusammenarbeit in Fragen der europäischen Sicherheit wesentlich zur Entwicklung einer außenpolitischen Identität Europas beitragen würde. Sie bekräftigen ihre Bereitschaft, ihre Standpunkte zu den politischen und wirtschaftlichen Aspekten der Sicherheit vermehrt zu koordinieren.

2) Diejenigen Unterzeichnerstaaten, die eine engere Zusammenarbeit auf dem Gebiet der Sicherheit wünschen, werden dies im Rahmen der Westeuropäischen Union unter Beachtung der Rolle des Bündnisses und ihrer spezifischen Lage und Strategie innerhalb des Bündnisses tun.

3) Die Unterzeichnerstaaten betrachten diese Zusammenarbeit als Teil des europäischen Einigungsprozesses und sind der Auffassung, daß diese Abstimmung über die Zusammensetzung und den derzeitigen Rahmen der Westeuropäischen Union hinausreichen kann.

4) Die Unterzeichnerstaaten sind entschlossen, die für ihre Sicherheit nötigen technologischen und industriellen Bedingungen aufrechtzuerhalten. Zu diesem Zweck werden sie sowohl einzeln als auch, wo angemessen, durch die gemeinsamen Kooperationsinstitutionen arbeiten.

Artikel 9

Die Unterzeichnerstaaten unterstreichen die Bedeutung der Beteiligung des Europäischen Parlaments an der Politischen Zusammenarbeit. Sie verpflichten sich, die im Londoner Bericht und der Feierlichen Deklaration zur Europäischen Union vorgesehenen Bestimmungen über die Beziehungen zum Europäischen Parlament voll anzuwenden und möglichst auszubauen. Insbesondere kann die Präsidentschaft bei Bedarf besondere Informationstreffen über die Tätigkeit der Europäischen Politischen Zusammenarbeit abhalten.

Artikel 10

1) Die Präsidentschaft in der Politischen Zusammenarbeit wird von dem Unterzeichnerstaat übernommen, der die Präsidentschaft in den Gemeinschaften innehat. Sie wird durch ein Generalsekretariat des Rates der Europäischen Union mit ständigem Sitz am Hauptarbeitsort der Gemeinschaft unterstützt.

2) Das Generalsekretariat steht unter der Leitung des mit der Europäischen Politischen Zusammenarbeit beauftragten Generalsekretärs der Europäischen Union, der vom Rat der Europäischen Union für vier Jahre bestellt wird.

3) Die übrigen Mitglieder des Generalsekretariats werden für zwei Jahre von den Außenministern der Unterzeichnerstaaten ernannt.

4) Hauptaufgabe dieses Generalsekretariats ist es, die Präsidentschaft bei der Gewährleistung der Kontinuität der Politischen Zusammenarbeit zwischen den Unterzeichnerstaaten und der Kohärenz der Politischen Zusammenarbeit mit den Standpunkten der Gemeinschaft zu unterstützen.

Artikel 11

Der Generalsekretär genießt die im Wiener Übereinkommen niedergelegten Vorrechte und Immunitäten. Der Status der übrigen Mitarbeiter des Sekretariats richtet sich nach den für die Beamten der europäischen Behörden geltenden Bestimmungen.

Unterzeichnung und Inkrafttreten

Die üblichen Schlußklauseln über Unterzeichnung, Inkrafttreten, Revision und so weiter würden hinzugefügt werden.

Quelle: Presse- und Informationsdienst der Bundesregierung, 28.6.1985.

Dokument Nr. 14

Entwurf eines Mandats für die zwischenstaatliche Konferenz, von der italienischen Regierung den Regierungen der EG-Mitgliedstaaten auf der Tagung des Europäischen Rates in Mailand am 28. und 29. Juni 1985 vorgelegt

Die Regierungen

sind der Auffassung, daß die Zeit für einen neuen und entscheidenden Schritt in Richtung auf den Bau Europas gekommen ist, der dem Ziel der Schaffung einer echten politischen Einheit, der Europäischen Union, dient.

Sie sind der Auffassung, daß dies durch eine noch größere Annäherung ihrer Volkswirtschaften, die Ausdehnung ihrer Zusammenarbeit auf neue Bereiche, die systematische Formulierung und Anwendung einer gemeinsamen Außenpolitik sowie die Stärkung und Überprüfung der Ausgewogenheit der institutionellen Strukturen geschehen soll. Schritte in Richtung auf eine verstärkte Integration erscheinen unerläßlich, damit die Europäer einen höheren Lebensstandard genießen können und Europa sein Gewicht, seinen Einfluß und sein Ansehen in der Welt vermehren kann, um so einen größeren Beitrag zu Frieden und internationaler Solidarität zu leisten. Von besonderer Bedeutung ist, daß die Entwicklungsländer Europa als ein geeignetes politisches Ganzes sehen, das bereit ist, mit ihnen in immer mehr Bereichen zusammenzuarbeiten.

Die Staats- und Regierungschefs haben daher unter Berücksichtigung der Schlußfolgerungen des Berichts des Dooge-Ausschusses und der Feierlichen Deklaration zur Europäischen Union von Stuttgart und getragen vom Geist und Inhalt des vom Europäischen Parlament verabschiedeten Vertragsentwurfs folgende Ziele vereinbart:

A. Die Schaffung eines homogenen Binnenwirtschaftsraums durch
1) die Vollendung des Binnenmarktes im Wege des raschen Abbaus aller Hindernisse, die der Freizügigkeit, dem freien Waren-, Dienstleistungs- und Kapitalverkehr noch entgegenstehen;
2) die Stärkung der Wettbewerbsfähigkeit der europäischen Wirtschaft durch die Abschaffung von wettbewerbsverzerrenden Maßnahmen und eine größere

Transparenz der gewerblichen Tätigkeit einschließlich der vom Staat und mit staatlicher Beteiligung ausgeübten Tätigkeiten;

3) die Förderung der wirtschaftlichen Konvergenz mit dem Ziel einer allmählichen Überwindung der zwischen den Regionen der Gemeinschaft bestehenden strukturellen Ungleichgewichte;
4) die Schaffung einer Technologiegemeinschaft durch verstärkte technologische und finanzielle Zusammenarbeit und Koordinierung, damit die Gemeinschaft den neuen Erfordernissen im Bereich der Produktion, wissenschaftlichen Forschung und der Organisation der Arbeit in angemessener Weise gerecht werden kann und damit gemeinsame Aktionsprogramme durchgeführt und die mit den verschiedenen Forschungsprojekten zusammenhängenden Informationen, Materialien und Ergebnisse ungehindert verbreitet werden können;
5) die Stärkung des Europäischen Währungssystems mit dem Ziel seiner vollen Verwirklichung;
6) die Mobilisierung der Mittel, die zur Erreichung der in diesem Mandat aufgestellten Ziele benötigt werden.

B. Die Förderung der gemeinsamen Werte unserer Zivilisation durch Maßnahmen, die der Erhaltung und dem Schutz der Umwelt, der allmählichen Verwirklichung eines europäischen Sozialraums und eines europäischen Rechtsraums sowie der Verbreitung des gemeinsamen Kulturerbes dienen.

C. Verfolgung einer gemeinsamen Außenpolitik durch die Verbesserung der Strukturen der Politischen Zusammenarbeit und deren Ausdehnung auf die Sicherheit.

Diese Ziele sind nur zu erreichen, wenn die Institutionen erneuert und gefestigt werden. Insbesondere wird es darum gehen,

a) den Entscheidungsprozeß des Rates und seiner Gremien zu verbessern und zunehmend zu Mehrheitsbeschlüssen zu gelangen;
b) der Kommission wieder eine wirksame Rolle bei der Vorlage von Vorschlägen, der Durchführung von Beschlüssen und Wahrnehmung ihrer Leitungsfunktionen zuzuweisen;
c) das Europäische Parlament mit effektiven Mitbestimmungsbefugnissen und fest umrissenen Rechtsgebieten auszustatten, seine Befugnisse in Haushaltsangelegenheiten neu zu definieren und ihm das Recht zu gewähren, über die Einsetzung der Kommission abzustimmen;
d) die Einheit des institutionellen Gefüges durch die Formalisierung der Politischen Zusammenarbeit wiederherzustellen;
e) die in folgenden Bereichen bereits angewandte Politik weiter zu stärken: Landwirtschaft, Wirtschafts- und Währungspolitik, Regionalpolitik, Verkehrspolitik, Sozialpolitik, Wettbewerbspolitik und Außenbeziehungen;
f) die Politik der Gemeinschaft auf folgende neue Bereiche auszudehnen: Kultur, Gesundheit, neue Technologien, Jugend, Umwelt und Kampf gegen Drogen und das organisierte Verbrechen.

Diese Ziele müssen schrittweise in einer Folge von Übergangszeiträumen verwirklicht werden.

Die Regierungen haben beschlossen, folgendes Verfahren anzuwenden:

1. Eine zwischenstaatliche Konferenz wird einberufen, die einen Vertrag über die schrittweise Verwirklichung der Europäischen Union aushandeln soll. Dieser Vertrag wird sich nicht nur auf die Bereiche erstrecken, in denen die Gemeinschaft bereits tätig ist oder tätig werden wird, sondern auch auf alle Formen zwischenstaatlicher Zusammenarbeit, die für den Aufbau der Union von Bedeutung sind.
2. An der Konferenz werden die Mitgliedstaaten der Europäischen Gemeinschaften, Spanien und Portugal – unabhängig vom Stand der Ratifikationsverfahren – und die Kommission teilnehmen. Das Europäische Parlament wird in geeigneter Weise an der Arbeit beteiligt, und die Schlußfolgerungen der Konferenz werden ihm vorgelegt.
3. Die Delegationen der Mitgliedstaaten werden zahlenmäßig begrenzt sein und vom jeweiligen Außenminister geleitet.
4. Die Konferenz wird ihre Schlußfolgerungen bis zum 30. November 1985 vorlegen, so daß die Staats- und Regierungschefs auf der Tagung des Europäischen Rats am 3. und 4. Dezember 1985 die notwendigen Beschlüsse fassen können.

Quelle: Europa-Archiv, 40. Jg. 1985, Folge 16, D 452f.

Dokument Nr. 15

Schlußfolgerungen des Vorsitzes des Europäischen Rates über die 31. Tagung des Europäischen Rates in Mailand am 28. und 29. Juni 1985 (Auszug)

Institutionelle Fragen

Der Europäische Rat hatte eine umfassende Aussprache über die Vorschläge des in Fontainebleau geschaffenen Ad-hoc-Ausschusses für institutionelle Fragen und über den Mandatsentwurf des italienischen Vorsitzes, insbesonders über die Verbesserung des Beschlußfassungsprozesses im Rat, die Stärkung der Rolle des Europäischen Parlaments, die Verwaltungsbefugnisse der Kommission und die Intensivierung der politischen Zusammenarbeit im Gesamtrahmen des Übergangs zur Europäischen Union.

Er bestätigte die Notwendigkeit, die Funktionsweise der Gemeinschaft zu verbessern, damit die Ziele, die er sich insbesondere in bezug auf die Vollendung des Binnenmarkts bis 1992 und die Maßnahmen zur Förderung des Europas der Technologie gesetzt hat, verwirklicht werden.

Der Europäische Rat hat zur Kenntnis genommen, daß der Präsident des Rates Vorschläge zur Verbesserung des Beschlußfassungsverfahrens des Rates, der Ausübung der Verwaltungsbefugnisse der Kommission und der Befugnisse des Europäischen Parlaments vorlegen wird, die so bald wie möglich genehmigt werden sollten.

Der Europäische Rat hat eine eingehende Aussprache über die Frage der Einberufung einer Konferenz zur Herbeiführung konkreter Fortschritte auf dem Weg zur Europäischen Union geführt, auf der folgendes erarbeitet werden soll:

- Ein Vertrag über eine gemeinsame Außen- und Sicherheitspolitik auf der Grundlage des deutsch-französischen sowie des britischen Entwurfs;
- die Änderungen des EWG-Vertrages, die gemäß Artikel 236 des Vertrages zur Durchführung der institutionellen Anpassung erforderlich sind, die das Beschlußfassungsverfahren des Rates, die Exekutivbefugnis der Kommission und die Befugnisse des Europäischen Parlaments betreffen sowie die Erfassung neuer Tätigkeitsbereiche gemäß den Vorschlägen, wie anderweitig schon dargelegt, des Dooge-Ausschusses und des Adonnino-Ausschusses, und auch unter Berücksichtigung gewisser Aspekte des Kommissionsvorschlags für die Freizügigkeit der Personen.

Der Präsident hat festgestellt, daß die erforderliche Mehrheit für die Einberufung einer derartigen Konferenz im Sinne von Artikel 236 des Vertrages gegeben ist. Die spanische und die portugiesische Regierung werden zur Teilnahme an dieser Konferenz eingeladen. Die belgische, die deutsche, die französische, die irische, die italienische, die luxemburgische und die niederländische Regierung haben sich für die Abhaltung dieser Konferenz ausgesprochen.

Der Vorsitz wird daher die für die Einberufung dieser Konferenz erforderlichen Vorkehrungen treffen, um das Ergebnis den Staats- bzw. Regierungschefs auf der Tagung des Europäischen Rates in Luxemburg zur Entscheidung zu unterbreiten.

Europa der Bürger

Der Europäische Rat hat dem Ad-hoc-Ausschuß für das Europa der Bürger sowohl für seinen ursprünglichen Bericht als auch für den in Mailand vorgelegten Schlußbericht gedankt, die beide zahlreiche konkrete Maßnahmen enthalten, mit denen gewährleistet werden soll, daß die europäischen Bürger mit immer größerer Überzeugung für den Aufbau Europas eintreten.

Was den Schlußbericht betrifft, so hat der Europäische Rat zu den darin enthaltenen Vorschlägen seine Zustimmung erteilt. Diese Vorschläge betreffen u.a. die Rechte der Bürger, Kultur, Jugend, Bildung und Sport. Der Europäische Rat hat die Kommission und die Mitgliedstaaten beauftragt, jeweils für ihren Zuständigkeitsbereich die für die Durchführung erforderlichen Vorkehrungen zu treffen; er hat den Rat gebeten, ihm für seine Tagung im Dezember über den Stand der Arbeiten Bericht zu erstatten.

Der Europäische Rat hat die im französischen Memorandum über das Europa der Bürger enthaltenen Anregungen, die die gleichen Ziele haben, festgehalten und dabei die Teile dieses Dokuments hervorgehoben, die die Jugend, die Kultur und die Gesundheit betreffen. In dieser Hinsicht hat der Europäische Rat betont, daß es von Interesse wäre, ein europäisches Aktionsprogramm gegen den Krebs in Gang zu bringen.

Hinsichtlich der im ursprünglichen Bericht enthaltenen und vom Europäischen Rat im März dieses Jahres genehmigten Maßnahmen hat sich der Europäische Rat wegen der Verzögerung bei ihrer Durchführung besorgt gezeigt und den Rat, die Mitgliedstaaten und die Kommission aufgefordert, in ihrem jeweiligen Zuständigkeitsbereich die Entscheidungen zu treffen, die für eine möglichst rasche Behebung dieser Situation erforderlich sind. (. . .)

Quelle: Bulletin der EG 6/1985, S. 14f.

Dokument Nr. 16

Entschließung des Europäischen Parlaments vom 9. Juli 1985 mit Stellungnahme zur Einberufung einer Regierungskonferenz der Mitgliedstaaten, wie sie am 28. Juni 1985 vom Europäischen Rat beschlossen wurde

Das Europäische Parlament, (. . .)

– in Kenntnis der Schlußfolgerungen des Europäischen Rates und insbesondere des folgenden Beschlusses:
  Der Europäische Rat hat eine eingehende Aussprache über die Frage der Einberufung einer Konferenz zur Herbeiführung konkreter Fortschritte auf dem Weg zur Europäischen Union geführt, auf der folgendes erarbeitet werden soll:
  – ein Vertrag über eine gemeinsame Außen- und Sicherheitspolitik auf der Grundlage des deutsch-französischen sowie des britischen Entwurfs.
  – die Änderungen des EWG-Vertrages, die gemäß Artikel 236 des Vertrages zur Durchführung der institutionellen Anpassungen erforderlich sind, die das Beschlußfassungsverfahren des Rates, die Exekutivbefugnis der Kommission und die Befugnisse des Europäischen Parlaments betreffen sowie die Erfassung neuer Tätigkeitsbereiche gemäß den Vorschlägen, wie anderweitig schon dargelegt, des Dooge-Ausschusses und des Adonnino-Ausschusses, und auch unter Berücksichtigung gewisser Aspekte des Kommissionsvorschlags für die Freizügigkeit der Personen.
  Der Präsident hat festgestellt, daß die erforderliche Mehrheit für die Einberufung einer derartigen Konferenz im Sinne von Artikel 236 des Vertrags gegeben ist. Die spanische und die portugiesische Regierung werden zur Teilnahme an dieser Konferenz eingeladen. Die belgische, die deutsche, die französische, die irische, die italienische, die luxemburgische und die niederländische Regierung haben sich für die Abhaltung dieser Konferenz ausgesprochen.
  Der Vorsitz wird daher die für die Einberufung dieser Konferenz erforderlichen Vorkehrungen treffen, um das Ergebnis den Staats- bzw. Regierungschefs auf der Tagung des Europäischen Rates in Luxemburg zur Entscheidung zu unterbreiten.
– unter Hinweis auf seine Entschließungen vom 12. Dezember 1984, 17. April 1985 und 12. Juni 1985 sowie auf die Erklärung seines Erweiterten Präsidiums vom 27. Juni in Mailand,
– gestützt auf Artikel 236 des EWG-Vertrags,
– in Kenntnis des Berichts seines Institutionellen Ausschusses (Dok. A2-77/85);

1. erklärt sich solidarisch mit allen Bürgern Europas sowie ihren Gemeinde- und Regionalvertretern, die sich in Mailand versammelt hatten, um die Auffassungen des Parlaments zu unterstützen;

2. stellt fest, daß der Europäische Rat trotz langer und sorgfältiger Vorbereitungen keine allgemeine Übereinstimmung erzielen konnte, um die notwendigen Beschlüsse für einen wirklichen europäischen Wiederaufschwung in den untrennbar miteinander verbundenen Bereichen der Kompetenzen, der gemeinsamen Politiken und der institutionellen Reformen zu fassen;

3. bringt seine Befriedigung darüber zum Ausdruck, daß der Vorsitz des Europäischen Rates dennoch eine völlige Beschlußunfähigkeit vermeiden konnte und daß der Europäische Rat in seiner Mehrheit beschlossen hat, in kürzester Frist eine Regierungskonferenz einzuberufen, die beauftragt ist, eine institutionelle Reform betreffend die Befugnisse des Europäischen Parlaments, die Exekutivgewalt der Kommission, das Entscheidungsverfahren des Rates und die Erweiterung der gegenwärtigen Kompetenzen der Gemeinschaft zu erarbeiten;

4. ist erfreut über die hierzu positive Haltung der spanischen und portugiesischen Regierung und über die Tatsache, daß sie eingeladen sind, an den Arbeiten der Regierungskonferenz teilzunehmen;

5. mißbilligt den Mangel an Kohärenz und an Realismus im Vorgehen des Rates, wenn er insbesondere für folgende Probleme vier verschiedene Typen von Verfahren vorschlägt:

- eine Änderung der bestehenden Verträge,
- die Ausarbeitung eines neuen Vertrags für die politische Zusammenarbeit,
- die notwendigen Reformen für die Vollendung des Binnenmarktes,
- das Europa der Technologie (ein außerhalb des Gemeinschaftsrahmens liegendes Verfahren);

6. wiederholt energisch, daß eine echte Reform der Gemeinschaft und der politischen Zusammenarbeit einen Vertrag erfordert, der die Gesamtheit der Gemeinschaftspolitiken und der für ihre effiziente und demokratische Verwirklichung notwendigen Institutionen umfaßt;

7. stellt fest, daß die im Mandat des Europäischen Rates an die Konferenz nur pauschal und andeutungsweise genannten Reformen im Bereich der Institutionen und der Kompetenzen alle mit der notwendigen juristischen Präzision im Entwurf des Parlaments formuliert sind, und daß deshalb dieser Entwurf, sein Geist und seine Methode den Ausgangspunkt der Arbeiten der Konferenz darstellen müssen, ganz gleich, welche endgültige Form des Entwurfs aus ihr hervorgeht;

8. fordert als legitimer Vertreter der Gesamtheit der europäischen Bürger nachdrücklich, als mit der Konferenz der Vertreter der Staaten gleichrangiger Partner an der Formulierung und Annahme des Vertragsentwurfs beteiligt zu werden, bevor er den nationalen Ratifizierungsverfahren unterzogen wird;

9. spricht sich auf diesen Grundlagen für die Einberufung der Regierungskonferenz aus und wünscht ihren Erfolg, fordert jedoch im Falle des Nichtzustandekommens der Einstimmigkeit die Regierungen der den Entwurf befürwortenden Mitgliedstaaten zur Ausarbeitung und Annahme des Vertrags über die Union auf;

10. verlangt, daß in diesem Fall die Staaten, die der Union nicht haben beitreten können, das Recht behalten, Mitglied zu werden, ohne daß es dafür neuer Verhandlungen bedarf, und daß im Einvernehmen zwischen der Union und den betroffenen Staaten einstweilige Regelungen getroffen werden, um möglichst enge Beziehungen zwischen diesen Staaten und der Union zu erhalten;

11. fordert die Kommission förmlich auf, bei dieser Konferenz die mehrfach vom Europäischen Parlament gemachten Vorschläge zu unterstützen und sie mit der größten Festigkeit zu vertreten;

12. warnt den Rat vor der Gefahr für das Überleben der Gemeinschaft, falls die notwendigen Reformen durch seine Weigerung, den Vorschlägen und Forderungen des Europäischen Parlaments nachzukommen, weiter hinausgezögert werden;

13. beauftragt seinen Präsidenten, diese Entschließung den Regierungen und Parlamenten der zwölf Staaten, die an der Konferenz teilnehmen werden, sowie dem Rat und der Kommission zu übermitteln.

Quelle: Europäisches Parlament (Hrsg.), Zweite Wahlperiode, Texte vom Europäischen Parlament angenommen, Juli 1985, S. 10/11.

Dokument Nr. 17

Rede von Kommissionspräsident Jacques Delors vom 9. Juli 1985 vor dem Europäischen Parlament zu den Ergebnissen der Tagung des Europäischen Rates in Mailand (Auszüge)

Nunmehr liegt der Europäische Rat von Mailand hinter uns. Wie ist er zu bewerten, welches sind die Zukunftsaussichten?

Zunächst die positiven Aspekte. Nach meinem Dafürhalten bewirkte der Europäische Rat von Mailand, wie übrigens auch die Ereignisse in der Gemeinschaft in diesen letzten Monaten, eine breitere, umfassendere und ernsthaftere Bewußtseinsbildung gegenüber den Herausforderungen, vor die sich Europa im wesentlichen auf wirtschaftlicher Ebene gestellt sieht. Es zeichneten sich da Konvergenzen ab, die genutzt werden müssen und von denen ich hoffe, daß wir sie werden nutzen können. Auf der Ebene des Beschlußfassungs- und Aktionsprozesses kam es zu einer Debatte zwischen denen, die man als „Pragmatiker" bezeichnet, die einen Schritt nach vorne getan hatten und zugaben, daß der Beschlußfassungsprozeß verbesserungsbedürftig ist, einerseits und andererseits den sogenannten „Institutionalisten", die das als unzureichend ansahen. Ohne ironisch sein zu wollen, kann ich sagen, daß, hätte dieses Mailänder Gipfeltreffen zwei Jahre später stattgefunden, vielleicht die Vorstöße der einen und der Realismus der anderen aufeinander zugekommen wären und man so den Zusammenstoß vermieden hätte, zu dem es gekommen ist. Aber es gibt, glaube ich, einen Punkt, der für die einen wie die anderen ausschlaggebend war, nämlich das tagtägliche soziologische Modell der Gemeinschaft bei ihrer Beschlußfassung. Von hundert Beschlüssen, die zur Vorlage an den Rat anstehen, bedürfen fünfundvierzig einer einstimmigen Abstimmung und fünfundfünfzig einer Abstimmung mit qualifizierter Mehrheit.

Nun, meine Damen und Herren Abgeordneten, beim derzeitigen Stand der Dinge vollzieht sich die Vorbereitung der Beschlüsse in einem wie im anderen Falle im gleichen Geiste: unter der Zwangsvorstellung der Einstimmigkeit. Diese „Logik" gilt es zu brechen. Und leider, glaube ich, kann man sie nur brechen, indem man gewisse Artikel des Vertrags ändert.

Deshalb habe ich, den bevorstehenden Bruch voraussehend, im Namen der Kommission einen Vorschlag in zwei Etappen unterbreitet. Ich haben den Staats- und Regierungschefs gesagt: Erklären Sie sich dazu bereit, daß drei Artikel des Vertrages geändert werden. Artikel 57, Absatz 2, über die Aufnahme und Ausübung selbständiger Tätigkeiten, Artikel 99, über die Harmonisierung der Besteuerung und Artikel 100, der es erlauben würde, die Aufhebung der Schranken und den großen Markt zu verwirklichen. Und dies habe ich ihnen nach einer Formel vorgeschlagen, die das unter einen Hut brachte, was ich als Demokratie und Wirksamkeit bezeichnen möchte. Demokratie, weil das Europäische Parlament die Befugnis erhalten hätte zu entscheiden, daß im Rat von der Einstimmigkeit zum Mehrheitsbeschluß übergegangen wird. Auf diese Weise würde dem Europäischen Parlament die Möglichkeit gegeben, genau auf der Linie des Vertrags von Rom im Sinne der Integration zu wirken. Gleichzeitig jedoch wäre durch den Übergang zum Mehrheitsbeschluß der Entscheidungsprozeß erleichtert worden.

In einer zweiten Etappe könnte eine Regierungskonferenz abgehalten werden, um die übrigen Probleme zu prüfen. Diesen Vorschlag hat die Kommission unterbreitet, weil sie fürchtete, daß es in der Folge unvermeidlich zum Bruch kommen würde. Einem Bruch, der im übrigen, sagen wir es unumwunden, nicht ohne eine gewisse Flucht nach vorne erfolgt. Aber ich muß sagen, daß dieser Vorschlag keinerlei Erfolg hatte, wahrscheinlich, weil jeder schon mit seiner Strategie oder mit seinen eigenen Sorgen beschäftigt war. So kommen wir also zu den Beschlüssen, die gefaßt wurden.

Ich möchte sie hier mit wenigen Worten unter drei Rubriken abhandeln: die Regierungskonferenz, die Stärkung der europäischen Wirtschaften, denn die getroffenen Entscheidungen sind global gesehen positiv, und schließlich die Ausweitung der Gemeinschaftskompetenz.

Was die Regierungskonferenz betrifft, so haben weder Sie noch wir erlangt, was wir uns erhofft hatten, nämlich daß sie mit einem präzisen Mandat innerhalb einer kurzen Frist ausgestattet werde. Das war nicht der Fall, aber ich meine, wenn diese Konferenz nicht Ende Oktober abgeschlossen wird und ihre Vorschläge unter der luxemburgischen Präsidentschaft vorlegt werden, steht zu befürchten, daß sie sich über drei oder vier Jahre hinzieht und daß man uns während dieses Zeitraums jedesmal, wenn ein Fortschritt in der Gemeinschaft gemacht werden soll, sagt: Warten Sie doch das Ergebnis der Regierungskonferenz ab! Das ist nicht realistisch, das ist unklug.

Trotzdem habe ich den Eindruck, daß (. . .) alsbaldige Verbesserungen zu erwarten sind. Gewisse Beschlüsse könnten mit einfacher Mehrheit gefaßt werden. Die Geschäftsordnung erlaubt eine derartige Abstimmung im Rat. Andere Beschlüsse könnten einstimmig getroffen werden, wobei die Stimmenthaltung kein Hindernis für die einstimmige Annahme mehr bilden würde. Es verbleiben noch die Verbesserungen, für die es einer Änderung des Vertrages bedarf: häufigerer Rückgriff auf die Mehrheitsabstimmung und Behandlung des vitalen Interesses; engere Beteiligung des Europäischen Parlaments; mehr Möglichkeiten für die Kommission, Vorschläge zu machen und zu handeln. Die Kommission verlangt keine zusätzlichen Befugnisse. Sie verlangt, handeln zu können und nicht jeden Tag in den Sümpfen der grauen Zone zwischen Rat und Kommission steckenzubleiben, in denen aus den Hauptstädten angereiste Beamte jeden Fortschritt verhindern und bisweilen sogar dem zuwiderhandeln, was ihre Regierungschefs beschlossen haben. (. . .)

Sofortige Verbesserungen also noch vor der Regierungskonferenz, Verbesserungen, die einer Änderung des Vertrages bedürfen, und schließlich Erweiterung der Gemeinschaftsbefugnisse.

Unter diesem Gesichtswinkel bestehen zwei recht unterschiedliche Aspekte. Es gibt da die Probleme, die von der Gemeinschaft gegenwärtig nicht erfaßt werden: die Menschenrechte, das Erziehungswesen, das Gesundheitswesen, und sodann ist da die politische Zusammenarbeit, vielleicht mit einem gesonderten Vertrag, und die von mir bereits erwähnte Frage des politischen Sekretariats.

Ich möchte Ihnen sagen, meine Damen und Herren Abgeordneten, daß, wenn der Ministerrat zwei Konferenzen beschließen sollte, eine über die politische Zusammenarbeit, zu der die Kommission nicht eingeladen würde, und die andere über die Themen des Vertrages, ich Ihnen nicht garantiere, daß die Kommission an der zweitgenannten Konferenz teilnimmt. Denn damit hätte man bereits bekundet, daß wir uns nicht mehr auf der Linie des Vertrages und dessen, was angestrebt wurde, befinden. Es ist ganz gut, wenn das einmal gesagt wird. Selbstverständlich werde ich die Kommission konsultieren, aber ich glaube, daß das ein sehr wichtiger Punkt ist; die Schaffung zweier Regierungskonferenzen würde bereits das Auseinanderbrechen der Gemeinschaft bedeuten.

Was die Stärkung der europäischen Wirtschaften betrifft, so glaube ich, trotz der von mir angemeldeten Vorbehalte, daß hinsichtlich des Binnenmarktes das Vorgehen der Kommission in Betracht gezogen wurde. Wir werden Vorschläge unterbreiten. Die luxemburgische Präsidentschaft wird uns, das weiß ich, beträchtlich helfen. Bei der technologischen Zusammenarbeit werden wir zugleich unsere Zusammenarbeit mit Eureka und die Weiterführung, ja ich möchte sogar sagen die Beschleunigung der Gemeinschaftsaktionen betreiben, unter Vermeidung von Doppelarbeit und mit der Betonung auf der Gemeinschaftsdimension, wie ich Ihnen bereits gesagt habe. Es steht ein wichtiges Treffen in Luxemburg bevor, vielleicht ist dies unbemerkt geblieben, aber das entspricht dem Wunsch vieler Staats- und Regierungschefs, die relative Lustlosigkeit der europäischen Wirtschaften im Verhältnis zu der amerikanischen und der japanischen Wirtschaft aufzuklären. Ich habe dem Europäischen Rat in Mailand gesagt: „Ich weiß nicht recht, aber wenn man daran arbeitet, wenn man viele Konsultationen durchführt, wird man vielleicht neue Ideen finden und auf dem Europäischen Rat in Luxemburg Gelegenheit zu Beschlüssen bieten, die im übrigen sowohl die Konvergenz der Wirtschaften, eine stärkere Währungszusammenarbeit und eine Wiederankurbelung des sozialen Dialogs implizieren würden."

Das also ist das Urteil der Kommission über den Europäischen Rat von Mailand. (. . .)

Die Kommission umfaßt als Institution zehn Mitgliedstaaten, und deshalb werden wir keine Mühe scheuen, um die Standpunkte einander anzunähern und die Standpunkte jener zu verstehen, die auf dem Mailänder Gipfeltreffen jede Änderung der Verträge ablehnen zu müssen glaubten. (Beifall) Man sollte niemals das Schlimmste programmieren . . . (Beifall) Schließlich ist die Kommission die Hüterin der Verträge. Sie verfügt über das Initiativrecht. In dieser Hinsicht gibt es drei Punkte, die uns ganz besonders am Herzen liegen und mit denen ich abschließen werde. Die Einheit der Institutionen, das habe ich bereits gesagt, ist unter dem Gesichtswinkel der Gemeinschaft wesentlich. Zweitens: Die wirtschaftliche und soziale Integration kann nur gegründet werden auf die Einheit des Marktes, die finanzielle Solidarität, ja ich möchte sogar sagen die Solidarität schlechthin, und schließlich drittens: Die Demokratisierung der Gemeinschaft über ein in allgemeinen Wahlen gewähltes Parlament kann nur verwirklicht werden, wenn sie mit einer gesteigerten Effizienz einhergeht. Ich bin sicher, meine Damen und Herren Abgeordneten, daß mit Ihrem Willen, mehr für Europa zu tun, Ihre Vorschläge ebenfalls in Richtung auf Effizienz gehen werden.

Quelle: ABl. der EG, Verhandlungen des Europäischen Parlaments, Anhang 2–328, S. 45–47.

Dokument Nr. 18

Rede des spanischen Ministerpräsidenten Felipe González anläßlich der Eröffnung des akademischen Jahres des Europa-Kollegs in Brügge am 28. Oktober 1985 (Auszüge)

Wir sind in das Europa der Gemeinschaften mit dem Bewußtsein gekommen, daß wir eine Reise ohne Rückkehr angetreten haben, und in der Überzeugung, daß die Zukunft dieser Gemeinschaft, zu der wir unseren Beitrag leisten möchten, untrennbar mit unserer eigenen Zukunft verbunden ist.

Die technologische Revolution, deren Hauptzentren sich in Japan und den Vereinigten Staaten befinden, trifft in Europa auf langsame Reaktionen und träge Bestrebungen. Bis zu einem gewissen Grade verstehe ich die geringe Dynamik einiger Sektoren und die Enttäuschung der Jugend in Europa. Ich habe Verständnis dafür, teile aber diese Gesinnung nicht. Weder der Komfort noch das Versäumnis dieser Generation, der europäischen Jugend die Kraft für ein Projekt wie den Aufbau Europas zu vermitteln, sind ausreichende Gründe dafür.

Wenn wir auf dem Weg der politischen Integration voranschreiten wollen, ist es in erster Linie erforderlich, den Widerspruch von nationalen Interessen und dem Gemeinschaftsinteresse zu überwinden. Wir können nicht denen Recht geben, die behaupten, daß der Nationalismus gegenüber dem Idealismus der Integration realistisch ist.

Gewiß ist heutzutage der Nationalstaat für bestimmte Funktionen zu klein geworden und gleichzeitig zu groß für andere, wie das Symptom einer doppelten Krise des Nationalstaats zeigt: Krise der Übernationalität und der Intranationalität. Die Lösung dafür ist nicht die Wiederbelebung von sentimentalen und überholten Nationalismen. Wenn wir vorankommen wollen, muß dies mit dem klaren Bewußtsein geschehen, daß das Europa der Gemeinschaften und mehr noch die zukünftige Vereinigung Europas eine gemeinsame Anstrengung unserer souveränen Staaten erfordert. Auf jeden Fall wird die volle Integration nur möglich sein, wenn alle Europäer die Überzeugung teilen, daß die wirklichen nationalen Interessen mit den Gemeinschaftsinteressen übereinstimmen, da heutzutage Einzellösungen nicht mehr durchzuführen sind.

(. . .)

Die Erweiterung hat den Vorzug, bestehende Probleme ans Licht zu bringen und ganz unverhüllt die Notwendigkeit hervorzuheben, einen qualitativen Fortschritt beim Aufbau Europas zu erreichen. Wie ich schon bei anderen Gelegenheiten gesagt habe, ist und wird Spanien kein Hindernis auf dem Weg zur Integration der Gemeinschaft sein. Spanien hat sich die Schaffung der Europäischen Union zum Ziel gesetzt und ist bereit, alle erforderlichen Schritte auf diesem Wege, zusammen mit den Staaten zu unternehmen, die auch daran interessiert sind.

Dieses Bemühen verpflichtet uns, in unserem Land eine enorme Anstrengung zur Modernisierung der vorhandenen Strukturen vorzunehmen, was für uns ein größeres Opfer bedeutet als es seinerzeit die gegenwärtigen Mitgliedstaaten bringen mußten. Aber wir werden es in der Überzeugung bringen, daß unsere eigene Zukunft dies ebenso verlangt, wie unsere Zugehörigkeit zur Gemeinschaft, und daher vertrauen wir darauf, daß diese mit der unbedingt notwendigen politischen und wirtschaftlichen Solidarität antworten wird, ohne zusätzliche Bedingungen, die für unser sozio-ökonomisches System untragbar wären.

Mit dieser Überzeugung unterstützten wir die laufenden Initiativen, den institutionellen Ablauf zu vervollkommnen; unter Berücksichtigung der Notwendigkeit, daß gleichzeitig Leistungsfähigkeit und Demokratisierung unserer Institutionen gesteigert werden müssen. Es ist wesentlich, eine größere Beweglichkeit der Entscheidungsmechanismen im Rat, durch häufigere Anwendung der einfachen oder qualifizierten Mehrheit, zu erreichen.

Außerdem ist es erforderlich, die Rolle der Kommission angesichts der Gründungsverträge zu revidieren, indem ihre exekutive Fähigkeit und ihre Zuständigkeiten verstärkt werden. Es scheint weder wirtschaftlich rentabel noch politisch wünschenswert, daß die Kommission ausschließlich die technische und bürokratische Meinung zum Ausdruck bringt. Dies war nicht ihre Rolle und es besteht auch kein Grund, warum sie es sein sollte.

Schließlich muß dem Europäischen Parlament eine größere Bedeutung eingeräumt werden, dessen Direktwahl mittels allgemeinen Stimmrechts eines der Symbole europäischer Demokratie darstellt. Ich bin ebenso von der Notwendigkeit überzeugt, die Gemeinschaft auf dem Gebiet der politischen Zusammenarbeit voranzutreiben, und in diesem Sinne haben wir uns bereits auf der Konferenz der Regierungen geäußert. Wir brauchen eine Systematisierung und Ordnung der politischen Zusammenarbeit, um zu einer wachsenden Koordinierung der Außenpolitik der Zwölf zu gelangen, die soweit wie möglich gehen sollte und die auch die Themen Sicherheit und Verteidigung einschließen müßte. Ein ausschließlich europäisches Forum ist nötig, wo die Sicherheitsfragen behandelt werden können, die nur die Europäer betreffen.

Die Vertiefung der politischen Demokratie kann uns nur zufriedenstellen, wenn sie mit dem Versuch einhergeht, der sozio-ökonomischen Herausforderung die Stirn zu bieten. Einerseits ist es notwendig, daß sich die Gemeinschaft konkrete Fristen zur Erreichung der aufgestellten, doch nie wirklich verfolgten Ziele setzt. Andererseits muß die Gemeinschaft den Rahmen ihrer Tätigkeiten mit der Übernahme von Kompetenzen im Umweltschutz sowie in der wissenschaftlichen und technologischen Forschung erweitern und andere Aufgaben übernehmen, die erforderlich sein können, um sowohl ihre innere Kohäsion als auch ihre Rolle im Dienst der europäischen Bürger und Völker zu kräftigen.

Der europäische Weg hin zur wirtschaftlichen Entwicklung muß auf eine neue soziale Konzertierung abzielen, auf ein System, in dem die Freiheit und die Flexibilität der Unternehmer adäquat durch Formen der progressiven Mitbestimmung der Arbeiter an den Entscheidungsprozessen ergänzt werden. Die realen Mängel unseres Systems, die Gefahren, die über das europäische Einigungswerk hereinzubrechen drohen, zwingen uns dazu, unsere Wirtschaft, die vielleicht noch nicht ausreichend an die politische Demokratie angeglichen wurde, zu demokratisieren.

(...)

Wir Spanier wollen unser Vertrauen und unsere Hoffnung dem Europa von heute entgegenbringen, damit wir alle gemeinsam das Europa von morgen schaffen können. Wir haben die Zeit und die Erfahrung auf unserer Seite, wir haben die Kenntnisse und die Mittel. Mögen wir also auch den Willen aufbringen und den Vorsatz teilen, aus Europa jenen Motor, jene Kraft zu machen, die in der Lage ist, die Geschichte der Befreiung des Menschen zu beschleunigen.

Quelle: Botschaft des Königreichs Spanien, Bonn.

Dokument Nr. 19

Entschließung des Europäischen Parlaments vom 16. Januar 1986 mit Stellungnahme zur Einheitlichen Europäischen Akte, die von der Regierungskonferenz am 16. und 17. Dezember 1985 gebilligt wurde

Das Europäische Parlament

– in Kenntnis der einzigen europäischen Akte, die von der Konferenz der Regierungsvertreter der Mitgliedstaaten gebilligt wurde,
– in Kenntnis der Darstellung, die der amtierende Ratspräsident dem Europäischen Parlament hiervon gegeben hat,
– unter Hinweis auf seine am 11. Dezember 1985 mit absoluter Mehrheit der ihm tatsächlich angehörenden Mitglieder angenommenen Entschließung, in der es sich verpflichtet hat, eine endgültige Stellungnahme zu den Ergebnissen der Konferenz abzugeben,
– in Kenntnis des Berichts des Institutionellen Ausschusses (Dok. A 2–199/85),

A. in der Auffassung, daß eine institutionelle Reform der Gemeinschaft und der politischen Zusammenarbeit, die sämtliche Bürger der Gemeinschaft als solche direkt betrifft, ohne öffentliche Debatte und unter Ausschaltung der Versammlung, die die Bürger auf europäischer Ebene rechtmäßig vertritt, undemokratisch ist;
B. unter Hinweis darauf, daß die Parlamente mehrerer Mitgliedstaaten ihre Regierungen formell aufgefordert hatten, auf der Konferenz Thesen zu vertreten, die den im Vertragsentwurf des Europäischen Parlaments aufgestellten Thesen entsprechen;
C. unter Hinweis auf die Unklarheiten und Mängel der Akte, die die widersprüchlichsten Auslegungen zulassen wird, denn sie proklamiert zwar wichtige Ziele, sieht jedoch weder die Entscheidungs- und Durchführungsmethoden, die der Gemeinschaft ein wirksames Handeln ermöglichen würden, noch ein rechtli-

ches Verfahren vor, das dem Europäischen Parlament eine demokratische Mitwirkung in den Zuständigkeitsbereichen gewährleisten würde, die den nationalen Parlamenten entzogen und auf europäischer Ebene übertragen wurden; sie enthält auch keine rechtswirksamen Instrumente im Hinblick auf die Fristen für den Binnenmarkt noch die erforderliche Reform der Gemeinschaftsfinanzen, sondern schafft vielmehr neue Hindernisse beim Ausbau des EWS und behält die Trennung zwischen der politischen Zusammenarbeit und den Gemeinschaftsangelegenheiten bei;

D. in der Überzeugung, daß die in Luxemburg eröffnete Möglichkeit eines Fortschritts in einigen begrenzten Bereichen die schwerwiegenden demokratischen Mängel der Reform nicht ausgleichen kann,

1. muß leider feststellen, daß die Beurteilung der Ergebnisse der Arbeiten der Konferenz, zu der es in seiner Entschließung vom 11. Dezember 1985 gelangt ist, bestätigt und die Schlußfolgerung gezogen werden muß, daß die einzige Akte nur in einigen Gemeinschaftsbereichen zu gewissen bescheidenen Fortschritten führen kann, aber keine echte Reform der Gemeinschaft darstellt, die ihre Völker brauchen, um ihre wirtschaftliche und politische Stellung in der Welt zu sichern und den Erfordernissen eines harmonischen Wachstums, der Schaffung von Arbeitsplätzen, der internationalen Solidarität, Sicherheit und Verantwortung entsprechen zu können;
2. fordert, daß sich die Regierungen zumindest verpflichten sollten,
   - die Geschäftsordnung des Rates zu ändern, um diesen zu veranlassen, eine Abstimmung durchzuführen, sofern die Kommission oder drei Mitgliedstaaten dies beantragen,
   - die Arbeitsergebnisse der Konferenz vor 1989 zu überprüfen;
3. stellt fest, daß die Regierungen ihre Aufgabe zur Bildung einer Europäischen Union, zu der sie sich feierlich verpflichtet haben, mit den Luxemburger Beschlüssen noch nicht erfüllt haben und deshalb weiterhin in der Verpflichtung dieser Aufgabe bleiben;
4. wird natürlich die durch die einzige Akte geschaffenen Möglichkeiten voll ausschöpfen – wenn sie ratifiziert wird; beauftragt seinen Politischen Ausschuß, dafür Sorge zu tragen, daß es seinen Kampf im Sinne des Entwurfs eines Vertrages zur Gründung der Europäischen Union fortsetzen wird, um eine echte politische und wirtschaftliche Union zwischen den Staaten der Gemeinschaft zu schaffen und ggf. die Beziehungen zwischen dieser Union und den Staaten, die noch nicht zu diesem zusätzlichen Schritt bereit sind, festzulegen;
5. ersucht die EG-Kommission, einen Bericht über das Funktionieren der einzigen Akte auszuarbeiten, sobald deren Anwendung eine entsprechende Beurteilung ermöglicht;
6. appelliert eindringlich an die Bürger, nationalen Parlamente, die Parteien, deren Mitglieder in dieser Versammlung für eine echte Union kämpfen, sich klar zu machen, daß die europäischen Völker ohne die Schaffung der Europäischen Union keine Zukunft haben, und sich unverzüglich für die Errichtung dieser Union mit denjenigen, die hierzu bereit sind, in einem demokratischen Verfahren unter Einbeziehung der Vertreter dieser Völker einzusetzen;
7. beauftragt seinen Institutionellen Ausschuß,

- die Kontakte zu den nationalen Parlamenten fortzusetzen, um deren Positionen und Stellungnahmen berücksichtigen zu können,
- bis zum 1. Januar 1988 eine Bilanz der Gesamtergebnisse im Rahmen der Anwendung der einzigen Akte zu erstellen, um rechtzeitig Reformvorschläge ausarbeiten zu können, die den Bürgern anläßlich der Wahlen von 1989 vorgestellt werden sollen;

8. beauftragt seinen Präsidenten, diese Entschließung dem Europäischen Rat, dem Ministerrat, der Kommission sowie den Regierungen und Parlamenten der Mitgliedstaaten zu übermitteln.

Quelle: Europäisches Parlament, Protokoll der Sitzung vom 16.1.1986 (vorläufige Ausgabe), S. 28–30.

Dokument Nr. 20

Rede von Premierminister Poul Schlüter am 21. Januar 1986 vor dem Dänischen Folketing (Auszüge)

Die Isolation Dänemarks in den dreißiger Jahren hat uns – ebenso wie der Zweite Weltkrieg und die Besetzung unseres Landes im Jahre 1940 – gelehrt, daß die Wirtschaftsstruktur und die geographische Lage es nicht zulassen, daß Dänemark auf sich alleine gestellt, in einer Art von „splendid isolation" bleibt. Sollten wir dennoch diesen Weg beschreiten wollen, so werden andere Kräfte und Länder kommen und die Entscheidungen treffen, die wir für uns selbst nicht treffen können.

Genau dies geschah nämlich, als die Wirtschaftskrise in den dreißiger Jahren über Dänemark hereinbrach, und dies geschah auch 1940, als deutlich wurde, daß eine Entscheidung für Isolation und Neutralismus keineswegs auf die Wahrung der demokratischen Rechte und der dänischen Identität hinauslief.

Politiker und Wähler haben nach dem Zweiten Weltkrieg aus diesen Ereignissen ihre jeweiligen Schlüsse gezogen. Selbst die großen Länder haben ihre Lektion gelernt.

Zum Schutze unserer Souveränität und Identität sind wir der NATO beigetreten. Wir schlossen uns der OECD an, die im Gefolge der Marshall-Plan-Hilfe gegründet wurde. Später wurden wir EFTA-Mitglied und traten dann zusammen mit Großbritannien der EG bei. Unsere Haltung war klar und konsistent. Dänemark beschloß, sich an der europäischen Zusammenarbeit zu beteiligen und zu deren Entwicklung und Ausweitung beizutragen. Gleichzeitig erhielten wir dadurch einen beachtlichen Einfluß auf Entscheidungen, die unser Alltagsleben betreffen.

Heute geht es darum, ob wir an dieser Grundlinie festhalten wollen oder ob Dänemark gegenüber der Welt deutlich macht, daß wir gegen einen weiterführenden Ausbau der europäischen Zusammenarbeit sind und zudem durch eine destruktive Politik die Verantwortung für das Scheitern von weiteren Fortschritten der anderen europäischen Länder übernehmen. Dieser Wechsel in unserer Haltung zur Beteiligung an der europäischen Kooperation würde eine historische Bedeutung haben.

Wir diskutieren heute über die Verhandlungsergebnisse von Luxemburg, die unter dem Stichwort „EG-Paket“ bekannt sind. Wie Sie alle wissen, ist dieses Verhandlungsergebnis die Folge der Regierungskonferenz vom Herbst 1985. Nach viermonatiger intensiver Diskussion unter den Mitgliedstaaten wurde ein Ergebnis erzielt, das die anderen Länder – trotz ihrer jeweils unterschiedlichen Interessen und Sichtweisen – als Kompromiß akzeptiert haben. Doch gingen dem viele Jahre intensiver Diskussion über die Zukunft der EG voraus.

Glauben Sie mir, für dieses Ziel wurden bereits erhebliche Investitionen getätigt. Der Grund hierfür ist die Überzeugung der Mitgliedstaaten, daß die EG zur Bewältigung der anstehenden Herausforderungen dazu in der Lage sein muß, angemessen und zugleich zukunftsgerichtet zu handeln. Natürlich vertreten wir in Dänemark ebenfalls diese Auffassung. Die dänischen Standpunkte wurden unermüdlich vorgetragen – auch in der Regierungskonferenz. Und, wie das Ergebnis zeigt, mit erheblichem Erfolg. Denn das vorliegende Ergebnis ist den dänischen Standpunkten unglaublich nahe.

Die Bedeutung, welche die anderen Staaten der Zukunft der Gemeinschaft beimessen, und das große Maß an Zeit und Energie, das für eine Übereinkunft auf dieses Ziel hin angewendet wurde, haben zur Folge, daß ein dänisches „Nein“, obwohl rechtlich unanfechtbar, politisch sehr wohl inakzeptabel wäre. Langfristig gesehen liegt es weder in den Möglichkeiten Dänemarks noch ist es in seinem Interesse, eine Entwicklung aufzuhalten, die von allen anderen Ländern unterstützt wird.

Doch wäre ein dänisches „Nein“ für die anderen Länder auch eben gerade deswegen unverständlich, weil das Ergebnis den Positionen so sehr nahekommt, denen von der dänischen Regierung und der Parlamentsmehrheit eine so große Bedeutung beigemessen worden war. Die uns heute aus dem Ausland vorliegenden Reaktionen zeigen bereits, wie unbegreiflich die dänische Zurückhaltung ist. Dies erscheint nicht sehr verwunderlich, da nahezu alle Parteien – Sozialdemokraten, Sozialisten und Nichtsozialisten – in den zwölf Mitgliedstaaten die Verhandlungsergebnisse mit Nachdruck unterstützen.

Die EG ist und bleibt eine Kooperation zwischen souveränen Staaten. Ruft man sich in Erinnerung, wie weit die meisten Länder anfangs gehen wollten, so ist das, was die Mehrheit der Minderheit, zu der auch Dänemark gehörte, in allen wichtigen Feldern abringen konnte, ohne Bedeutung. Dies ist die Realität und kann nicht geleugnet werden.

Gegenwärtig sind noch ein oder höchstens zwei Details des Gesamtpakets offen. Diesem Ergebnis setzen unter den europafreundlichen Parteien in der EG nur die dänischen Sozialdemokraten einen derartig großen Widerstand entgegen. Dies ist eine arrogante Haltung, die eine wirkliche und demokratische europäische Zusammenarbeit unmöglich machen würde.

Unsere Haltung kann und darf nicht darin bestehen, die anderen elf Länder dadurch zu demütigen, daß wir deren ernstzunehmenden Anliegen völlige Verständnislosigkeit entgegenbringen. Dies würde uns offensichtlich zu der Spaltung und Machtlosigkeit zurückführen, die in früheren Zeiten vorherrschte; wenn ein großes Land oder – wie im gegenwärtigen Fall – ein kleines Land selbst nach Toresschluß noch darauf bestehen würde, bei allen Materien und zu jeder Zeit seinen eigenen Weg durchzusetzen. Damit will ich nicht sagen, daß sich ein einzelnes Land notwendigerweise nur deswegen zu bestimmten Handlungen veranlaßt sehen sollte, weil andere etwas Bestimmtes wollen. Falls aber das, was die anderen wollen, unseren eigenen Zielen so nahekommt, daß die anderen Länder den erzielten Kompromiß als dänischen Sieg betrachten, dann erscheint es kaum verwunderlich, daß die Menschen inner- und außerhalb unseres Landes fragen: Was ist nur aus dem gesunden Menschenverstand geworden?

Heute sehen wir uns somit einer Reihe außerordentlich wichtiger Entscheidungen gegenüber. Dabei geht es nicht um zusätzliche Souveränitätsverluste. Der Entscheidungsprozeß beim Binnenmarkt wird erleichtert, was vor allem den kleineren Staaten zugute kommen wird. Gleichzeitig wird der Schutz und die Verstärkung unserer hohen Standards im Bereich von Umweltschutz und Arbeitsumwelt in vollem Umfang gewährleistet. Forschung und Technologie, Umwelt und Arbeitsumwelt werden als neue Bereiche der Zusammenarbeit in den Vertrag aufgenommen. Mit diesen Entwicklungen, von denen wir uns größere Vorteile erwarten, können wir nur zufrieden sein. Die Bestimmungen, durch die das Europäische Parlament verstärkte Konsultationsrechte erhält, können nicht ernsthaft in Frage gestellt werden. An der Kompetenzverteilung zwischen Ministerrat und Parlament hat sich nichts verändert. Das Parlament bleibt ein Beratungsorgan, dem im Prozeß seiner alltäglichen Arbeit keine neuen Befugnisse zukommen. Der Ministerrat wird weiterhin die Entscheidungen treffen. Kultur- und Gesundheitspolitik werden ebensowenig Eingang in den Vertrag finden wie das Gerichtswesen, was genau unseren Vorstellungen entspricht.

Daher sollten wir zu dem vorliegenden Paket nicht nein sagen. Denn dies würde so aussehen, als sei Dänemark auf dem Weg aus der Gemeinschaft hinaus. Eine Ablehnung würde eine unkalkulierbare Entwicklung auslösen, die mit großer Wahrscheinlichkeit als eine Veränderung der dänischen Haltung gegenüber Europa und früher oder später auch als ein erster Schritt zum Austritt aus der EG angesehen würde. (. . .)

Die dänische Regierung ist zu der Auffassung gekommen, daß es recht und billig ist, dem Volk die Gelegenheit zur Meinungsäußerung zu geben, sollte die Parlamentsmehrheit auf einem „Nein" zur gegenwärtigen EG-Reform, die notwendigerweise als ein Ganzes gesehen werden muß, über die als Ganzes zu entscheiden ist, bestehen und sollten die anderen elf Länder dem Paket zustimmen, wodurch Dänemark in eine Isolation gedrängt würde.

Dies entspricht der Vorgehensweise beim EG-Beitritt Dänemarks am 1. Januar 1973, dem ein Referendum vorausging, in dem zwei Drittel der Bürger mit „Ja" votierten.

Es wäre völlig unverantwortlich, einen derart radikalen Wechsel in der dänischen Europapolitik mit solch weitreichenden Konsequenzen für die dänische Politik und Wirtschaft zu vollziehen, ohne die Sicherheit, daß die Mehrheit des dänischen Volkes diesen Wechsel wirklich will.

Beim gegenwärtigen Stand der Dinge ist die Regierung zuversichtlich, daß die Mehrheit des dänischen Volkes die zuverlässige dänische Beteiligung an der europäischen Zusammenarbeit weiter fortsetzen möchte.

(. . .)

Quelle: Übersetzung eines von der dänischen Botschaft zur Verfügung gestellten englischen Redetextes.

Dokument Nr. 21

Beschluß des Deutschen Bundesrates vom 31. Januar 1986 zur Entschließung des Europäischen Parlaments zum Entwurf eines Vertrages zur Gründung der Europäischen Union

Der Bundesrat hat in seiner 560. Sitzung am 31. Januar 1986 zu der Vorlage wie folgt Stellung genommen:

I. Zur Fortentwicklung der Einigung Europas geht der Bundesrat von folgenden Überlegungen aus:

1. Die Einigung Europas ist der historische Auftrag der europäischen Völker. Durch ihre Einheit können sie wesentlich dazu beitragen, Freiheit und Frieden dauerhaft zu sichern. Ziel ist die Errichtung einer Europäischen Union. Dabei ist zu berücksichtigen, daß es sich bei der Gemeinschaft nur um einen Teil von Europa handelt. Bei ihren Bestrebungen hin zu einem geeinten Europa müssen sich die Mitgliedstaaten daher stets der gemeinsamen geistig-kulturellen Verbindung aller Staaten des europäischen Kontinents bewußt sein und anstreben, daß jeder Fortschritt des gemeinschaftlichen Einigungswerks den Interessen von ganz Europa dient.
   Gleichzeitig bietet eine so verstandene europäische Einigungspolitik die Voraussetzung für eine Überwindung der deutschen Teilung.
2. Die Initiative des Europäischen Parlaments ist ein grundsätzlich zu begrüßender Schritt auf dem Weg, die seit den Römischen Verträgen erreichten gemeinsamen Errungenschaften in der Gemeinschaft zu festigen und zusätzlich die seit Jahren andauernde Phase der Stagnation innerhalb der Europäischen Gemeinschaft zu beenden. Die in den letzten Jahren gefundene Form der Zusammenarbeit und der Entscheidungsprozeduren in der EG hat sich als nicht geeignet erwiesen, auf die drängenden Herausforderungen der Gegenwart und auf die großen Veränderungen in der Welt zügig und wirksam zu antworten.
3. Die Verträge zur Gründung der Europäischen Gemeinschaften sind die Grundlage für die Fortentwicklung zu einer Europäischen Union. Über die Ausschöpfung dieser Verträge hinaus ist eine gemeinsame politische Gesamtorientierung erforderlich. Dazu gehört auch eine verstärkte Zusammenarbeit bei der Außen- und Sicherheitspolitik. Eine solche verstärkte politische Zusammenarbeit wird mit jeder Erweiterung der Gemeinschaften schwerer zu erreichen sein. Es bedarf großer Anstrengungen, um die gemeinsame politische Gesamtorientierung zu erreichen. Dies schließt aber auch künftig nicht aus, daß sich an einzelnen Projekten und Maßnahmen der EG vorübergehend nicht alle Mitgliedstaaten beteiligen.
4. Die Europäische Union muß eine föderative Struktur erhalten. Sie muß die verfassungsrechtliche Stellung der Länder der Bundesrepublik Deutschland sowie die traditionelle Vielfalt und die Rechte der Regionen als gesicherten Bestandteil einer europäischen Staatsordnung wahren. Das Recht auf Selbstverwaltung der Kommunen ist zu beachten. Zentrale Entscheidungsinstanzen dürfen Befugnisse nur für Gebiete und Maßnahmen erhalten, deren Übertragung für die Verwirklichung der politischen Union unabweisbar notwendig sind und die

eindeutig nur auf Gemeinschafts- bzw. Unionsebene sinnvoll und wirksam geregelt werden können. Im übrigen müssen die Mitgliedstaaten und ihre Länder für ihre Angelegenheiten nach dem Prinzip der Subsidiarität selbst zuständig bleiben. Die Kompetenzen der Europäischen Union und der Mitgliedstaaten bzw. ihrer Länder bedürfen einer eindeutigen Abgrenzung.
5. Dem föderalistischen Aufbau einzelner Mitgliedstaaten ist Rechnung zu tragen, wobei vor allem den Ländern der Bundesrepublik Deutschland ihr Kernbereich eigener staatlicher Hoheitsmacht mit klar abgegrenzten eigenen Zuständigkeiten verbleiben muß. Zudem muß ein ihrer Bedeutung innerhalb des Staatsaufbaus der Bundesrepublik Deutschland entsprechendes ausreichendes Mitwirkungsrecht an den Entscheidungen der Union sichergestellt werden.
6. Eine Reform der Organe der Gemeinschaften ist erforderlich. Dabei muß dem Europäischen Parlament das Recht zu einer gleichgewichtigen mitentscheidenden Gestaltung in der Gesetzgebung eingeräumt werden. Bei der Beschlußfassung im Rat sollte in der Regel von Mehrheitsentscheidungen ausgegangen werden.
7. Die Finanzverfassung einer Europäischen Union muß eine den zugewiesenen Aufgaben angemessene Mittelausstattung unter Berücksichtigung der Dekkungsmöglichkeiten und eine ausgewogene Verteilung der Lasten auf die Mitgliedstaaten gewährleisten.
8. Der Schutz der Rechte der Bürger, insbesondere der Freiheitsrechte, muß auf der Grundlage der Europäischen Konvention zum Schutze der Menschenrechte und Grundfreiheiten weiterentwickelt werden.

II. Zum Entwurf eines Vertrages zur Gründung der Europäischen Union nimmt der Bundesrat wie folgt Stellung:

1. Allgemeine Gesichtspunkte

Der Bundesrat begrüßt, daß das Europäische Parlament durch die Vorlage des Entwurfs eines Vertrages zur Gründung der Europäischen Union, aufbauend auf den Europäischen Gemeinschaften, dem Europäischen Währungssystem und der Europäischen Politischen Zusammenarbeit, dem Zusammenschluß Europas neue Impulse gibt.

Grundsätzlich positiv zu bewerten ist vor allem, daß das Europäische Parlament gemeinsam mit dem Rat echte Gesetzgebungsaufgaben wahrnehmen soll.

Hervorzuheben ist auch, daß die Mitgliedstaaten durch den Rat weiterhin unmittelbar an der Gesetzgebung der Union mitwirken sollen. Die Erfahrungen in der Bundesrepublik Deutschland haben gezeigt, daß die Mitwirkung des Bundesrates an der Gesetzgebung und Verwaltung des Bundes eine wirkungsvolle Balance zwischen den Interessen von Zentralstaaten und Gliedstaaten gewährleisten kann.

Bei der Aufgabenabgrenzung zwischen Union und Mitgliedstaaten geht der Entwurf zu Recht davon aus, daß die Zuständigkeitsbereiche der Union in der Verfassung selbst festgelegt werden müssen. Im Prinzip ist auch zustimmend hervorzuheben, daß dabei der Grundsatz der Subsidiarität gelten soll. Auch die Bestimmung, daß sich die Union in den Bereichen ihrer Zuständigkeit bei gemeinsamen Aktionen auf die Festlegung der Grundsätze beschränken und den Mitgliedstaaten möglichst viel Spielraum für Durchführungsbestimmungen überlassen soll, weist in die richtige Richtung.

Grundsätzlich zu begrüßen ist auch die vorgeschlagene Anwendung des Mehrheitsprinzips bei Entscheidungen des Rates. Dabei ist anzuerkennen, daß vitale Interessen einzelner Staaten für eine Übergangszeit eines besonderen Schutzes bedürfen.

Ferner bedeutet die Anknüpfung des Artikels 4 des Entwurfs an die Europäische Menschenrechtskonvention und an die in den Verfassungen der Mitgliedstaaten garantierten Grundrechtspositionen einen wesentlichen Schritt zur Weiterentwicklung des Schutzes der Rechte der Bürger, insbesondere der Freiheitsrechte. Zu begrüßen ist auch, daß der Entwurf eine Verpflichtung zur Einführung eines Grundrechtskatalogs enthält.

Insgesamt ist der Vertragsentwurf eine geeignete Grundlage für die weitere Diskussion. Gemessen an den eingangs dargelegten Grundsätzen bestehen jedoch die folgenden erheblichen Bedenken.

2. Verteilung der Gesetzgebungskompetenzen

a) Der Entwurf bringt eine erhebliche Ausweitung der Zuständigkeiten, vor allem der Gesetzgebungskompetenzen, der Europäischen Union. Dabei weist der Zuständigkeitskatalog eine stark zentralistische Tendenz auf und wird durch die sehr vage gehaltene Subsidiaritätsklausel nicht genügend eingegrenzt.
Nimmt man die im Vertragsentwurf vorgesehenen konkurrierenden Kompetenzen der Union zusammen, so bleibt kaum noch ein Sachbereich übrig, der nicht den Mitgliedstaaten früher oder später entzogen werden könnte.
Zu warnen ist vor der Annahme, daß eine zentrale Aufgabenwahrnehmung einer dezentralen grundsätzlich überlegen ist. Erfahrungen in der Bundesrepublik Deutschland haben im Gegenteil gezeigt, daß die Tendenz zu einer immer stärkeren Zentralisierung der Aufgabenwahrnehmung erhebliche Nachteile mit sich gebracht hat. Es besteht hier daher im Grundsatz Einigkeit, daß die eigene Verantwortlichkeit der Länder wieder gestärkt werden muß. Änderungsbedürftig ist der Entwurf deshalb insoweit, als er dieser Tendenz entgegenwirkt.

b) Die Gesetzgebungszuständigkeiten der Länder werden von dem Katalog der Unionskompetenzen vor allem auf den Gebieten der Bildungs- und Kulturpolitik, Sozial- und Gesundheitspolitik, Regionalpolitik, Umweltpolitik, Verbraucherpolitik, Medienpolitik und Finanzpolitik betroffen. Bei einer weitgehenden Ausschöpfung dieser Kompetenzen würde die verfassungsrechtliche Bestandsgarantie des Artikels 79 Abs. 3 Grundgesetz, wonach den Ländern ein Kern eigener Aufgaben unentziehbar verbleiben muß, berührt.
Beispielsweise kann die Union nach Artikel 60 des Vertragsentwurfs gemeinsame oder vergleichbare Ausbildungsziele festlegen oder die unionsweite Geltung und Gleichwertigkeit von Diplomen und von Schul-, Studien- und Ausbildungszeiten vorsehen. Die dazu erforderliche Festlegung von Mindeststandards darf aber nicht dazu führen, daß in die inhaltliche Gestaltung der Bildungs- und Ausbildungsgänge eingegriffen wird.
Im Bereich von Wissenschaft und Forschung (Artikel 53, 55, 60) besteht zwar eine Notwendigkeit zu mehr Gemeinsamkeiten bei der Spitzentechnologie und -forschung. Die vorgesehenen Kompetenzen der Union für die Forschungs-

und Technologieförderung sind jedoch so abzugrenzen, daß sie die gegenwärtig bestehende Vielfalt in Forschung und Lehre nicht in Frage stellen.
Unter dem Gesichtspunkt der Subsidiarität ist es nicht vertretbar, Aufgaben auf die Ebene der Europäischen Union zu heben, die in der Bundesrepublik Deutschland nicht einmal auf der Ebene des Bundes wahrgenommen werden.

c) Die Tätigkeitsbereiche und Kompetenzen der Europäischen Union werden zu ungenau abgegrenzt. Auch bei einer Erweiterung der Kompetenzen der Union gegenüber den Zuständigkeiten der Europäischen Gemeinschaften dürfen nur scharf abgrenzbare Aufgabenbereiche auf die Union übertragen werden. Einer globalen Zuweisung unscharf abgegrenzter Aufgabenbereiche, etwa der „Sozial- und Gesundheitspolitik" (vgl. Artikel 56) sowie der „Verbraucherpolitik" (Artikel 55 und 57), kann nicht zugestimmt werden. Anzustreben wäre vielmehr, die übertragenen Aufgaben eindeutig in einem Zuständigkeitskatalog unter Vermeidung globaler Zuweisungen zusammenzustellen.

d) Die weitreichenden konkurrierenden Zuständigkeiten werden durch die weiche Formulierung des Subsidiaritätsprinzips in Artikel 12 Abs. 2 ungenügend eingegrenzt. Danach kann die Europäische Union tätig werden, wenn die Aufgaben „gemeinsam wirkungsvoller wahrgenommen werden können als von einzelnen Mitgliedstaaten allein". Das lädt die Unionsorgane geradezu ein, von ihrem Gesetzgebungsrecht Gebrauch zu machen. Die Bestimmung ist wenig justitiabel und nicht geeignet, Zentralisierungsgefahren entgegenzusteuern.

e) Der Entwurf räumt der Europäischen Union die Möglichkeit ein, ihre Zuständigkeiten zu erweitern, indem sie Bereiche aus der Zusammenarbeit in die gemeinsame Aktion überführt (Artikel 11, 54 Abs. 1 und 68). Das kann letztlich zur Allzuständigkeit der Union und einer Aushöhlung der Befugnisse der Mitgliedstaaten führen.

3. Verteilung der Verwaltungskompetenzen

a) Aus dem Entwurf wird nicht hinreichend deutlich, ob sich die Kompetenzaufteilung zwischen Mitgliedstaaten und Europäischer Union nur auf die Gesetzgebung oder auch auf die Verwaltungszuständigkeit bezieht.
Eine eindeutige Kompetenzaufteilung und eine deutliche Unterscheidung zwischen Rechtsetzungs- und Verwaltungskompetenzen sind jedoch unabdingbar. Im Sinn einer vertikalen Gewaltenteilung sollte dabei der Verwaltungsbereich weitgehend den Mitgliedstaaten vorbehalten werden. Die Bereiche der unionseigenen Verwaltungen sollten auf ein Minimum beschränkt werden. So wird beispielsweise kein Bedürfnis für eine eigene Finanzverwaltung (Artikel 71 Abs. 3 Satz 3) und eine europäische Bankenaufsichtsbehörde (Artikel 51) gesehen. Die Möglichkeit, in bestimmten Einzelbereichen der Wirtschaftspolitik (Artikel 54 Abs. 2) europäische Fachbehörden einzusetzen und die für sie geltenden Formen der Kontrolle festzulegen, muß näher umschrieben und eingegrenzt werden.

b) Aus Artikel 28 i.V.m. Artikel 26 ist zu folgern, daß die Kommission nach Maßgabe eines Organgesetzes die Anwendung des Unionsrechtes durch die Behörden der Mitgliedstaaten überwacht und damit unmittelbar Aufsichtsbefugnisse gegenüber nationalen Behörden besitzt. Solche Aufsichtsbefugnisse sollten sich auf unentbehrliche Maßnahmen beschränken und genau abgegrenzt werden (entsprechend Artikel 84 Abs. 3 bis 5 sowie Artikel 85 Abs. 3 und 4 GG). Bei den im Entwurf enthaltenden Regelungen zeichnen sich vielfältige Kollisionsmöglichkeiten ab.

4. Finanzierung der Europäischen Union

a) Es ist anzuerkennen, daß die Europäische Union feste eigene Einnahmen haben muß, um eine eigenverantwortliche Haushaltsführung zu betreiben.

b) Bedenken bestehen dagegen, daß die Europäische Union im Rahmen der Aufstellung des Haushaltsplanes autonom einen ihr zufließenden Mehrwertsteueranteil festsetzt. Ein solches Verfahren hätte erhebliche Auswirkungen auf die innerstaatliche Verteilung dieser Steuer zwischen Bund und Ländern, da wegen des jederzeit möglichen Zugriffs der Europäischen Union das verbleibende Aufkommen mittelfristig nicht mehr kalkulierbar wäre. Notwendig ist es vielmehr, entsprechend den bisherigen Bestimmungen eine Obergrenze festzulegen, deren Änderung der Zustimmung aller Mitgliedstaaten bedarf. Das Verfahren ist von der Haushaltsaufstellung zu trennen.

c) Abzulehnen ist das in Artikel 71 Abs. 2 vorgesehene allgemeine Steuerfindungsrecht der Europäischen Union, da es erhebliche Rückwirkungen auf Steuersysteme und -aufkommen der Mitgliedstaaten haben würde. Zumindest müßte das Steuerfindungsrecht durch ein Gleichartigkeitsverbot beschränkt werden.
Es muß vermieden werden, daß aus einer etwaigen konkurrierenden Zuständigkeit der Europäischen Union auf dem Gebiete der Geld- und Kreditpolitik, der Wirtschafts- und Regionalpolitik die Berechtigung zu Eingriffen in das Besteuerungssystem der Mitgliedstaaten hergeleitet werden kann.
Eine so weitgehende Öffnung der innerstaatlichen Finanzordnung für autonome Gesetzgebungsakte der Union würde das Grundgefüge des Bund-Länder-Verhältnisses und die tragenden Strukturprinzipien der Verfassung in einem solchen Ausmaß antasten, daß der Vertragsentwurf nicht durch einfaches Gesetz unter Ausschöpfung von Artikel 24 GG, sondern nur unter Änderung des Grundgesetzes ratifiziert werden könnte.

d) Auch die Finanzierungszuständigkeit ist unzureichend geregelt. Vor allem fehlt eine dem Lastenverteilungsgrundsatz des Artikels 104 a Abs. 1 GG entsprechende klare Aussage, wer im Verhältnis zwischen Mitgliedstaaten und Europäischer Union die Kosten einer „Gemeinsamen Aktion" zu tragen hat.
Aus dem Fehlen einer Regelung – Artikel 70 Abs. 2 Satz 1 des Entwurfs reicht wegen der unklaren Verteilung von Einnahmen und Ausgaben hierfür nicht aus – kann geschlossen werden, daß es der Union überlassen bleiben soll, ob und wieweit die Mitgliedstaaten an den Kosten solcher Aktionen beteiligt werden. Die Aufteilung der Finanzverantwortung soll sich offenbar aus der mehrjährigen Finanzplanung der Union (Artikel 74 Abs. 1) ergeben. Durch die Auferlegung von Ausgabenverpflichtungen könnte die Europäische Union so erheblich in die eigenverantwortliche Finanzwirtschaft der Mitgliedstaaten eingreifen.

e) Der Entwurf sieht in Artikel 73 einen Finanzausgleich zur Verringerung des Ungleichgewichts in der Wirtschaftskraft vor, ohne auch nur die Grundlinien eines Ausgleichssystems vorzugeben. Die Einführung eines weiteren Ausgleichssystems neben den zahlreichen bestehenden Fonds und Finanzierungsinstrumenten erscheint nicht sinnvoll. Das Problem der übermäßigen finanziellen Belastung einiger Mitgliedstaaten würde damit weiter verschärft. Zumindest müßten aber die Grundzüge des geplanten Ausgleichs in der Verfassung niedergelegt werden.

f) Einer Kreditfinanzierung sollten enge Grenzen gesetzt werden.

5. Stellung der Länder der Bundesrepublik Deutschland

Trotz der Präambel, die von der Notwendigkeit der Mitwirkung der kommunalen und regionalen Körperschaften spricht, enthält der Entwurf keine Bestimmungen, die diese Mitwirkung sicherstellen. Erforderlich ist daher eine Berücksichtigung der föderalen Struktur einzelner Mitgliedstaaten durch die Unionsverfassung. Insbesondere wäre in Artikel 20 zu regeln, daß in die Vertretungen der Mitgliedstaaten im Rat der Union bei Mitgliedstaaten mit föderativem Aufbau auch Vertreter der Länder etc. aufgenommen werden.

6. Zuständigkeitsabgrenzung zwischen den Organen der Union

a) Die Ausgestaltung des in Artikel 38 geregelten Vermittlungsverfahrens ist noch nicht befriedigend.
Vor allem ist darauf hinzuweisen, daß die Stellung des Parlaments nach einem erfolglosen Vermittlungsverfahren stärker ist als die Stellung des Rates der Union. Das Parlament kann (mit absoluter oder qualifizierter Mehrheit) nach erfolglosem Vermittlungsverfahren zusammen mit der Kommission Vorstellungen durchsetzen, die vom Rat nur noch mit qualifizierter Mehrheit zu Fall gebracht werden können. Es ist also möglich, daß Gesetze zustande kommen, obwohl dem Gesetz im Rat der Union nur eine Minderheit zugestimmt hat. Da dies nach Artikel 38 Abs. 4 ausnahmslos für alle Gesetze gilt, können sogar Organgesetze gegen eine Mehrheit im Rat der Union erlassen werden, obwohl diese Organgesetze tief in die Rechte der Mitgliedstaaten einschneiden können. Zumindest Gesetze, die in starkem Maße die Interessen der Mitgliedstaaten berühren, dürfen daher nicht ohne Zustimmung des Rates der Union zustande kommen.

b) Der Entwurf grenzt in einer für das deutsche Staatsrecht ungewöhnlichen Weise die Zuständigkeiten von Kommission und Parlament gegeneinander ab. Das Parlament hat nicht nur die Aufgaben einer Legislative, sondern nach Artikel 16 und Artikel 28 bedarf auch das Regierungsprogramm der Kommission der Zustimmung des Parlaments.
Bedenken bestehen auch gegen die Kompetenz des Parlaments, programmatische Vorhaben auf dem Gebiet der Konjunkturpolitik (Artikel 50) und für die mehrjährige Finanzplanung (Artikel 72 i.V.m. Artikel 74) verbindlich festzulegen.

7. Legitimation des Parlaments

Ein schwerwiegendes Problem ergibt sich auch daraus, daß in Artikel 14 des Entwurfs der Grundsatz gleicher Wahl für das Europäische Parlament fehlt. Damit können die Wählerstimmen von Mitgliedstaat zu Mitgliedstaat weiterhin ungleichen Erfolgswert haben. Dadurch werden grundlegende Fragen der Legitimation des Parlaments für die weitgehenden Gesetzgebungsvollmachten berührt. Eine

Ausnahme vom Grundsatz der gleichen Wahl wäre allenfalls im Interesse des Minderheitenschutzes für die bevölkerungsarmen Mitgliedstaaten denkbar.

III. Nach Auffassung des Bundesrates sind einzelne Reformen vordringlich, um die Europäische Gemeinschaft handlungsfähiger zu machen und die Schaffung einer Europäischen Union einzuleiten. Der Europäische Rat hat am 2./3. Dezember 1985 in Luxemburg dazu Beschlüsse gefaßt. Der Bundesrat wird zu diesen Beschlüssen gesondert Stellung nehmen.

Quelle: Bundesrat, Drucksache 31/86 (Beschluß) vom 31. 1. 1986.

Dokument Nr. 22

Einheitliche Europäische Akte, unterzeichnet von den Außenministern der EG-Mitgliedstaaten in Luxemburg am 17. und 28. Februar 1986

Einheitliche Europäische Akte

Seine Majestät der König der Belgier,
Ihre Majestät die Königin von Dänemark,

. . .

Von dem Willen geleitet, das von den Verträgen zur Gründung der Europäischen Gemeinschaften ausgehende Werk weiterzuführen und die Gesamtheit der Beziehungen zwischen deren Staaten gemäß der Feierlichen Deklaration von Stuttgart vom 19. Juni 1983 in eine Europäische Union umzuwandeln,

gewillt, diese Europäische Union auf der Grundlage der nach ihren eigenen Regeln funktionierenden Gemeinschaften einerseits und der Europäischen Zusammenarbeit zwischen den Unterzeichnerstaaten in der Außenpolitik andererseits zu verwirklichen und diese Union mit den erforderlichen Aktionsmitteln auszustatten,

entschlossen, gemeinsam für die Demokratie einzutreten, wobei sie sich auf die in den Verfassungen und Gesetzen der Mitgliedstaaten, in der Europäischen Konvention zum Schutze der Menschenrechte und Grundfreiheiten und der Europäischen Sozialcharta anerkannten Grundrechte, insbesondere Freiheit, Gleichheit und soziale Gerechtigkeit stützen,

in der Überzeugung, daß der Europagedanke, die Ergebnisse in den Bereichen der wirtschaftlichen Integration und der politischen Zusammenarbeit wie auch die Notwendigkeit neuer Entwicklungen dem Wunsch der demokratischen Völker Europas entsprechen, für die das in allgemeiner Wahl gewählte Europäische Parlament ein unerläßliches Ausdrucksmittel ist,

in dem Bewußtsein der Verantwortung Europas, sich darum zu bemühen, immer mehr mit einer Stimme zu sprechen und geschlossen und solidarisch zu handeln, um seine gemeinsamen Interessen und seine Unabängigkeit wirkungsvoller zu verteidigen, ganz besonders für die Grundsätze der Demokratie und die Wahrung des Rechtes und der Menschenrechte, denen sie sich verpflichtet fühlen, einzutreten und gemäß der Verpflichtung, die sie im Rahmen der Charta der Vereinten Nationen eingegangen sind, gemeinsam ihren eigenen Beitrag zur Wahrung des Weltfriedens und der internationalen Sicherheit zu leisten,

in dem festen Willen, durch die Vertiefung der gemeinsamen Politiken und die Verfolgung neuer Ziele die wirtschaftliche und soziale Lage zu verbessern und das Funktionieren der Gemeinschaften in der Weise zu verbessern, daß die Organe die Möglichkeit erhalten, ihre Befugnisse unter Bedingungen auszuüben, die dem gemeinschaftlichen Interesse am dienlichsten sind,

in der Erwägung, daß die Staats- und Regierungschefs auf ihrer Pariser Konferenz vom 19. bis 21. Oktober 1972 das Ziel einer schrittweisen Verwirklichung der Wirtschafts- und Währungsunion gebilligt haben,

gestützt auf den Anhang zu den Schlußfolgerungen des Vorsitzes des Europäischen Rates von Bremen vom 6. und 7. Juli 1978 sowie die Entschließung des Europäischen Rates von Brüssel vom 5. Dezember 1978 über die Errichtung des Europäischen Währungssystems (EWS) und damit zusammenhängende Fragen und in der Erwägung, daß die Gemeinschaft und die Zentralbanken der Mitgliedstaaten auf der Grundlage dieser Enschließung eine Reihe von Maßnahmen zur Durchführung der währungspolitischen Zusammenarbeit getroffen haben,

haben beschlossen, diese Akte zu erstellen, und haben zu diesem Zweck als Bevollmächtigte ernannt:

Seine Majestät der König der Belgier:
Herrn Leo Tindemans, Minister für auswärtige Beziehungen

Ihre Majestät die Königin von Dänemark:
Herrn Ulfe Elleman-Jensen, Minister für auswärtige Angelegenheiten

Der Präsident der Bundesrepublik Deutschland:
Herrn Hans-Dietrich Genscher, Bundesminister des Auswärtigen

Der Präsident der Griechischen Republik:
Herrn Karolos Papoulias, Minister für auswärtige Angelegenheiten

Seine Majestät der König von Spanien:
Herrn Francisco Fernandez Ordóñez, Minister für auswärtige Angelegenheiten

Der Präsident der Französischen Republik:
Herrn Roland Dumas, Minister für auswärtige Beziehungen

Der Präsident Irlands:
Herrn Peter Barry, T.D., Minister für auswärtige Angelegenheiten

Der Präsident der Italienischen Republik:
Herrn Giulio Andreotti, Minister für auswärtige Angelegenheiten

Seine Königliche Hoheit der Großherzog von Luxemburg:
Herrn Robert Goebbels, Staatssekretär im Ministerium für auswärtige Angelegenheiten

Ihre Majestät die Königin der Niederlande:
Herrn Hans van den Broek, Minister für auswärtige Angelegenheiten

Der Präsident der Portugiesischen Republik:
Herrn Pedro Pires de Miranda, Minister für auswärtige Angelegenheiten

Ihre Majestät die Königin des Vereinigten Königsreichs Großbritannien und Nordirland:
Frau Lynda Chalker, Staatsminister für auswärtige und Commonwealth-Angelegenheiten.

Diese sind nach Austausch ihrer als gut und gehörig befundenen Vollmachten wie folgt übereingekommen:

TITEL I

GEMEINSAME BESTIMMUNGEN

Artikel 1

Die Europäischen Gemeinschaften und die Europäische Politische Zusammenarbeit verfolgen das Ziel, gemeinsam zu konkreten Fortschritten auf dem Wege zur Europäischen Union beizutragen.

Die Europäischen Gemeinschaften beruhen auf den Verträgen zur Gründung der Europäischen Gemeinschaft für Kohle und Stahl, der Europäischen Wirtschaftsgemeinschaft und der Europäischen Atomgemeinschaft sowie auf den nachfolgenden Verträgen und Akten zur Änderung oder Ergänzung dieser Verträge.

Die Europäische Politische Zusammenarbeit wird durch Titel III geregelt. Die Bestimmungen dieses Titels bestätigen und ergänzen die in den Berichten von Luxemburg (1970), Kopenhagen (1973) und London (1981) sowie in der Feierlichen Deklaration zur Europäischen Union (1983) vereinbarten Verfahren und die Praktiken, die sich nach und nach zwischen den Mitgliedstaaten herausgebildet haben.

Artikel 2

Im Europäischen Rat kommen die Staats- und Regierungschefs der Mitgliedstaaten sowie der Präsident der Kommission der Europäischen Gemeinschaften zusammen. Sie werden von den Ministern für auswärtige Angelegenheiten und einem Mitglied der Kommission unterstützt.

Der Europäische Rat tritt mindestens zweimal jährlich zusammen.

Artikel 3

Die von nun an wie nachstehend bezeichneten Organe der Europäischen Gemeinschaften üben ihre Befugnisse und Zuständigkeiten unter den Bedingungen und im Hinblick auf die Ziele aus, die in den Verträgen zur Gründung der Europäischen Gemeinschaften und den nachfolgenden Verträgen und Akten zur Änderung und Ergänzung dieser Verträge sowie in Titel II vorgesehen sind.

Die für die Europäische Politische Zusammenarbeit zuständigen Institutionen und Organe üben ihre Befugnisse und Zuständigkeiten unter den Bedingungen und im Hinblick auf die Ziele aus, die in Titel III sowie in den in Artikel 1 Absatz 3 genannten Dokumenten festgelegt sind.

TITEL II

BESTIMMUNGEN ZUR ÄNDERUNG DER VERTRÄGE ZUR GRÜNDUNG DER EUROPÄISCHEN GEMEINSCHAFTEN

KAPITEL 1

BESTIMMUNGEN ZUR ÄNDERUNG DES VERTRAGES ÜBER DIE GRÜNDUNG DER EUROPÄISCHEN GEMEINSCHAFT FÜR KOHLE UND STAHL

Artikel 4

Der EGKS-Vertrag wird durch folgende Bestimmung ergänzt:

„Artikel 32 d

1. Auf Antrag des Gerichtshofes kann der Rat nach Anhörung der Kommission und des Europäischen Parlaments dem Gerichtshof durch einstimmigen Beschluß ein Gericht beiordnen, das für Entscheidungen über bestimmte Gruppen von Klagen natürlicher oder juristischer Personen im ersten Rechtszuge zuständig ist und gegen dessen Entscheidungen ein auf Rechtsfragen beschränktes Rechtsmittel beim Gerichtshof nach Maßgabe der Satzung eingelegt werden kann. Dieses Gericht ist weder für von den Mitgliedstaaten oder Gemeinschaftsorganen unterbreitete Rechtssachen noch für Vorabentscheidungen gemäß Artikel 41 zuständig.

2. Der Rat legt nach dem in Absatz 1 vorgesehenen Verfahren die Zusammensetzung dieses Gerichts fest und beschließt die Anpassungen und ergänzenden Bestimmungen, die in bezug auf die Satzung des Gerichtshofes notwendig werden. Wenn der Rat nichts anderes beschließt, finden die den Gerichtshof betreffenden Bestimmungen dieses Vertrages und insbesondere die Bestimmungen des Protokolls über die Satzung des Gerichtshofes auf dieses Gericht Anwendung.

3. Zu Mitgliedern diese Gerichts sind Personen auszuwählen, die jede Gewähr für Unabhängigkeit bieten und über die Befähigung zur Ausübung richterlicher Tätigkeiten verfügen; sie werden von den Regierungen der Mitgliedstaaten im gegenseitigen Einvernehmen für sechs Jahre ernannt. Alle drei Jahre wird das Gericht teilweise neu besetzt. Die Wiederernennung ausscheidender Mitglieder ist zulässig.

4. Dieses Gericht erläßt seine Verfahrensordnung im Einvernehmen mit dem Gerichtshof. Sie bedarf der einstimmigen Genehmigung des Rates."

Artikel 5

Artikel 45 des EGKS-Vertrages wird durch folgenden Absatz ergänzt:

„Der Rat kann auf Antrag des Grichtshofes und nach Anhörung der Kommission und des Europäischen Parlaments einstimmig die Bestimmungen des Titels III der Satzung ändern."

KAPITEL II

BESTIMMUNGEN ZUR ÄNDERUNG DES VERTRAGES ZUR GRÜNDUNG DER EUROPÄISCHEN WIRTSCHAFTSGEMEINSCHAFT

Abschnitt I – Bestimmungen betreffend die Organe

Artikel 6

1. Es wird ein Verfahren der Zusammenarbeit eingerichtet, das für die Rechtsakte gilt, die auf die Artikel 7 und 49, Artikel 54 Absatz 2, Artikel 56 Absatz 2 Satz 2, Artikel 57 mit Ausnahme des Absatzes 2 Satz 2, die Artikel 100 a, 100 b, 118 a und 130 e und Artikel 130 q Absatz 2 des EWG-Vertrages gestützt sind.

2. In Artikel 7 Absatz 2 des EWG-Vertrages werden die Worte „nach Anhörung der Versammlung“ durch die Worte „in Zusammenarbeit mit dem Europäischen Parlament“ ersetzt.

3. In Artikel 49 des EWG-Vertrages werden die Worte „auf Vorschlag der Kommission und nach Anhörung des Wirtschafts- und Sozialausschusses“ durch folgende Worte ersetzt: „mit qualifizierter Mehrheit auf Vorschlag der Kommission, in Zusammenarbeit mit dem Europäischen Parlament und nach Anhörung des Wirtschafts- und Sozialausschusses“.

4. In Artikel 54 Absatz 2 des EWG-Vertrages werden die Worte „auf Vorschlag der Komission und nach Anhörung des Wirtschafts- und Sozialausschusses und der Versammlung“ durch folgende Worte ersetzt: „auf Vorschlag der Kommission, in Zusammenarbeit mit dem Europäischen Parlament und nach Anhörung des Wirtschafts- und Sozialausschusses“.

5. Artikel 56 Absatz 2 Satz 2 des EWG-Vertrages erhält folgende Fassung:

„Hinsichtlich der Koordinierung der Rechtsverordnungen und Verwaltungsvorschriften der Mitgliedstaaten erläßt er jedoch die Richtlinien nach dem Ende der zweiten Stufe mit qualifizierter Mehrheit auf Vorschlag der Kommission und in Zusammenarbeit mit dem Europäischen Parlament.“

6. In Artikel 57 Absatz 1 des EWG-Vertrages werden die Worte „und nach Anhörung der Versammlung“ durch die Worte „und in Zusammenarbeit mit dem Europäischen Parlament“ ersetzt.

7. Artikel 57 Absatz 2 Satz 3 des EWG-Vertrages erhält folgende Fassung:

„Im übrigen beschließt der Rat mit qualifizierter Mehrheit in Zusammenarbeit mit dem Europäischen Parlament.“

Artikel 7

Artikel 149 des EWG-Vertrages erhält folgende Fassung:

„Artikel 149

1. Wird der Rat kraft dieses Vertrages auf Vorschlag der Kommission tätig, so kann er Änderungen dieses Vorschlags nur einstimmig beschließen.

2. Wird der Rat kraft dieses Vertrages in Zusammenarbeit mit dem Europäischen Parlament tätig, so gilt folgendes Verfahren:

a) Der Rat legt unter den Bedingungen des Absatzes 1 mit qualifizierter Mehrheit auf Vorschlag der Kommission und nach Stellungnahme des Europäischen Parlaments einen gemeinsamen Standpunkt fest.

b) Der gemeinsame Standpunkt des Rates wird dem Europäischen Parlament zugeleitet. Der Rat und die Kommission unterrichten das Europäische Parlament in allen Einzelheiten über die Gründe, aus denen der Rat seinen gemeinsamen Standpunkt festgelegt hat, sowie über den Standpunkt der Kommission.
   Hat das Europäische Parlament diesen gemeinsamen Standpunkt binnen drei Monaten nach der Übermittlung gebilligt oder hat es sich innerhalb dieser Frist nicht geäußert, so wird der Rechtsakt vom Rat entsprechend dem gemeinsamen Standpunkt endgültig verabschiedet.

c) Das Europäische Parlament kann innerhalb der unter Buchstabe b vorgesehenen Dreimonatsfrist mit der absoluten Mehrheit seiner Mitglieder Abänderungen an dem gemeinsamen Standpunkt des Rates vorschlagen. Es kann ferner den gemeinsamen Standpunkt des Rates mit der gleichen Mehrheit ablehnen.

Das Ergebnis der Beratungen wird dem Rat und der Kommission zugeleitet. Hat das Europäische Parlament den gemeinsamen Standpunkt des Rates abgelehnt, so kann der Rat in zweiter Lesung nur einstimmig beschließen.

d) Die Kommission überprüft innerhalb einer Frist von einem Monat den Vorschlag, aufgrund dessen der Rat seinen gemeinsamen Standpunkt festgelegt hat, unter Berücksichtigung der vom Europäischen Parlament vorgeschlagenen Abänderungen.
Die Kommission übermittelt dem Rat zusammen mit dem von ihr überprüften Vorschlag die von ihr nicht übernommenen Abänderungen des Europäischen Parlaments und nimmt dazu Stellung. Der Rat kann diese Abänderungen einstimmig annehmen.

e) Der Rat verabschiedet mit qualifizierter Mehrheit den von der Kommission überprüften Vorschlag.
Der Rat kann den von der Kommission überprüften Vorschlag nur einstimmig ändern.

f) In den unter den Buchstaben c, d und e genannten Fällen muß der Rat binnen drei Monaten beschließen. Ergeht innerhalb dieser Frist kein Beschluß, so gilt der Vorschlag der Kommission als nicht angenommen.

g) Die unter den Buchstaben b und f genannten Fristen können im gegenseitigen Einvernehmen zwischen dem Rat und dem Europäischen Parlament um höchstens einen Monat verlängert werden.

3. Solange ein Beschluß des Rates nicht ergangen ist, kann die Kommission ihren Vorschlag jederzeit im Verlauf der in den Absätzen 1 und 2 genannten Verfahren ändern."

Artikel 8

Artikel 237 Absatz 1 des EWG-Vertrages erhält folgende Fassung:
„Jeder europäische Staat kann beantragen, Mitglied der Gemeinschaft zu werden. Er richtet seinen Antrag an den Rat; dieser beschließt einstimmig nach Anhörung der Kommission und nach Zustimmung des Europäischen Parlaments, das mit der absoluten Mehrheit seiner Mitglieder beschließt."

Artikel 9

Artikel 238 Absatz 2 des EWG-Vertrages erhält folgende Fassung:
„Diese Abkommen werden nach Zustimmung des Europäischen Parlaments, das mit der absoluten Mehrheit seiner Mitglieder beschließt, einstimmig vom Rat geschlossen."

Artikel 10

Artikel 145 des EWG-Vertrages wird durch folgende Bestimmung ergänzt:
„– überträgt der Rat der Kommission in den von ihm angenommenen Rechtsakten die Befugnisse zur Durchführung der Vorschriften, die er erläßt. Der Rat kann bestimmte Modalitäten für die Ausübung dieser Befugnisse festlegen. Er kann sich in spezifischen Fällen außerdem vorbehalten, Durchführungsbefugnisse selbst auszuüben. Die oben genannten Modalitäten müssen den Grundsätzen und Regeln entsprechen, die der Rat auf Vorschlag der Kommission nach Stellungnahme des Europäischen Parlaments vorher einstimmig festgelegt hat."

Artikel 11

Der EWG-Vertrag wird durch folgende Bestimmung ergänzt:

„Artikel 168 a

1. Auf Antrag des Gerichtshofes kann der Rat nach Anhörung der Kommission und des Europäischen Parlaments dem Gerichtshof durch einstimmigen Beschluß ein Gericht beiordnen, das für Entscheidungen über bestimmte Gruppen von Klagen natürlicher oder juristischer Personen im ersten Rechtszuge zuständig ist und gegen dessen Entscheidungen ein auf Rechtsfragen beschränktes Rechtsmittel beim Gerichtshof nach Maßgabe der Satzung eingelegt werden kann. Dieses Gericht ist weder für von den Mitgliedstaaten oder Gemeinschaftsorganen unterbreitete Rechtssachen noch für Vorabentscheidungen gemäß Artikel 177 zuständig.

2. Der Rat legt nach dem in Absatz 1 vorgesehenen Verfahren die Zusammensetzung dieses Gerichts fest und beschließt die Anpassungen und ergänzenden Bestimmungen, die in bezug auf die Satzung des Gerichtshofes notwendig werden. Wenn der Rat nichts anderes beschließt, finden die den Gerichtshof betreffenden Bestimmungen dieses Vertrages und insbesondere die Bestimmungen des Protokolls über die Satzung des Gerichtshofes auf dieses Gericht Anwendung.

3. Zu den Mitgliedern dieses Gerichts sind Personen auszuwählen, die jede Gewähr für Unabhängigkeit bieten und über die Befähigung zur Ausübung richterlicher Tätigkeiten verfügen; sie werden von den Regierungen der Mitgliedstaaten im gegenseitigen Einvernehmen für sechs Jahre ernannt. Alle drei Jahre wird das Gericht teilweise neu besetzt. Die Wiederernennung ausscheidender Mitglieder ist zulässig.

4. Dieses Gericht erläßt seine Verfahrensordnung im Einvernehmen mit dem Gerichtshof. Sie bedarf der einstimmigen Genehmigung des Rates."

Artikel 12

In Artikel 188 des EWG-Vertrages wird folgender Absatz 2 eingefügt:

„Der Rat kann auf Antrag des Gerichtshofes und nach Anhörung der Kommission und des Europäischen Parlaments einstimmig die Bestimmungen des Titels III der Satzung ändern."

Abschnitt II – Bestimmungen über die Grundlagen und die Politik der Gemeinschaft

Unterabschnitt I – Binnenmarkt

Artikel 13

Der EWG-Vertrag wird durch folgende Bestimmung ergänzt:

„Artikel 8 a

Die Gemeinschaft trifft die erforderlichen Maßnahmen, um bis zum 31. Dezember 1992 gemäß dem vorliegenden Artikel, den Artikeln 8 b, 8 c und 28, Artikel 57 Absatz 2, Artikel 59, Artikel 70 Absatz 1 und den Artikeln 84, 99, 100 a und 100 b unbeschadet der sonstigen Bestimmungen dieses Vertrages den Binnenmarkt schrittweise zu verwirklichen.

Der Binnenmarkt umfaßt einen Raum ohne Binnengrenzen, in dem der freie

Verkehr von Waren, Personen, Dienstleistungen und Kapital gemäß den Bestimmungen dieses Vertrages gewährleistet ist."

Artikel 14

Der EWG-Vertrag wird durch folgende Bestimmung ergänzt:

„Artikel 8 b

Die Kommission berichtet dem Rat vor dem 31. Dezember 1988 und vor dem 31. Dezember 1990 über den Stand der Arbeiten im Hinblick auf die Verwirklichung des Binnemarktes innerhalb der in Artikel 8 a gesetzten Frist.

Der Rat legt mit qualifizierter Mehrheit auf Vorschlag der Kommission die Leitlinien und Bedingungen fest, die erforderlich sind, um in allen betroffenen Sektoren einen ausgewogenen Fortschritt zu gewährleisten."

Artikel 15

Der EWG-Vertrag wird durch folgende Bestimmung ergänzt:

„Artikel 8 c

Bei der Formulierung ihrer Vorschläge zur Verwirklichung der Ziele des Artikels 8 a berücksichtigt die Kommission den Umfang der Anstrengungen, die einigen Volkswirtschaften mit unterschiedlichem Entwicklungsstand im Zuge der Errichtung des Binnenmarktes abverlangt werden, und kann geeignete Bestimmungen vorschlagen.

Erhalten diese Bestimmungen die Form von Ausnahmeregelungen, so müssen sie vorübergehender Art sein und dürfen das Funktionieren des Gemeinsamen Marktes so wenig wie möglich stören."

Artikel 16

1. Artikel 28 des EWG-Vertrages erhält folgende Fassung:

„Artikel 28

Über alle autonomen Änderungen oder Aussetzungen der Sätze des Gemeinsamen Zolltarifs entscheidet der Rat mit qualifizierter Mehrheit auf Vorschlag der Kommission."

2. Artikel 57 Absatz 2 Satz 2 des EWG-Vertrages erhält folgende Fassung:

„Hierbei ist Einstimmigkeit für Richtlinien erforderlich, deren Durchführung in mindestens einem Mitgliedstaat eine Änderung bestehender gesetzlicher Grundsätze der Berufsordnung hinsichlich der Ausbildung und der Bedingungen für den Zugang natürlicher Personen zum Beruf umfaßt."

3. In Artikel 59 Absatz 2 des EWG-Vertrages wird das Wort „einstimmig" durch die Worte „mit qualifizierter Mehrheit" ersetzt.

4. In Artikel 70 Absatz 1 des EWG-Vertrages erhalten die beiden letzten Sätze folgende Fassung:

„Der Rat erläßt mit qualifizierter Mehrheit Richtlinien hierfür. Er wird bemüht sein, ein Höchstmaß an Liberalisierung zu erreichen. Der Einstimmigkeit bedürfen Maßnahmen, die einen Rückschritt auf dem Gebiet der Liberalisierung des Kapitalverkehrs darstellen."

5. In Artikel 84 Absatz 2 des EWG-Vertrages wird das Wort „einstimmig" durch die Worte „mit qualifizierter Mehrheit" ersetzt.

6. Artikel 84 Absatz 2 des EWG-Vertrages wird durch folgenden Unterabsatz ergänzt:

„Die Verfahrensvorschriften des Artikel 75 Absätze 1 und 3 finden Anwendung."

Artikel 17

Artikel 99 des EWG-Vertrages erhält folgende Fassung:

„Artikel 99

Der Rat erläßt auf Vorschlag der Kommission und nach Anhörung des Europäischen Parlaments einstimmig die Bestimmungen zur Harmonisierung der Rechtsvorschriften über die Umsatzsteuern, die Verbrauchsabgaben und sonstige indirekte Steuern, soweit diese Harmonisierung für die Errichtung und das Funktionieren des Binnenmarktes innerhalb der in Artikel 8 a vorgesehenen Frist notwendig ist."

Artikel 18

Der EWG-Vertrag wird durch folgende Bestimmung ergänzt:

„Artikel 100 a

1. Soweit in diesem Vertrag nichts anderes bestimmt ist, gilt in Abweichung von Artikel 100 für die Verwirklichung der Ziele des Artikels 8a die nachstehende Regelung. Der Rat erläßt auf Vorschlag der Kommission, in Zusammenarbeit mit dem Europäischen Parlament und nach Anhörung des Wirtschafts- und Sozialausschusses mit qualifizierter Mehrheit die Maßnahmen zur Angleichung der Rechts- und Verwaltungsvorschriften der Mitgliedstaaten, die die Schaffung und das Funktionieren des Binnenmarktes zum Gegenstand haben.

2. Absatz 1 gilt nicht für die Bestimmungen über die Steuern, die Bestimmungen über die Freizügigkeit und die Bestimmungen über die Rechte und Interessen der Arbeitnehmer.

3. Die Kommission geht in ihren Vorschlägen nach Absatz 1 in den Bereichen Gesundheit, Sicherheit, Umweltschutz und Verbraucherschutz von einem hohen Schutzniveau aus.

4. Hält es ein Mitgliedstaat, wenn der Rat mit qualifizierter Mehrheit eine Harmonisierungsmaßnahme erlassen hat, für erforderlich, einzelstaatliche Bestimmungen anzuwenden, die durch wichtige Erfordernisse im Sinne des Artikels 36 oder in bezug auf den Schutz der Arbeitsumwelt oder den Umweltschutz gerechtfertigt sind, so teilt er diese Bestimmungen der Kommission mit.

Die Kommission bestätigt die betreffenden Bestimmungen, nachdem sie sich vergewissert hat, daß sie kein Mittel zur willkürlichen Diskriminierung und keine verschleierte Beschränkung des Handels zwischen den Mitgliedstaaten darstellen.

In Abweichung von dem Verfahren der Artikel 169 und 170 kann die Kommission oder ein Mitgliedstaat den Gerichtshof unmittelbar anrufen, wenn die Kommission oder der Staat der Auffasung ist, daß ein anderer Mitgliedstaat die in diesem Artikel vorgesehenen Befugnisse mißbraucht.

5. Die vorgenannten Harmonisierungsmaßnahmen sind in geeigneten Fällen mit einer Schutzklausel verbunden, die die Mitgliedstaaten ermächtigt, aus einem oder mehreren der in Artikel 36 genannten nichtwirtschaftlichen Gründe vorläufige Maßnahmen zu treffen, die einem gemeinschaftlichen Kontrollverfahren unterliegen."

Artikel 19

Der EWG-Vertrag wird durch folgende Bestimmung ergänzt:

„Artikel 100 b

1. Die Kommission erfaßt im Laufe des Jahres 1992 gemeinsam mit jedem Mitgliedstaat dessen unter Artikel 100 a fallende Rechts- und Verwaltungsvorschriften, für die keine Angleichung gemäß diesem Artikel erfolgt ist.

Der Rat kann gemäß Artikel 100 a beschließen, daß die in einem Mitgliedstaat geltenden Vorschriften als den Vorschriften eines anderen Mitgliedstaates gleichwertig anerkannt werden müssen.

2. Artikel 100 a Absatz 4 findet entsprechende Anwendung.

3. Die Kommission führt die Erfassung nach Absatz 1 so rechtzeitig durch und legt die entsprechenden Vorschläge so rechtzeitig vor, daß der Rat vor Ende 1992 beschließen kann."

Unterabschnitt II – Währungspolitische Befugnisse

Artikel 20

1. Im Dritten Teil Titel II des EWG-Vertrages wird das folgende neue Kapitel 1 eingefügt:

„KAPITEL 1
DIE ZUSAMMENARBEIT IN DER WIRTSCHAFTS– UND WÄHRUNGSPOLITIK
(WIRTSCHAFTS- UND WÄHRUNGSUNION)

Artikel 102 a

1. Um die für die Weiterentwicklung der Gemeinschaft erforderliche Konvergenz der Wirtschafts- und Währungspolitiken zu sichern, arbeiten die Mitgliedstaaten gemäß den Zielen des Artikels 104 zusammen. Sie berücksichtigen dabei die Erfahrungen, die bei der Zusammenarbeit im Rahmen des Europäischen Währungssystems (EWS) und bei der Entwicklung des ECU gesammelt worden sind, und respektieren die bestehenden Zuständigkeiten.

2. Sofern die weitere Entwicklung im Bereich der Wirtschafts- und Währungspolitik institutionelle Veränderungen erforderlich macht, findet Artikel 236 Anwendung. Bei institutionellen Veränderungen im Bereich der Währungspolitik werden auch der Währungsausschuß und der Ausschuß der Präsidenten der Zentralbanken gehört."

3. Die Kapitel 1, 2 und 3 werden zu den Kapitel 2, 3 und 4.

Unterabschnitt III – Sozialpolitik

Artikel 21

Der EWG-Vertrag wird durch folgende Bestimmung ergänzt:

„Artikel 118 a

1. Die Mitgliedstaaten bemühen sich, die Verbesserung insbesondere der Arbeitsumwelt zu fördern, um die Sicherheit und die Gesundheit der Arbeitnehmer zu schützen, und setzen sich die Harmonisierung der in diesem Bereich bestehenden Bedingungen bei gleichzeitigem Fortschritt zum Ziel.

2. Als Beitrag zur Verwirklichung des Ziels gemäß Absatz 1 erläßt der Rat auf Vorschlag der Kommission, in Zusammenarbeit mit dem Europäischen Parlament

und nach Anhörung des Wirtschafts- und Sozialausschusses unter Berücksichtigung der in den einzelnen Mitgliedststaaten bestehenden Bedingungen und technischen Regelungen mit qualifizierter Mehrheit durch Richtlinien Mindestvorschriften, die schrittweise anzuwenden sind.

Diese Richtlinien sollen keine verwaltungsmäßigen, finanziellen oder rechtlichen Auflagen vorschreiben, die der Gründung und Entwicklung von Klein- und Mittelbetrieben entgegenstehen.

3. Die aufgrund dieses Artikels erlassenen Bestimmungen hindern die einzelnen Mitgliedstaaten nicht daran, Maßnahmen zum verstärkten Schutz der Arbeitsbedingungen beizubehalten oder zu ergreifen, die mit diesem Vertrag vereinbar sind."

Artikel 22

Der EWG-Vertrag wird durch folgende Bestimmung ergänzt:

„Artikel 118 b

Die Kommission bemüht sich darum, den Dialog zwischen den Sozialpartnern auf europäischer Ebene zu entwickeln, der, wenn diese es für wünschenswert halten, zu vertraglichen Beziehungen führen kann."

Unterabschnitt IV – Wirtschaftlicher und sozialer Zusammenhalt

Artikel 23

Dem Dritten Teil des EWG-Vertrages wird folgender Titel V hinzugefügt:

„TITEL V
WIRTSCHAFTLICHER UND SOZIALER ZUSAMMENHALT

Artikel 130 a

Die Gemeinschaft entwickelt und verfolgt weiterhin ihre Politik zur Stärkung ihres wirtschaftlichen und sozialen Zusammenhalts, um eine harmonische Entwicklung der Gemeinschaft als Ganzes zu fördern.

Die Gemeinschaft setzt sich insbesondere zum Ziel, den Abstand zwischen den verschiedenen Regionen und den Rückstand der am stärksten benachteiligten Gebiete zu verringern.

Artikel 130 b

Die Mitgliedstaaten führen und koordinieren ihre Wirtschaftspolitik in der Weise, daß auch die in Artikel 130 a genannten Ziele erreicht werden. Die Durchführung der gemeinsamen Politiken und die Errichtung des Binnenmarktes berücksichtigen die Ziele der Artikel 130 a und 130 c und tragen zu deren Verwirklichung bei. Die Gemeinschaft unterstützt diese Bemühungen durch die Politik, welche sie mit Hilfe der Strukturfonds (Europäischer Ausrichtungs- und Garantiefonds für die Landwirtschaft – Abteilung Ausrichtung, Europäischer Sozialfonds, Europäischer Fonds für regionale Entwicklung), der Europäischen Investitionsbank und der sonstigen vorhandenen Finanzierungsinstrumente führt.

Artikel 130 c

Aufgabe des Europäischen Fonds für regionale Entwicklung ist es, durch Beteiligung an der Entwicklung und an der strukturellen Anpassung der rückständigen Gebiete und an der Umstellung der Industriegebiete mit rückläufiger Entwicklung zum Ausgleich der wichtigsten regionalen Ungleichgewichte in der Gemeinschaft beizutragen.

Artikel 130 d

Die Kommission unterbreitet dem Rat unmittelbar nach Inkrafttreten der Einheitlichen Europäischen Akte einen Gesamtvorschlag, der darauf abzielt, an der Struktur und den Regeln für die Arbeitsweise der bestehenden Strukturfonds (Europäischer Ausrichtungs- und Garantiefonds für die Landwirtschaft – Abteilung Ausrichtung, Europäischer Sozialfonds, Europäischer Fonds für regionale Entwicklung) die zur Präzisierung und Rationalisierung der Aufgaben dieser Fonds gegebenenfalls erforderlichen Änderungen vorzunehmen, um zur Erreichung der Ziele der Artikel 130 a und 130 c beizutragen, die Effizienz der Fonds zu erhöhen und deren Tätigkeiten sowohl untereinander als auch im Verhältnis zu den Tätigkeiten der vorhandenen Finanzierungsinstrumente zu koordinieren. Der Rat beschließt binnen Jahresfrist und nach Anhörung des Europäischen Parlaments und des Wirtschafts- und Sozialausschusses einstimmig über diesen Vorschlag.

Artikel 130 e

Nach Annahme des Beschlusses gemäß Artikel 130 d erläßt der Rat die den Europäischen Fonds für regionale Entwicklung betreffenden Durchführungsbeschlüsse mit qualifizierter Mehrheit auf Vorschlag der Kommission und in Zusammenarbeit mit dem Europäischen Parlament.

Für den Europäischen Ausrichtungs- und Garantiefonds für die Landwirtschaft, Abteilung Ausrichtung, und den Europäischen Sozialfonds sind Artikel 43 bzw. 126 und 127 weiterhin anwendbar."

Unterabschnitt V – Forschung und technologische Entwicklung

Artikel 24

Dem Dritten Teil des EWG-Vertrages wird folgender Titel VI hinzugefügt:

„TITEL VI
FORSCHUNG UND TECHNOLOGISCHE ENTWICKLUNG

Artikel 130 f

1. Die Gemeinschaft setzt sich zum Ziel, die wissenschaftlichen und technischen Grundlagen der europäischen Industrie zu stärken und die Entwicklung ihrer internationalen Wettbewerbsfähigkeit zu fördern.

2. In diesem Sinne unterstützt sie die Unternehmen – einschließlich der Klein- und Mittelbetriebe –, die Forschungszentren und die Hochschulen bei ihren Bemühungen auf dem Gebiet der Forschung und der technologischen Entwicklung; sie fördert ihre Zusammenarbeitsbestrebungen, damit die Unternehmen vor allem die Möglichkeiten des Binnemarktes der Gemeinschaft voll nutzen können, und zwar insbesondere durch die Öffnung der einzelstaatlichen öffentlichen Beschaffungsmärkte, die Festlegung gemeinsamer Normen und die Beseitigung der dieser Zusammenarbeit entgegenstehenden rechtlichen und steuerlichen Hindernisse.

3. Bei der Verwirklichung dieser Ziele wird dem Verhältnis zwischen der gemeinsamen Anstrengung auf dem Gebiet von Forschung und technologischer Entwicklung, der Errichtung des Binnenmarktes und der Durchführung gemeinsamer Politiken, insbesondere im Bereich von Wettbewerb und Handelsverkehr, besonders Rechnung getragen.

Artikel 130 g

Zur Erreichung dieser Ziele ergreift die Gemeinschaft folgende Maßnahmen, die die in den Mitgliedstaaten durchgeführten Aktionen ergänzen:

a) Durchführung von Programmen für Forschung, technologische Entwicklung und Demonstration unter Förderung der Zusammenarbeit mit Unternehmen, Forschungszentren und Hochschulen;
b) Förderung der Zusammenarbeit mit dritten Ländern und internationalen Organisationen auf dem Gebiet der gemeinschaftlichen Forschung, technologischen Entwicklung und Demonstration;
c) Verbreitung und Auswertung der Ergebnisse der Tätigkeiten auf dem Gebiet der gemeinschaftlichen Forschung, technologischen Entwicklung und Demonstration;
d) Förderung der Ausbildung und der Mobilität der Forscher aus der Gemeinschaft.

Artikel 130 h

Die Mitgliedstaaten koordinieren untereinander in Verbindung mit der Kommission die auf einzelstaatlicher Ebene durchgeführten Politiken und Programme. Die Kommission kann in engem Kontakt mit den Mitgliedstaaten alle Initiativen ergreifen, die dieser Koordinierung förderlich sind.

Artikel 130 i

1. Die Gemeinschaft stellt ein mehrjähriges Rahmenprogramm auf, in dem alle ihre Aktionen zusammengefaßt werden. Das Rahmenprogramm legt die wissenschaftlichen und technischen Ziele, ihre jeweilige Prioritätsstufe, die Grundzüge der geplanten Aktionen, den für notwendig erachteten Betrag und die Einzelheiten der finanziellen Beteiligung der Gemeinschaft am gesamten Programm sowie die Aufteilung dieses Betrags auf die verschiedenen geplanten Aktionen fest.

2. Das Rahmenprogramm kann je nach Entwicklung der Lage angepaßt oder ergänzt werden.

Artikel 130 k

Die Durchführung des Rahmenprogramms erfolgt im Wege spezifischer Programme, die innerhalb einer jeden Aktion entwickelt werden. In jedem spezifischen Programm werden die Einzelheiten seiner Durchführung, seine Laufzeit und die für notwendig erachteten Mittel festgelegt.

Der Rat legt die Einzelheiten der Verbreitung der Kenntnisse fest, die aus den spezifischen Programmen gewonnen werden.

Artikel 130 l

Bei der Durchführung des mehrjährigen Rahmenprogramms können Zusatzprogramme beschlossen werden, an denen nur bestimmte Mitgliedstaaten teilnehmen, die sie vorbehaltlich einer etwaigen Beteiligung der Gemeinschaft auch finanzieren.

Der Rat legt insbesondere hinsichtlich der Verbreitung der Kenntnisse und des Zugangs anderer Mitgliedstaaten die Regeln für die Zusatzprogramme fest.

Artikel 130 m

Die Gemeinschaft kann bei der Durchführung des mehrjährigen Rahmenprogramms eine Beteiligung an Forschungs- und Entwicklungsprogrammen mehrerer Mitgliedstaaten, einschließlich der Beteiligung an den zu ihrer Durchführung geschaffenen Strukturen, im Einvernehmen mit den betreffenden Mitgliedstaaten vorsehen.

Artikel 130 n

Die Gemeinschaft kann bei der Durchführung des mehrjährigen Rahmenprogramms eine Zusammenarbeit auf dem Gebiet der gemeinschaftlichen Forschung, technologischen Entwicklung und Demonstration mit dritten Ländern oder internationalen Organisationen vorsehen.

Die Einzelheiten dieser Zusammenarbeit können Gegenstand internationaler Abkommen zwischen der Gemeinschaft und den betreffenden dritten Parteien sein, die gemäß Artikel 228 ausgehandelt und geschlossen werden.

Artikel 130 o

Die Gemeinschaft kann gemeinsame Unternehmen gründen oder andere Strukturen schaffen, die für die ordnungsgemäße Durchführung der Programme für gemeinschaftliche Forschung, technologische Entwicklung und Demonstration erforderlich sind.

Artikel 130 p

1. Die Einzelheiten der Finanzierung eines jeden Programms, einschließlich einer möglichen Beteiligung der Gemeinschaft, werden bei der Annahme des Programms festgelegt.

2. Unbeschadet anderer Arten eines etwaigen Tätigwerdens der Gemeinschaft wird die Höhe des jährlichen Beitrags der Gemeinschaft im Rahmen des Haushaltsverfahrens festgesetzt. Die Summe der geschätzten Kosten der spezifischen Programme darf die durch das Rahmenprogramm vorgesehene Finanzierung nicht überschreiten.

Artikel 130 q

1. Der Rat legt auf Vorschlag der Kommission und nach Anhörung des Europäischen Parlaments und des Wirtschafts- und Sozialausschusses einstimmig die in den Artikeln 130 i und 130 o vorgesehenen Bestimmungen fest.

2. Der Rat legt auf Vorschlag der Kommission, nach Anhörung des Wirtschafts- und Sozialausschusses und in Zusammenhang mit dem Europäischen Parlament mit qualifizierter Mehrheit die in den Artikeln 130 k, 130 l, 130 m, 130 n und Artikel 130 p Absatz 1 vorgesehenen Bestimmungen fest. Für die Verabschiedung der

Zusatzprogramme ist außerdem die Zustimmung der daran beteiligten Mitgliedstaaten erforderlich."

Unterabschnitt VI – Umwelt

Artikel 25

Dem Dritten Teil des EWG-Vertrages wird folgender Titel VII hinzugefügt:

„TITEL VII
UMWELT

Artikel 130 r

1. Die Umweltpolitik der Gemeinschaft hat zum Ziel,
- die Umwelt zu erhalten, zu schützen und ihre Qualität zu verbessern,
- zum Schutz der menschlichen Gesundheit beizutragen,
- eine umsichtige und rationelle Verwendung der natürlichen Ressourcen zu gewährleisten.

2. Die Tätigkeit der Gemeinschaft im Bereich der Umwelt unterliegt dem Grundsatz, Umweltbeeinträchtigungen vorzubeugen und sie nach Möglichkeit an ihrem Ursprung zu bekämpfen, sowie dem Verursacherprinzip. Die Erfordernisse des Umweltschutzes sind Bestandteil der anderen Politiken der Gemeinschaft.

3. Bei der Erarbeitung ihrer Maßnahmen im Bereich der Umwelt berücksichtigt die Gemeinschaft
- die verfügbaren wissenschaftlichen und technischen Daten,
- die Umweltbedingungen in den einzelnen Regionen der Gemeinschaft,
- die Vorteile und die Belastung aufgrund der Maßnahmen bzw. ihrer Unterlassung,
- die wirtschaftliche und soziale Entwicklung der Gemeinschaft insgesamt sowie die ausgewogene Entwicklung ihrer Regionen.

4. Die Gemeinschaft wird im Bereich der Umwelt insoweit tätig, als die in Absatz 1 genannten Ziele besser auf Gemeinschaftsebene erreicht werden können als auf der Ebene der einzelnen Mitgliedstaaten. Unbeschadet einiger Maßnahmen gemeinschaftlicher Art tragen die Mitgliedstaaten für die Finanzierung und Durchführung der anderen Maßnahmen Sorge.

5. Die Gemeinschaft und die Mitgliedstaaten arbeiten im Rahmen ihrer jeweiligen Befugnisse mit den dritten Ländern und den zuständigen internationalen Organisationen zusammen. Die Einzelheiten der Zusammenarbeit der Gemeinschaft können Gegenstand von Abkommen zwischen dieser und den betreffenden dritten Parteien sein, die gemäß Artikel 228 ausgehandelt und geschlossen werden.

Unterabsatz 1 berührt nicht die Zuständigkeit der Mitgliedstaaten, in internationalen Gremien zu verhandeln und internationale Abkommen zu schließen.

Artikel 130 s

Der Rat beschließt auf Vorschlag der Kommission und nach Anhörung des Europäischen Parlaments und des Wirtschafts- und Sozialausschusses einstimmig über das Tätigwerden der Gemeinschaft.

Der Rat legt unter den in Absatz 1 genannten Bedingungen fest, was unter die mit qualifizierter Mehrheit zu fassenden Beschlüsse fällt.

Artikel 130 t

Die Schutzmaßnahmen, die gemeinsam aufgrund des Artikels 130 s getroffen werden, hindern die einzelnen Mitgliedstaaten nicht daran, verstärkte Schutzmaßnahmen beizubehalten oder zu ergreifen, die mit diesem Vertrag vereinbar sind."

KAPITEL III

BESTIMMUNGEN ZUR ÄNDERUNG DES VERTRAGES ZUR GRÜNDUNG DER EUROPÄISCHEN ATOMGEMEINSCHAFT

Artikel 26

Der EAG-Vertrag wird durch folgende Bestimmung ergänzt:

„Artikel 140 a

1. Auf Antrag des Gerichtshofes kann der Rat nach Anhörung der Kommission und des Europäischen Parlaments dem Gerichtshof durch einstimmigen Beschluß ein Gericht beiordnen, das für Entscheidungen über bestimmte Gruppen von Klagen natürlicher oder juristischer Personen im ersten Rechtszuge zuständig ist und gegen dessen Entscheidungen ein auf Rechtsfragen beschränktes Rechtsmittel beim Gerichtshof nach Maßgabe der Satzung eingelegt werden kann. Dieses Gericht ist weder für von den Mitgliedstaaten oder Gemeinschaftsorganen unterbreitete Rechtssachen noch für Vorabentscheidungen gemäß Artikel 150 zuständig.

2. Der Rat legt nach dem in Absatz 1 vorgesehenen Verfahren die Zusammensetzung dieses Gerichts fest und beschließt die Anpassungen und ergänzenden Bestimmungen, die in bezug auf die Satzung des Gerichtshofes notwendig werden. Wenn der Rat nichts anderes beschließt, finden die den Gerichtshof betreffenden Bestimmungen dieses Vertrages und insbesondere die Bestimmungen des Protokolls über die Satzung des Gerichtshofes auf dieses Gericht Anwendung.

3. Zu Mitgliedern dieses Gerichts sind Personen auszuwählen, die jede Gewähr für Unabhängigkeit bieten und über die Befähigung zur Ausübung richterlicher Tätigkeiten verfügen; sie werden von den Regierungen der Mitgliedstaaten im gegenseitigen Einvernehmen für sechs Jahre ernannt. Alle drei Jahre wird das Gericht teilweise neu besetzt. Die Wiederernennung ausscheidender Mitglieder ist zulässig.

4. Dieses Gericht erläßt seine Verfahrensordnung im Einvernehmen mit dem Gerichtshof. Sie bedarf der einstimmigen Genehmigung des Rates."

Artikel 27

In Artikel 160 des EAG-Vertrages wird folgender Absatz 2 eingefügt:

„Der Rat kann auf Antrag des Gerichtshofes und nach Anhörung der Kommission und des Europäischen Parlaments einstimmig die Bestimmungen des Titels III der Satzung ändern."

KAPITEL IV

ALLGEMEINE BESTIMMUNGEN

Artikel 28

Die Bestimmungen der Urkunden über den Beitritt des Königreichs Spanien und der Portugiesischen Republik zu den Europäischen Gemeinschaften werden durch die vorliegende Akte nicht berührt.

Artikel 29

In Artikel 4 Absatz 2 des Beschlusses 85/257/EWG, Euratom des Rates vom 7. Mai 1985 über das System der eigenen Mittel der Gemeinschaften werden die Worte „deren Höhe und Aufbringungsschlüssel durch einstimmigen Beschluß des Rates festgelegt werden" durch die Worte „deren Höhe und Aufbringungsschlüssel vom Rat mit qualifizierter Mehrheit nach Zustimmung der betroffenen Mitgliedstaaten beschlossen werden" ersetzt.

Diese Änderung läßt die Rechtsnatur des genannten Beschlusses unberührt.

TITEL III
VERTRAGSBESTIMMUNGEN ÜBER DIE EUROPÄISCHE ZUSAMMENARBEIT IN DER AUSSENPOLITIK

Artikel 30

Für die Europäische Zusammenarbeit in der Außenpolitik gelten folgende Bestimmungen:

1. Die Hohen Vertragsparteien, die Mitglieder der Europäischen Gemeinschaften sind, bemühen sich, gemeinsam eine europäische Außenpolitik auszuarbeiten und zu verwirklichen.

2. a) Die Hohen Vertragsparteien verpflichten sich, einander in allen außenpolitischen Fragen von allgemeinem Interesse zu unterrichten und zu konsultieren, damit sichergestellt ist, daß sie durch Abstimmung, Angleichung ihrer Standpunkte und Durchführung gemeinsamer Maßnahmen ihren gemeinsamen Einfluß so wirkungsvoll wie möglich ausüben.

   b) Die Konsultationen finden statt, ehe die Hohen Vertragsparteien ihre endgültige Haltung festlegen.

   c) Jede Hohe Vertragspartei trägt bei ihren Stellungnahmen und einzelstaatlichen Maßnahmen den Standpunkten der übrigen Partner in vollem Umfang Rechnung und berücksichtigt in gebührendem Maße die Wichtigkeit der Festlegung und Verwirklichung gemeinsamer europäischer Standpunkte.

   Um ihre Fähigkeit zum gemeinsamen Handeln im Bereich der Außenpolitik zu erweitern, stellen die Hohen Vertragsparteien die schrittweise Entwicklung und die Festlegung gemeinsamer Grundsätze und Ziele sicher.

   Die Festlegung gemeinsamer Standpunkte bildet einen Bezugspunkt für die Politiken der Hohen Vertragsparteien.

   d) Die Hohen Vertragsparteien bemühen sich, Maßnahmen oder Stellungnahmen zu vermeiden, die ihrer Wirksamkeit als kohärente Kraft in den internationalen Beziehungen oder in internationalen Organisationen schaden würden.

3. a) Die Außenminister und ein Mitglied der Kommission treten mindestens viermal jährlich im Rahmen der Europäischen Politischen Zusammenarbeit zusammen. Auch anläßlich der Tagungen des Rates der Europäi-

schen Gemeinschaften können sie im Rahmen der Europäischen Politischen Zusammenarbeit außenpolitische Fragen behandeln.

b) Die Kommission wird an der Arbeit der Europäischen Politischen Zusammenarbeit in vollem Umfang beteiligt.

c) Um rasch gemeinsame Standpunkte einnehmen und gemeinsame Maßnahmen durchführen zu können, verzichten die Hohen Vertragsparteien im Rahmen des Möglichen darauf, die Herausbildung eines Konsenses und das gemeinsame Handeln, das hieraus hervorgehen könnte, zu behindern.

4. Die Hohen Vertragsparteien gewährleisten, daß das Europäische Parlament eng an der Europäischen Politischen Zusammenarbeit beteiligt wird. Zu diesem Zweck unterrichtet die Präsidentschaft das Europäische Parlament regelmäßig über die im Rahmen der Arbeit der Europäischen Politischen Zusammenarbeit geprüften außenpolitischen Themen und trägt dafür Sorge, daß die Auffassungen des Europäischen Parlaments bei dieser Arbeit gebührend berücksichtigt werden.

5. Die auswärtigen Politiken der Europäischen Gemeinschaft und die im Rahmen der Europäischen Politischen Zusammenarbeit vereinbarten Politiken müssen kohärent sein.

Es fällt unter die besondere Verantwortung der Präsidentschaft und der Kommission, in ihrem jeweiligen Zuständigkeitsbereich dafür Sorge zu tragen, daß diese Kohärenz angestrebt und aufrechterhalten wird.

6. a) Die Hohen Vertragsparteien sind der Auffassung, daß eine engere Zusammenarbeit in Fragen der europäischen Sicherheit geeignet ist, wesentlich zur Entwicklung einer außenpolitischen Identität Europas beizutragen. Sie sind zu einer stärkeren Koordinierung ihrer Standpunkte zu den politischen und wirtschaftlichen Aspekten der Sicherheit bereit.

b) Die Hohen Vertragsparteien sind entschlossen, die für ihre Sicherheit notwendigen technologischen und industriellen Voraussetzungen aufrechtzuerhalten. Sie setzen sich hierfür sowohl auf einzelstaatlicher Ebene als auch, wo dies angebracht ist, im Rahmen der zuständigen Institutionen und Organe ein.

c) Dieser Titel steht einer engeren Zusammanarbeit auf dem Gebiet der Sicherheit zwischen einigen Hohen Vertragsparteien im Rahmen der Westeuropäischen Union und des Atlantischen Bündnisses nicht entgegen.

7. a) In den internationalen Institutionen und auf internationalen Konferenzen, bei denen die Hohen Vertragsparteien vertreten sind, arbeiten diese auf die Annahme gemeinsamer Standpunkte zu Themen, die von diesem Titel erfaßt werden, hin.

b) In den internationalen Institutionen und auf internationalen Konferenzen, bei denen nicht alle Hohen Vertragsparteien vertreten sind, berücksichtigen diejenigen, die dort vertreten sind, in vollem Umfang die im Rahmen der Europäischen Politischen Zusammenarbeit vereinbarten Standpunkte.

8. Die Hohen Vertragsparteien führen immer, wenn sie es für notwendig halten, einen politischen Dialog mit Drittländern und regionalen Gruppierungen herbei.

9. Die Hohen Vertragsparteien und die Kommission intensivieren die Zusammenarbeit zwischen ihren in Drittländern und bei internationalen Organisationen akkreditierten Vertretungen, indem sie einander unterstützen und informieren.

10. a) Die Präsidentschaft in der Europäischen Politischen Zusammenarbeit wird von der Hohen Vertragspartei wahrgenommen, die den Vorsitz im Rat der Europäischen Gemeinschaft innehat.
b) Die Präsidentschaft ist verantwortlich für Initiativen, für die Koordinierung und für die Vertretung der Mitgliedstaaten gegenüber Drittländern bei Tätigkeiten, die unter die Europäische Politische Zusammenarbeit fallen. Sie ist ferner verantwortlich für die Führung der Geschäfte der Europäischen Politischen Zusammenarbeit, im besonderen für die Festlegung des Terminplans für die Treffen, ihre Einberufung und Durchführung.
c) Die Politischen Direktoren treten regelmäßig im Politischen Komitee zusammen, um die nötigen Anstöße zu geben, die Kontinuität der Europäischen Politischen Zusammenarbeit zu gewährleisten und die Ministergespräche vorzubereiten.
d) Auf Antrag von mindestens drei Mitgliedstaaten wird innerhalb von 48 Stunden das Politische Komitee oder nötigenfalls ein Ministertreffen einberufen.
e) Die europäische Korrespondentengruppe hat die Aufgabe, entsprechend den Richtlinien des Politischen Komitees über die Durchführung der Europäischen Politischen Zusammenarbeit zu wachen und Fragen der allgemeinen Organisation zu prüfen.
f) Arbeitsgruppen treten entsprechend den Richtlinien des Politischen Komitees zusammen.
g) Ein in Brüssel eingerichtetes Sekretariat unterstützt die Präsidentschaft bei der Vorbereitung und Durchführung der Arbeit der Europäischen Politischen Zusammenarbeit sowie in Verwaltungsfragen. Bei der Wahrnehmung seiner Aufgaben untersteht es der Präsidentschaft.

11. Hinsichtlich der Vorrechte und Immunitäten sind die Mitglieder des Sekretariats der Europäischen Politischen Zusammenarbeit den Mitgliedern der diplomatischen Missionen der Hohen Vertragsparteien am Ort des Sekretariatssitzes gleichgestellt.

12. Die Hohen Vertragsparteien prüfen fünf Jahre nach Inkrafttreten dieser Akte, ob Titel III einer Revision bedarf.

TITEL IV
ALLGEMEINE UND SCHLUSSBESTIMMUNGEN

Artikel 31

Die Bestimmungen des Vertrages über die Gründung der Europäischen Gemeinschaft für Kohle und Stahl, des Vertrages zur Gründung der Europäischen Wirtschaftsgemeinschaft und des Vertrages zur Gründung der Europäischen Atomgemeinschaft betreffend die Zuständigkeit des Gerichtshofes der Europäischen Gemeinschaften und die Ausübung dieser Zuständigkeit gelten nur für die Bestimmungen des Titels II und für Artikel 32, und zwar unter den gleichen Bedingungen wie für die Bestimmungen der genannten Verträge.

Artikel 32

Vorbehaltlich des Artikels 3 Absatz 1, des Titels II und des Artikels 31 werden die Verträge zur Gründung der Europäischen Gemeinschaften sowie die nachfolgenden Verträge und Akte zur Änderung oder Ergänzung dieser Verträge durch die vorliegende Akte in keiner Weise berührt.

Artikel 33

1. Diese Akte bedarf der Ratifizierung durch die Hohen Vertragsparteien gemäß ihren verfassungsrechtlichen Vorschriften. Die Ratifikationsurkunden werden bei der Regierung der Italienischen Republik hinterlegt.

2. Diese Akte tritt am ersten Tag des auf die Hinterlegung der letzten Ratifikationsurkunde folgenden Monats in Kraft.

Artikel 34

Diese Akte ist in einer Urschrift in dänischer, englischer, französischer, griechischer, irischer, italienischer, niederländischer, portugiesischer und spanischer Sprache abgefaßt, wobei jeder Wortlaut gleichermaßen verbindlich ist; sie wird im Archiv der Regierung der Italienischen Republik hinterlegt; diese übermittelt der Regierung jedes anderen Unterzeichnerstaates eine beglaubigte Abschrift.

Zu Urkund dessen haben die unterzeichneten Bevollmächtigten ihre Unterschriften unter diese Einheitliche Europäische Akte gesetzt.

Geschehen zu Luxemburg am siebzehnten Februar neunzehnhundertsechsundachtzig und in Den Haag am achtundzwanzigsten Februar neunzehnhundertsechsundachtzig.

SCHLUSSAKTE

Die Konferenz der Vertreter der Regierungen der Mitgliedstaaten, die für den 9. September 1985 nach Luxemburg einberufen wurde,

ihre Beratungen in Luxemburg und Brüssel fortgesetzt hat, hat den folgenden Text beschlossen:

I

EINHEITLICHE EUROPÄISCHE AKTE

II

Bei der Unterzeichnung dieses Textes hat die Konferenz die folgenden, dieser Schlußakte beigefügten Erklärungen angenommen:

1. Erklärung zu den Durchführungsbefugnissen der Kommission
2. Erklärung betreffend den Gerichtshof
3. Erklärung zu Artikel 8 a des EWG-Vertrages
4. Erklärung zu Artikel 100 a des EWG-Vertrages
5. Erklärung zu Artikel 100 b des EWG-Vertrages
6. Allgemeine Erklärung zu den Artikeln 13 bis 19 der Einheitlichen Europäischen Akte
7. Erklärung zu Artikel 118 a Absatz 2 des EWG-Vertrages
8. Erklärung zu Artikel 130 d des EWG-Vertrages
9. Erklärung zu Artikel 130 r des EWG-Vertrages

10. Erklärung der Hohen Vertragsparteien zu Titel III der Einheitlichen Europäischen Akte
11. Erklärung zu Artikel 30 Nummer 10 Buchstabe g der Einheitlichen Europäischen Akte

Die Konferenz hat ferner die folgenden, dieser Schlußakte beigefügten Erklärungen zur Kenntnis genommen:
1. Erklärung des Vorsitzes zu der Frist, innerhalb welcher der Rat in erster Lesung Stellung nimmt (Artikel 149 Absatz 2 des EWG-Vertrages)
2. Politische Erklärung der Regierungen der Mitgliedstaaten zur Freizügigkeit
3. Erklärung der Regierung der Griechischen Republik zu Artikel 8 a des EWG-Vertrages
4. Erklärung der Kommission zu Artikel 28 des EWG-Vertrages
5. Erklärung der Regierung Irlands zu Artikel 57 Absatz 2 des EWG-Vertrages
6. Erklärung der Regierung der Portugiesischen Republik zu Artikel 59 Absatz 2 und Artikel 84 des EWG-Vertrages
7. Erklärung der Regierung des Königreichs Dänemark zu Artikel 100 a des EWG-Vertrages
8. Erklärung des Vorsitzes und der Kommission zu den währungspolitischen Befugnissen der Gemeinschaft
9. Erklärung der Regierung des Königreichs Dänemark zur Europäischen Politischen Zusammenarbeit

Geschehen zu Luxemburg am siebzehnten Februar neunzehnhundertsechsundachtzig und in Den Haag am achtundzwanzigsten Februar neunzehnhundertsechsundachtzig.

Erklärung zu den Durchführungsbefugnissen der Kommission

Die Konferenz ersucht die Gremien der Gemeinschaft, vor Inkrafttreten der Akte die Grundsätze und Regeln festzulegen, anhand deren die Durchführungsbefugnisse der Kommission in jedem einzelnen Fall zu definieren sind.

In diesem Zusammenhang ersucht die Konferenz den Rat, im Hinblick auf die Ausübung der der Kommission im Rahmen des Artikels 100 a übertragenen Durchführungsbefugnisse insbesondere dem Verfahren des Beratenden Ausschusses einen maßgeblichen Platz im Hinblick auf Schnelligkeit und Wirksamkeit des Entscheidungsprozesses einzuräumen.

Erklärung betreffend den Gerichtshof

Die Konferenz kommt überein, daß Artikel 32d Absatz 1 des EGKS-Vertrages, Artikel 168a Absatz 1 des EWG-Vertrages und Artikel 140a Absatz 1 des EAG-Vertrages etwaigen Übertragungen gerichtlicher Zuständigkeiten nicht vorgreift, die im Rahmen von Abkommen zwischen den Mitgliedstaaten vorgesehen werden könnten.

Erklärung zu Artikel 8a des EWG-Vertrages

Die Konferenz möchte mit Artikel 8a den festen politischen Willen zum Ausdruck bringen, vor dem 1. Januar 1993 die Beschlüsse zu fassen, die zur Verwirklichung des in diesem Artikel beschriebenen Binnenmarktes erforderlich sind, und zwar insbesondere die Beschlüsse, die zur Ausführung des von der Kommission in dem Weißbuch über den Binnenmarkt aufgestellten Programms notwendig sind.

Die Festsetzung des Termins „31. Dezember 1992“ bringt keine automatische rechtliche Wirkung mit sich.

Erklärung zu Artikel 100a des EWG-Vertrages

Die Kommission wird bei ihren Vorschlägen nach Artikel 100a Absatz 1 der Rechtsform der Richtlinie den Vorzug geben, wenn die Angleichung in einem oder mehreren Mitgliedstaaten eine Änderung von gesetzlichen Vorschriften erfordert.

Erklärung zu Artikel 100b des EWG-Vertrages

Die Konferenz ist der Ansicht, daß Artikel 8c des EWG-Vertrages aufgrund seiner allgemeinen Tragweite auch für von der Kommission nach Artikel 100b vorzulegende Vorschläge gilt.

Allgemeine Erklärung zu den Artikeln 13 bis 19 der Einheitlichen Europäischen Akte

Diese Bestimmungen berühren in keiner Weise das Recht der Mitgliedstaaten, diejenigen Maßnahmen zu ergreifen, die sie zur Kontrolle der Einwanderung aus dritten Ländern sowie zur Bekämpfung von Terrorismus, Kriminalität, Drogenhandel und unerlaubtem Handel mit Kunstwerken und Antiquitäten für erforderlich halten.

Erklärung zu Artikel 118a Absatz 2 des EWG-Vertrages

Die Konferenz stellt fest, daß bei der Beratung von Artikel 118a Absatz 2 des EWG-Vertrages Einvernehmen darüber bestand, daß die Gemeinschaft nicht beabsichtigt, bei der Festlegung von Mindestvorschriften zum Schutze der Sicherheit und der Gesundheit der Arbeitnehmer die Arbeitnehmer in Klein- und Mittelbetrieben in sachlich nicht begründeter Weise schlechterzustellen.

Erklärung zu Artikel 130d des EWG-Vertrages

Die Konferenz verweist in diesem Zusammenhang auf die Schlußfolgerungen der Tagung des Europäischen Rates vom März 1984 in Brüssel, die wie folgt lauten:

„Im Rahmen der finanziellen Möglichkeiten wird eine signifikante reale Aufstokkung der unter Berücksichtigung der IMP für die Interventionen der Fonds bereitgestellten Finanzmittel vorgenommen.“

Erklärung zu Artikel 130r des EWG-Vertrages

Absatz 1 dritter Gedankenstrich

Die Konferenz stellt fest, daß die Tätigkeit der Gemeinschaft auf dem Gebiet des Umweltschutzes sich nicht störend auf die einzelstaatliche Politik der Nutzung der Energieressourcen auswirken darf.

Absatz 5 Unterabsatz 2

Die Konferenz ist der Ansicht, daß Artikel 130r Absatz 5 Unterabsatz 2 die sich aus dem AETR-Urteil des Gerichtshofs ergebenden Grundsätze nicht berührt.

Erklärung der Hohen Vertragsparteien zu Titel III der Einheitlichen Europäischen Akte

Die Hohen Vertragsparteien des Titels III über die Europäische Politische Zusammenarbeit bekräftigen ihre offene Haltung gegenüber anderen europäischen Ländern mit den gleichen Idealen und Zielen. Sie kommen insbesondere überein, die Verbindungen zu den Mitgliedstaaten des Europarates und anderen demokratischen Ländern Europas, mit denen sie freundschaftliche Beziehungen unterhalten und eng zusammenarbeiten, zu stärken.

Erklärung zu Artikel 30 Nummer 10 Buchstabe g der Einheitlichen Europäischen Akte

Die Konferenz ist der Ansicht, daß der Beschluß der Vertreter der Regierungen der Mitgliedstaaten vom 8. April 1965 über die vorläufige Unterbringung bestimmter Organe und Dienststellen der Gemeinschaften durch Artikel 30 Nummer 10 Buchstabe g nicht berührt wird.

Erklärung des Vorsitzes zu der Frist, innerhalb welcher der Rat in erster Lesung Stellung nimmt (Artikel 149 Absatz 2 des EWG-Vertrages)

Was die Erklärung des Europäischen Rates von Mailand anbelangt, wonach der Rat nach Möglichkeiten suchen soll, seine Beschlußfassungsverfahren zu verbessern, so hat der Vorsitz die Absicht geäußert, die betreffenden Arbeiten so bald wie möglich zu einem Abschluß zu bringen.

Politische Erklärung der Regierungen der Mitgliedstaaten zur Freizügigkeit

Zur Förderung der Freizügigkeit arbeiten die Mitgliedstaaten unbeschadet der Befugnisse der Gemeinschaft zusammen, und zwar insbesondere hinsichtlich der Einreise, der Bewegungsfreiheit und des Aufenthalts von Staatsangehörigen dritter Länder. Außerdem arbeiten sie bei der Bekämpfung von Terrorismus, Kriminalität, Drogenhandel und unerlaubtem Handel mit Kunstwerken und Antiquitäten zusammen.

Erklärung der Regierung der Griechischen Republik zu Artikel 8a des EWG-Vertrages

Griechenland ist der Ansicht, daß die Entwicklung gemeinschaftlicher Politiken und Aktionen und die Annahme von Maßnahmen auf der Grundlage von Artikel 70 Absatz 1 und Artikel 84 so erfolgen müssen, daß empfindliche Sektoren der Wirtschaft der Mitgliedstaaten nicht beeinträchtigt werden.

Erklärung der Kommission zu Artikel 28 des EWG-Vertrages

Bezüglich ihrer internen Verfahren sorgt die Kommission dafür, daß die sich aus der Änderung von Artikel 28 des EWG-Vertrages ergebenden Änderungen nicht zu Verzögerungen bei der Beantwortung dringender Anträge auf Änderung oder Aussetzung der Sätze des Gemeinsamen Zolltarifs führen.

Erklärung der Regierung von Irland zu Artikel 57 Absatz 2 des EWG-Vertrages

Irland bestätigt sein Einverständnis mit einer Beschlußfassung mit qualifizierter Mehrheit gemäß Artikel 57 Absatz 2, möchte aber daran erinnern, daß das Versicherungsgewerbe in Irland einen besonders empfindlichen Bereich darstellt und daß zum Schutz der Versicherungsnehmer sowie zum Schutz Dritter besondere Vereinbarungen getroffen werden mußten. In bezug auf die Harmonisierung der Rechtsvorschriften für das Versicherungswesen geht die irische Regierung davon aus, daß sie mit einer verständnisvollen Haltung der Kommission und der übrigen Mitgliedstaaten der Gemeinschaft rechnen kann, falls Irland sich zu einem späteren Zeitpunkt in einer Situation befinden sollte, in der die irische Regierung es für erforderlich halten würde, hinsichtlich der Stellung des Versicherungsgewerbes in Irland besondere Vorkehrungen zu treffen.

Erklärung der Regierung der Portugiesischen Republik zu Artikel 59 Absatz 2 und Artikel 84 des EWG-Vertrages

Portugal vertritt die Auffassung, daß der Übergang von der einstimmigen Beschlußfassung zur Beschlußfassung mit qualifizierter Mehrheit in Artikel 59 Absatz 2 und Artikel 84, der in den Verhandlungen über den Beitritt Portugals zur Gemeinschaft nicht berücksichtigt worden ist und den gemeinschaftlichen Besitzstand wesentlich verändert, empfindliche Schlüsselsektoren der protugiesischen Wirtschaft nicht beeinträchtigen darf und daß geeignete spezifische Übergangsmaßnahmen in allen Fällen ergriffen werden müssen, in denen dies erforderlich ist, um etwaige nachteilige Folgen für die betreffenden Sektoren zu verhindern.

Erklärung der Regierung des Königreichs Dänemark zu Artikel 100a des EWG-Vertrages

Die dänische Regierung stellt fest, daß in Fällen, in denen gemäß Artikel 100a erlassene Harmonisierungsmaßnahmen nach Ansicht eines Mitgliedstaats nicht höhere Erfordernisse in bezug auf die Arbeitsumwelt oder den Umweltschutz oder im Sinne des Artikels 36 sicherstellen, durch Artikel 100a Absatz 4 gewährleistet wird, daß der betreffende Mitgliedstaat einzelstaatliche Maßnahmen treffen kann. Diese dienen der Verwirklichung der genannten Erfordernisse und dürfen keinen verschleierten Protektionismus bedeuten.

Erklärung des Vorsitzes und der Kommission zu den währungspolitischen Befugnissen der Gemeinschaft

Der Vorsitz und die Kommission sind der Ansicht, daß die in den EWG-Vertrag eingefügten Bestimmungen über die währungspolitischen Befugnisse der Gemeinschaft nicht die Möglichkeit einer weiteren Entwicklung im Rahmen der bestehenden Befugnisse präjudizieren.

Erklärung der Regierung des Königreichs Dänemark zur Europäischen Politischen Zusammenarbeit

Die dänische Regierung stellt fest, daß der Abschluß des Titels III über die Zusammenarbeit in der Außenpolitik die Beteiligung Dänemarks an der nordischen Zusammenarbeit im außenpolitischen Bereich nicht berührt.

Quelle: Europäische Gemeinschaften, Brüssel.

Dokument Nr. 23

Denkschrift der Deutschen Bundesregierung vom 28. Februar 1986 zur Einheitlichen Europäischen Akte (Einleitung)

(. . .)

A. Vorgeschichte

Am 29. Juni 1985 setzte der Europäische Rat in Mailand eine Regierungskonferenz ein, die den Auftrag erhielt, „konkrete Fortschritte auf dem Weg zur Europäischen Union herbeizuführen". Die Regierungskonferenz konstituierte sich am 9. September 1985 unter luxemburgischer EG-Präsidentschaft. Von September bis Dezember 1985 trat sie zu insgesamt sechs Verhandlungsrunden zusammen. Spanien und Portugal nahmen an den Verhandlungen teil. Nachdem der Europäische Rat am 2./3. Dezember 1985 für die wichtigsten noch offenen Fragen Lösungen gefunden hatte, konnten die Arbeiten der Konferenz schließlich am 27. Januar 1986 abgeschlossen werden. Das auf der Konferenz verhandelte Vertragswerk („Einheitliche Europäische Akte") wurde am 17. Februar 1986 in Luxemburg von neun Mitgliedstaaten unterzeichnet. Dänemark, das die Zustimmung zum Verhandlungsergebnis vom positiven Ausgang einer (konsultativen) Volksabstimmung am 27. Februar 1986 abhängig gemacht hatte, Griechenland und Italien holten die Unterzeichnung am 28. Februar 1986 in Den Haag nach.

Die Einheitliche Europäische Akte (EEA) setzt eine längere Reihe politischer und institutioneller Reformvorschläge durch konkrete Maßnahmen fort. Am Ursprung dieses Prozesses stehen die Beschlüsse der Staats- und Regierungschefs vom 19./20. Oktober 1972 sowie vom 9./10. Dezember 1974 in Paris. Belebt wurde der Reformprozeß der Gemeinschaft im folgenden durch den Tindemans-Bericht über die Europäische Union (1975), durch den Bericht der „Drei Weisen" über die Europäischen Organe (1979) und durch die deutsch-italienische Initiative für eine Europäische Akte (1981).

Diese Reformbemühungen erreichten unter deutscher EG-Präsidentschaft mit der Verabschiedung der Feierlichen Deklaration zur Europäischen Union vom 19. Juni 1983 in Stuttgart eine entscheidende Zwischenetappe. Das Europäische Parlament hat die Reformdiskussion der Gemeinschaft und ihrer Mitgliedstaaten durch eigene Impulse belebt und vorangetrieben, als es am 14. Februar 1984 den Entwurf eines Vertrags zur Gründung der Europäischen Union vorlegte, der das verfassungspolitische Endziel eines umfassenden föderativen Zusammenschlusses in den Vordergrund stellte. Die Regierungskonferenz hat sich bei ihren Verhandlungen auch von Geist und Methode dieses Vertragsentwurfs leiten lassen.

Die Arbeiten der Regierungskonferenz gründen sich zu einem nicht unbeträchtlichen Teil auf Vorarbeiten, die auf die Tagung des Europäischen Rates in Fontainebleau (25./26. Juni 1984) zurückgehen. Dieser hatte einen Ad-hoc-Ausschuß für Institutionelle Fragen mit einem Mandat eingesetzt, „Vorschläge zum besseren Funktionieren der europäischen Zusammenarbeit im Gemeinschaftsbereich wie auch im Bereich der politischen Zusammenarbeit und in anderen Bereichen zu unterbreiten". Der Ausschuß legte am 19. März 1985 seinen Schlußbericht vor. Mit der Einsetzung einer Regierungskonferenz entsprach der Europäische Rat einem Vorschlag des Ad-hoc-Ausschusses für Institutionelle Fragen.

B. Würdigung des Vertragswerks

Die Einheitliche Europäische Akte ist das wichtigste und grundlegendste Projekt zur Änderung und Ergänzung der bestehenden Gemeinschaftsverfassung seit Abschluß der Römischen Verträge und eine bedeutsame Etappe auf dem Weg der Weiterentwicklung der Gemeinschaft zu einer Wirtschafts- und Währungsunion und längerfristig zu einer Europäischen Union. Das Reformwerk eröffnet konkrete Chancen für die baldige Vollendung eines echten und umfassenden Binnenmarktes, es ergänzt den EWG-Vertrag um neue Vorschriften, die ausdrückliche Rechtsgrundlagen für bestimmte Tätigkeitsfelder (Forschung und technologische Entwicklung, Umweltschutz) einführen, es schafft die Voraussetzungen für die Straffung des Beschlußverfahrens im Rat und für die Mitwirkung des Europäischen Parlaments im Legislativverfahren der Gemeinschaft.

Die Einheitliche Europäische Akte bringt das europäische Einigungswerk auch im Bereich der Außenpolitik voran. Die in über 15 Jahren gewachsene Europäische Politische Zusammenarbeit wird in einem auch die Europäische Gemeinschaft umfassenden Vertragswerk völkerrechtlich verankert, bindend unter den Grundsatz der Ausarbeitung und Verwirklichung einer europäischen Außenpolitik gestellt und verbessert, die politische Realität der Europäischen Gemeinschaft wird damit gefestigt.

Die wesentlichen Grundzüge und das Profil des Reformwerks sind durch die aktive Mitwirkung der Bundesregierung geprägt worden. Dies gilt vor allem auch für die künftigen Mitwirkungsrechte des Europäischen Parlaments im Legislativverfahren und für seine Mitentscheidung beim Abschluß von Beitritts- und Assoziierungsabkommen der Gemeinschaft. Schließlich gehört auch die schrittweise Verwirklichung einer gemeinsamen Außen- und Sicherheitspolitik im Rahmen einer Europäischen Union seit jeher zu den Grundanliegen der Bundesregierung. Dieses Ziel prägte die deutsch-italienische Initiative, die zu der am 19. Juni 1983 in Stuttgart unterzeichneten Feierlichen Deklaration zur Europäischen Union führte. Die Bundesregierung war maßgeblich am Beschluß des Europäischen Rates in Mailand vom 28./29. Juni 1985 beteiligt, zur Herbeiführung konkreter Fortschritte auf dem Weg zur Europäischen Union einen Vertrag über eine gemeinsame Außen- und Sicherheitspolitik zu erarbeiten. Der in Mailand gemeinsam mit Frankreich eingebrachte Entwurf bildete eine der Grundlagen der Verhandlungen im Rahmen der Regierungskonferenz und fand in wesentlichen Teilen Eingang in die Präambel und in die Bestimmungen über die Europäische Zusammenarbeit in der Außenpolitik in Titel III der Einheitlichen Europäischen Akte.

Mit dem Inkrafttreten der Einheitlichen Europäischen Akte wird ein historisch notwendiger und mutiger Schritt in Richtung auf eine stärkere Eigendynamik und Beschleunigung des Integrationsprozesses zu einem Zeitpunkt unternommen, in dem die Erweiterung der Gemeinschaft auf zwölf Mitglieder seit dem 1. Januar 1986 die Verbesserung der bisherigen Entscheidungsverfahren und Integrationsmethoden noch dringlicher macht.

Die Einigung Europas bleibt historischer Auftrag und politisches Ziel der Bundesregierung. Die Verwirklichung der Europäischen Union bedarf konkreter und

aufeinander abgestimmter Einzelschritte sowohl im Bereich der wirtschaftlichen als auch der politischen Integration der Völker und Staaten Europas. Die Einheitliche Europäische Akte eröffnet weitere Aktionsmöglichkeiten für die Fortentwicklung der Gemeinschaft zur Europäischen Union.
(. . .)

Quelle: Bundesrat, Drucksache 150/86 vom 4. 4. 1986.

Dokument Nr. 24

Ansprache des amtierenden Präsidenten des Ministerrates der Europäischen Gemeinschaften, Herrn Hans van den Broek, vom 17. Februar 1986 aus Anlaß der Unterzeichnung der Einheitlichen Europäischen Akte in Luxemburg

Nunmehr ist der Augenblick gekommen, da der Prozeß endet, der mit der Mailänder Tagung des Europäischen Rates eingesetzt hat und der nach eingehenden Beratungen und intensiver Arbeit zu dem Ergebnis geführt hat, das wir – wie vereinbart – die Europäische Akte (Acte Unique Européen) nennen.

Als Präsident des Rates habe ich im Augenblick gemischte, aber bis zu einem gewissen Grade auch feierliche Gefühle, denn wir erleben eine wichtige Stunde in der Geschichte der Gemeinschaft; unverkennbare Genugtuung empfinde ich darüber, daß ein umfangreiches und kompliziertes Werk hiermit zu einem erfolgreichen Abschluß gebracht wird; eine ebenso unverkennbare Betrübnis bereitet mir aber der Umstand, daß die Reihe der Unterzeichner noch nicht die volle Zahl erreicht hat, auf die wir gehofft hatten. Bevor ich mich jedoch zu diesen verschiedenen Aspekten näher äußere, möchte ich an erster Stelle dem Luxemburger Vorsitz erneut mein Lob aussprechen. Es ist nämlich dieser Vorsitz, der alle mit diesem Unternehmen verbundenen Belastungen getragen hat und der in der zweiten Hälfte des Jahres 1985 unermüdlich, entschlossen und einsichtig die Besprechungen geleitet hat, deren Ergebnis die am 2. und 3. Dezember 1985 in Luxemburg durch die Staats- und Regierungschefs erzielte grundsätzliche Einigung war.

Unsere große Bewunderung für die Anstrengungen, die der Luxemburger Vorsitz, ich denke hierbei insbesondere an die Herren Santer, Poos und Dondelinger, unternommen hat, hat uns dazu bewogen, die Europäische Akte hier in Luxemburg zu unterzeichnen, und zwar an demselben Ort, an dem die Staats- und Regierungschefs Einvernehmen erzielt haben, wenngleich dies mit Vorbehalten geschehen ist, deren Folgen wir jetzt noch spüren.

Ich möchte jetzt noch einige Bemerkungen zu der Europäischen Akte machen, die wir gleich unterzeichnen werden. Es ist darüber jedoch schon soviel geschrieben und gesprochen worden, daß ich nicht mehr allzu lange darauf eingehen möchte.

Meines Erachtens ist über die Europäische Akte vieles gesagt worden, wobei in beiden Richtungen maßlos übertrieben worden ist.

Rein objektiv gesehen denke ich, daß wir uns alle darüber einig sind, daß wir jetzt, da wir schon etwas Abstand gewonnen haben und alles etwas ruhiger betrachten konnten, sagen können, daß die Europäische Akte trotz ihrer unvermeidlichen Unvollkommenheit zweifellos einen Fortschritt und einen Schritt in die richtige Richtung darstellt.

Es ist schwierig, genau zu sagen, wie groß dieser Fortschritt ist, doch bin ich davon überzeugt, daß er in der Praxis größer sein dürfte, als wir es uns jetzt vorstellen.

Ich möchte hier nicht im einzelnen auf einen Text eingehen, dessen starke und schwache Stellen Sie ebenso gut wie ich kennen.

Ich möchte Sie nur auf die beiden Vorteile hinweisen, die der Text meines Erachtens in erster Linie aufweist und die an sich schon ein positives Urteil rechtfertigen.

An erster Stelle bezieht sich die Europäische Akte auf einige der Hauptprobleme des heutigen Europa, die für seine und somit auch für unsere Zukunft von entscheidender Bedeutung sind, und sie versucht auch, eine Antwort hierauf zu geben.

Es handelt sich dabei vor allem um die schnelle Verwirklichung eines echten, vollständig freien Marktes, wodurch sich die europäische Dimension für die Bürger endlich konkretisiert und zu einem Faktor der wirtschaftlichen Dynamik und des Wohlstandes in allen Mitgliedstaaten wird. Im Hinblick hierauf mußte die Entscheidungsbefugnis der Gemeinschaft erweitert werden, was dadurch erreicht wurde, daß über mehr Bereiche mit qualifizierter Mehrheit abgestimmt werden kann. Zugleich wurde der erforderlichen Solidarität zwischen den Mitgliedstaaten und den Instrumenten, über die die Gemeinschaft in dieser Hinsicht verfügt, d.h. den Strukturfonds, der ihnen gebührende Platz im Vertrag eingeräumt.

Eine weitere Herausforderung für das heutige Europa besteht auf dem Gebiet der Demokratie. Auch dem konnte, jedenfalls zum Teil, in der Europäischen Akte Rechnung getragen werden, da das in Direktwahlen gewählte Europäische Parlament enger an der Gesetzgebung beteiligt wird und eine weitere Möglichkeit erhält, Einfluß auf den Inhalt der Beschlüsse zu nehmen.

Die dritte Herausforderung besteht auf dem Gebiet der Wissenschaft und Technologie, das von allen als ein für die Zukunft entscheidendes Gebiet betrachtet wird. Auch in dieser Hinsicht umfaßt die Europäische Akte etwas Neues, nämlich einen rechtlichen Rahmen, der die Basis für künftige Tätigkeiten der Gemeinschaft sein wird. Dasselbe gilt für den Umweltschutz.

Somit enthält die Europäische Akte eine Antwort oder vielmehr den Ansatz einer Antwort auf die derzeitigen Wünsche und Bedürfnisse.

Das zweite Verdienst der Europäischen Akte besteht meines Erachtens darin, daß sie miteinander in Widerspruch stehende Forderungen und Bestrebungen miteinander in Einklang gebracht hat und somit eine sichere Zukunft bietet.

Im Gegensatz zu dem, was manchmal vielleicht bei oberflächlicher Betrachtung angenommen wird, ist die Diskussion auf europäischer Ebene nicht einfach und kann nicht einfach auf den Dualismus beschränkt werden, den manche sich hier wünschen. Die Mitgliedstaaten gehen zwar von einem gemeinschaftlichen Grundgedanken aus, doch weichen ihre Gefühle, Interessen und Bestrebungen im Falle des europäischen Einigungswerks voneinander ab. Wollte man dies einfach leugnen, so würde das in der Tat bedeuten, daß das ganze Unternehmen zum Scheitern verurteilt ist. Europa bedeutet auch, daß man Europa mit all seinen Unterschieden und Kontrasten akzeptiert. Die heutige Feierlichkeit, an der die Mitgliedstaaten nicht vollzählig teilnehmen, ist ein Beispiel hierfür.

Durch all dies wurde das ganze Unterfangen sicher nicht einfacher, und wir waren uns dessen auch bewußt. Es ist das Verdienst der Europäischen Akte, daß darin das stets so prekäre Gleichgewicht zwischen dem, was möglich ist, und dem, was wünschenswert ist, gefunden wurde, und zwar in einer ziemlich kurzen Zeit, was ein deutlicher Beweis dafür ist, wie sehr wir alle davon überzeugt waren, daß die Zeit zum Handeln gekommen war.

Die Europäische Akte hat Wege geebnet, die wir jetzt ohne jegliches Zögern einschlagen müssen. Sie ist in erster Linie ein Instrument im Dienste eines politischen Willens, der meiner Überzeugung nach im kritischen Augenblick nicht fehlen wird.

Wir wissen aus Erfahrung, daß die besten und selbst die ehrgeizigsten Texte tote Buchstaben bleiben können, wenn der politische Wille ausbleibt. Ist dieser jedoch vorhanden, so können scheinbar bescheidene oder anfechtbare Texte den Weg für einen entscheidenden Fortschritt bahnen.

Wir haben den Willen unter Beweis gestellt, eine Europäische Akte zu entwerfen und anzunehmen; nun müssen wir auch alle bereit sein, hiervon so viel wie möglich Gebrauch zu machen. Die echte Bedeutung dieser Akte liegt in unserer Hand.

Als amtierender Präsident dieser Konferenz möchte ich jetzt die Europäische Akte zur Unterzeichnung auflegen.

Ich bin mir dabei bewußt, daß nicht alle Regierungen bereit oder imstande sind, dieser Akte heute zuzustimmen.

Ich möchte darauf hinweisen – hierbei spreche ich im Namen der Delegationen, die zur Unterzeichnung bereit sind –, daß wir die Europäische Akte heute unterzeichnen, um unserem festen politischen Willen, die Neugestaltung der Gemeinschaft bald durchzuführen, Ausdruck zu verleihen.

Wir tun dies nicht, um auf irgend jemand Druck auszuüben – jeder Mitgliedstaat ist bei seinen Beschlüssen völlig unabhängig –, sondern um unserer Überzeugung, daß die Verwirklichung der Ergebnisse der Konferenz für die Europäische Gemeinschaft eine Notwendigkeit darstellt, Ausdruck zu verleihen. Mit der Akte eröffnen sich Perspektiven des Fortschritts. Ohne die Akte droht Rückschritt und Zerfall.

Wir hoffen somit von ganzem Herzen, daß die Akte in Kürze durch alle Mitgliedstaaten unterzeichnet wird. Die politische Bedeutung, die ihr jetzt schon beigemessen wird, wird dann durch den rechtlichen Wert, dessen sie heute noch entbehrt, vervollständigt.

Quelle: Generalsekretariat des Rates der Europäischen Gemeinschaften, Mitteilung an die Presse 4906/86 vom 17.2.1986.

Dokument Nr. 25

Ansprache von Kommissionsmitglied Frans Andriessen vom 17. Februar 1986 aus Anlaß der Unterzeichnung der Einheitlichen Europäischen Akte in Luxemburg (Auszug)

(. . .)

Durch die Luxemburger Vereinbarung kann die Gemeinschaft ihren Bürgern größere Vorteile gewähren. Dabei denke ich an die Entscheidung, bis 1992 einen Raum ohne Grenzen zu schaffen. Die Akte erlaubt gleichzeitig Fortschritte in Richtung auf größeren wirtschaftlichen und sozialen Zusammenhalt, zunehmende Konvergenz der Volkswirtschaften, besseres Funktionieren der Strukturfonds und Verbesserung der Sozialpolitik. Das Ziel einer Wirtschafts- und Währungsunion ist nunmehr Bestandteil des Vertrages. Schließlich hat sich die Gemeinschaft eine notwendige und neuartige technologische Dimension gegeben, die durch die Verwirklichung des Binnenmarktes unterstützt wird.

Zum Erreichen dieser Ziele ermöglicht die Einheitliche Akte eine Verbesserung der Funktionsweise unserer Institutionen. Dies gilt zunächst im Hinblick auf ihre Effizienz: Das Prinzip der Mehrheitsabstimmung wurde in denjenigen Bereichen akzeptiert, die die Grundlage des neuen Reformschubs bilden sollen (Binnenmarkt, Forschung und technologische Entwicklung, Verstärkung des wirtschaftlichen und sozialen Zusammenhalts, Sozialpolitik). Zwei Drittel der anstehenden Entscheidungen für die Verwirklichung des Binnenmarktes können mit qualifizierter Mehrheit getroffen werden. Aber Veränderungen der Verträge reichen nicht aus, Mehrheitsabstimmungen müssen wirklich stattfinden. Dies ist eine wesentliche Bedingung für ein besseres und zügigeres Entscheidungsverfahren. Darüber hinaus müssen die Entscheidungen aber auch in Aktionen umgesetzt werden. In dieser Hinsicht gibt die Einheitliche Akte der Kommission die Möglichkeit, für eine wirksamere Ausführung der Ratsbeschlüsse zu sorgen.

Der andere Bereich der institutionellen Reformen bezieht sich auf die Demokratisierung der Gemeinschaft. Hier wurde dadurch ein Schritt vorwärts getan, daß man dem Europäischen Parlament im Gesetzgebungsprozeß ein Stückchen realer Macht gegeben hat, indem ihm beim Verfahren der Zusammenarbeit ein Änderungsrecht zuerkannt wurde.

Bei dieser Gelegenheit möchte die Kommission daran erinnern, daß die Einheitliche Akte, diese Festschreibung des „Europa des Möglichen“, unterhalb des von ihr Erhofften bleibt. Die Kommission hätte mehr Demokratie im Entscheidungsprozeß gewünscht. Ebenso hätte sie es vorgezogen, wenn die Mitgliedstaaten bei ihrem Vorgehen mehr Mut gezeigt hätten, besonders bei der Verwirklichung des Binnenmarktes und der Stärkung der währungspolitischen Dimension. Schließlich bedauert sie auch das Fehlen von Vereinbarungen im kulturellen Bereich.

Nun sehen wir uns der Aufgabe gegenüber, im Rahmen der neuen Vereinbarungen wirkliche Fortschritte zu erreichen. Die Praxis wird der Prüfstein für den Wert und die Bedeutung der jetzt zur Unterzeichnung vorliegenden Akte sein. Die Kommission ist entschlossen, die in der Einheitlichen Akte enthaltenene Chancen in vollem Ausmaß wahrzunehmen und – wie dies von Präsident Delors unterstrichen wurde – diesem festgeschriebenen Kompromiß eine dynamische Entwicklung zu verleihen.

Die Anwendung bietet Gelegenheit einer Rückkehr zur Gemeinschaftsmethode. Dadurch wird es jedem Land ermöglicht, von der europäischen Dimension zu profitieren. Gleichzeitig wird die politische und institutionelle Grundlage für eine neue Dynamik in der Gemeinschaft geschaffen.

Quelle: Generalsekretariat des Rates der Europäischen Gemeinschaften, Mitteilung an die Presse 4906/86 vom 17. 2. 1986.

Dokument Nr. 26

Erklärung der italienischen Regierung vom 28. Februar 1986 zur Einheitlichen Europäischen Akte

Die italienische Regierung war stets der Auffassung – und hat sich bei ihrem Vorgehen auch von dieser Überzeugung leiten lassen –, daß die Einberufung der Regierungskonferenz zur Änderung der Verträge von Paris und Rom als eine historische Chance zu sehen ist, den europäischen Integrationsprozeß auf der Grundlage des gemeinschaftlichen Besitzstandes, der Feierlichen Deklaration von Stuttgart über die Europäische Union und der Schlußfolgerungen des Dooge-Berichts und des Adonnino-Berichts im Einklang mit dem Geist und dem methodischen Ansatz des vom Europäischen Parlament verabschiedeten Entwurfs für einen Vertrag über die Europäische Union neu zu beleben.

Von italienischer Seite sind folgende vorrangige Ziele für die Gemeinschaftsaktion genannt worden: Schaffung eines großräumigen Marktes mit einem „Raum ohne Grenzen"; allgemeine Anwendung des Mehrheitsprinzips bei der Beschlußfassung im Rat und Straffung der diesbezüglichen Verfahren; Stärkung des institutionellen Rahmens, insbesondere im Hinblick darauf, daß das Europäische Parlament (wie im Dooge-Bericht vorgesehen) eine Mitentscheidungsbefugnis erhält; Erweiterung der Verwaltungs- und Ausführungsbefugnisse der Kommission; Ausdehnung der im Rom-Vertrag verankerten Zuständigkeiten auf neue Tätigkeitsbereiche.

Die italienische Regierung wird diese Ziele weiterverfolgen, in der Überzeugung, daß mit ihrer Verwirklichung die Europäische Gemeinschaft in die Lage versetzt wird, den eigentlichen Bedürfnissen unserer Völker gerecht zu werden. Bestärkt werden wir dabei durch den Umstand, daß sich diesen Zielen, abgesehen vom Europäischen Parlament, auch zahlreiche Mitgliedstaaten und die Kommission angeschlossen haben.

Eine objektive Prüfung der Ergebnisse der Regierungskonferenz führt zu der Feststellung, daß die Einheitliche Europäische Akte nur eine unbefriedigende Teilantwort auf das Erfordernis wesentlicher Fortschritte in der vom Europäischen Parlament sowie vom Dooge-Ausschuß und vom Adonnino-Ausschuß aufgezeigten Richtung darstellt.

So ist in der Akte, was die Befugnisse des Europäischen Parlaments angeht, ein System der doppelten Lesung vorgesehen, das die vom Europäischen und vom italienischen Parlament gewünschte Mitentscheidungsbefugnis nicht umfaßt.

Zu der Verpflichtung, bis zum 31. Dezember 1992 den Binnenmarkt zu verwirklichen, möchte ich bemerken, daß dieses Ziel durch eine ganze Reihe von Ausnahmen und Abweichungen stark relativiert wird, die seine Tragweite beträchtlich mindern.

Weiterhin ist das Mehrheitsprinzip bei der Beschlußfassung des Rates lediglich bei wenigen Artikeln des Vertrages eingeführt worden, mit Ausnahmen und Abweichungsmöglichkeiten in äußerst wichtigen Sektoren.

Ferner sind auch überaus bedeutsame Bereiche des europäischen Lebens wie Kultur, Gesundheitswesen, Kampf gegen Terrorismus, organisiertes Verbrechen und Rauschgifthandel nicht in die Gemeinschaftszuständigkeit einbezogen worden, wie es auch im Bereich der Wirtschafts- und Währungsunion nicht zu den erhofften wesentlichen Fortschritten gekommen ist.

Die Einheitliche Europäische Akte stellt also nicht die Verwirklichung jener grundlegenden Reform der Europäischen Gemeinschaft dar, für die sich die italienische Regierung eingesetzt hat und die auch vom italienischen Parlament in Übereinstimmung mit den vom Europäischen Parlament in Straßburg gegebenen Leitlinien befürwortet worden war.

Die italienische Regierung ist weiterhin der Auffassung, daß die Regierungskonferenz im Anschluß an die Tagung des Europäischen Rates in Mailand nicht in der Lage und nicht willens war, die Möglichkeit eines echten qualitativen Sprungs für unsere Gemeinschaft zu nutzen. Die italienische Regierung kann daher nicht umhin, ihre tiefe Enttäuschung zum Ausdruck zu bringen. Sie möchte, auch anläßlich der Unterzeichnung der Einheitlichen Europäischen Akte, bekräftigen, daß sie entschlossen darauf hinwirken wird, daß die vereinbarten beschränkten Reformen nicht nur integral, sondern vor allem auch im Sinne einer Weiterentwicklung angewandt werden. Die italienische Regierung macht sich daher die vom Europäischen Parlament an die Regierungen der Mitgliedstaaten gerichteten Forderungen zu eigen und bittet den amtierenden Vorsitz des Rates, unverzüglich die Änderung der Geschäftsordnung des Rates voranzutreiben, damit eine Abstimmung möglich wird, wenn die Kommission oder drei Mitgliedstaaten dies beantragen.

Ferner bittet sie die Regierungen der Mitgliedstaaten, die erforderlichen Vorkehrungen zu treffen, damit bis 1. Januar 1988 von allen Gemeinschaftsinstitutionen der Stand der Durchführung und die Wirkungsweise der von der Regierungskonferenz gefaßten Beschlüsse geprüft wird; dabei sollen diese Beschlüsse auf ihren Nutzeffekt und auf eine Erweiterung ihres Geltungsbereichs hin überprüft werden, und zwar besonders im Hinblick auf eine stärkere Beteiligung des Europäischen Parlaments am Gesetzgebungsprozeß, damit die geplante Reform der Europäischen Gemeinschaft weiter voranschreiten kann.

Schließlich möchte die italienische Regierung schon jetzt ankündigen, daß sie alle Möglichkeiten ausschöpfen wird, um die Bürger, die Parteien und andere meinungstragende Gruppierungen für die Probleme der Europäischen Union und für geeignete Initiativen zu ihrer Verwirklichung zu sensibilisieren.

Quelle: Außenministerium der Republik Italien, Rom.

Dokument Nr. 27

Empfehlung der Europa-Kommission des Deutschen Bundestages zum Vertragsentwurf des Europäischen Parlaments zur Gründung der Europäischen Union, verabschiedet in der 26. Sitzung am 12. März 1986 in Straßburg

I. Allgemeine Gesichtspunkte

Die Einigung Europas ist der historische Auftrag der europäischen Völker. Durch ihre Einheit können sie wesentlich dazu beitragen, Freiheit und Frieden dauerhaft zu sichern. Ziel ist die Errichtung einer Europäischen Union.

Das Europäische Parlament (EP) hat am 14. Februar 1984 den Entwurf eines Vertrages zur Gründung der Europäischen Union verabschiedet. Dieser Vertragsentwurf liegt dem Deutschen Bundestag auf Wunsch des EP zur Stellungnahme vor.

„Angesichts der gegenwärtigen Schwierigkeiten ist es dringend notwendig und unerläßlich, dem europäischen Aufbauwerk mehr Dynamik zu verleihen", stellt das EP in seiner Entschließung zu diesem Entwurf fest. Die Europa-Kommission stimmt dieser Feststellung zu. Die Entwicklung der europäischen Integration seit Inkrafttreten der Europäischen Verträge hat deutlich gemacht, daß die Einigung Europas ein vielschichtiger und langwieriger Prozeß ist. Die Einigungsbemühungen im Rahmen der Römischen Vertragstexte sind inzwischen an ihre Grenzen gestoßen.

In der vom Auswärtigen Ausschuß durchgeführten Anhörung waren sich alle Sachverständigen aus Verwaltung und Wissenschaft darin einig, daß die seit Jahren immer stärker zunehmende Stagnation des Entscheidungsprozesses in der Europäischen Gemeinschaft überwunden werden müsse. Es ist das Verdienst des EP, die Diskussion über die Entwicklung der Europäischen Gemeinschaft hin zu einer Europäischen Union neu belebt zu haben. Während das EP vorschlägt, die Stagnation durch den Abschluß eines Vertrages zur Gründung der Europäischen Union zu überwinden, hat sich der Europäische Rat am 2./3. Dezember 1985 zunächst für eine vorgezogene Lösung einzelner Probleme durch entsprechende Änderungen der Römischen Verträge entschieden.

Zum gegenwärtigen Zeitpunkt ist zu erwarten, daß die von den Regierungschefs vereinbarten Vertragsänderungen dem Bundestag zur Ratifizierung vorgelegt werden. Der Bundestag sollte dieses Vertragswerk ratifizieren, um den mühsam gefundenen gemeinsamen Minimalkonsens nicht zu gefährden. Die Europa-Kommission sieht in den jetzigen Änderungen nur einen Schritt zur Integration Westeuropas, dem weitere Schritte werden folgen müssen.

Im Hinblick auf diese künftigen Integrationsschritte ist es geboten, dem Wunsch des EP nachzukommen und eine konkrete Stellungnahme zu dem Vertragsentwurf abzugeben, dessen Vorschläge weit über die gegenwärtigen Vertragsvereinbarungen hinausreichen. Der Vertragsentwurf des EP ist ein Dokument, das sich nicht an klassischen Verfassungsvorbildern orientieren kann. Er stellt in Rechnung, daß die gewachsenen Nationalstaaten Europas noch nicht bereit sind, ihre Souveränität zugunsten eines europäischen Bundesstaates aufzugeben. Der Entwurf geht deshalb von der Voraussetzung aus, daß die Mitgliedstaaten vorerst der bestimmende Faktor bleiben und sich erst allmählich zusammenfinden.

Andererseits geht der Entwurf über den Status eines Staatenbundes weit hinaus. Er übernimmt mit dem Gemeinschaftsbestand die supranationalen Strukturen der EG. Darüber hinaus überträgt er, insbesondere auf dem Gebiet der Wirtschafts- und Währungspolitik sowie in der Finanzverfassung, weitreichende Zuständigkeiten auf die Union. Der Entwurf ist deshalb nicht nach traditionellen Verfassungsmodellen zu klassifizieren. Er ist ein eigenständiger Weg zu einer funktionsfähigen Gemeinschaft souveräner Staaten, die verschiedene Aufgaben auf die Ebene der Union verlagern.

Unter Berücksichtigung des vorgegebenen föderativen Aufbaus der Bundesrepublik Deutschland empfiehlt die Europa-Kommission, die Aufgaben der Union auf klar umrissene Aufgabenfelder zu begrenzen. Leitlinie sollte dabei sein, wesentlich gestraffter festzulegen, welche Politiken zweckmäßigerweise und wirkungsvoller durch die Europäische Union wahrgenommen werden können.

Gewaltenteilung und vor allem Mitentscheidung und Kontrolle durch das EP sind unverzichtbarer Bestandteil der Europäischen Union. Zu einer Union gehören auch eine abgegrenzte Aufgabenteilung zwischen den verschiedenen politischen Ebenen der Union sowie eine eindeutig definierte Verteilung der Kompetenzen. Die Europäische Union bedarf einer Finanzverfassung.

Der Begriff „Europäische Union" bezeichnet das Ziel, das inhaltlich nicht schon mit der Ratifizierung des Vertrages erreicht wird, sondern das am Ende des fortschreitenden Integrationsprozesses steht, den der Vertrag eröffnet. Die Europa-Kommission begrüßt, daß das EP mit seinem Vertragsentwurf der Gemeinschaft eine Gesamtorientierung darüber gegeben hat, wohin sich nach Jahren einer gewissen Stagnation die Gemeinschaft unter Festigung der Errungenschaften der Römischen Verträge und unter ihrer vollen Ausschöpfung fortentwickeln soll. Das vom EP im Vertragsentwurf vorgezeichnete Ziel einer Europäischen Union mit föderativer Struktur unterstützt die Europa-Kommission. Eine solche Entwicklung zu einer europäischen Einigung hin steht nicht im Widerspruch zu dem im Grundgesetz verankerten Gebot zur deutschen Einheit.

Die Europa-Kommission ist wie das EP der Ansicht, daß die vom Europäischen Rat am 2./3. Dezember 1985 in Luxemburg vereinbarten erstmaligen Änderungen der Römischen Verträge einen Fortschritt auf das angestrebte Ziel hin darstellen, aber noch keine endgültige Reform der Gemeinschaft bringen, weil sie sich nur auf Teilbereiche beziehen. Die Aufgabe einer Gesamtreform der Gemeinschaft und ihrer Umwandlung in eine Europäische Union bleibt damit bestehen. Der Deutsche Bundestag sollte deshalb begrüßen, daß das EP alle mitgliedstaatlichen Parlamente erneut aufgefordert hat, konkrete Anregungen und Änderungswünsche zu seinem Vertragsentwurf abzugeben. Dadurch wird den Parlamenten die Möglichkeit eröffnet, mehr als bisher im europäischen Einigungsprozeß üblich, Reforminitiativen mitzugestalten.

II. Konkrete Stellungnahmen zu den sechs Teilen des Entwurfs

Erster Teil: Die Union Art. 1–8

Die Europa-Kommission bedauert, daß der Entwurf keinen Grundrechtskatalog enthält. Der Verweis auf die Grundrechte und Grundfreiheiten in den Verfassungen der Mitgliedstaaten in Art. 4 Abs. 1 ist nicht ausreichend, um persönliche und wirtschaftliche Freiheitsrechte gleichmäßig zu garantieren, da diese in den Verfassungen der Mitgliedstaaten unterschiedlich ausgestaltet oder nicht in allen Verfassungen vollständig enthalten sind.

Die Europa-Kommission sieht jedoch darin, daß die Europäische Konvention zum Schutz der Menschenrechte und Grundfreiheiten gleichzeitig zur Grundlage des Schutzes der Rechte der Bürger erklärt werden kann, eine zusätzliche Sicherung. Sie begrüßt die Verpflichtung der Union (Art. 4 Abs. 3 Satz 2), innerhalb von fünf Jahren eine eigene Grundrechtserklärung zu verabschieden und erwartet, daß damit eine Weiterentwicklung des Schutzes der Rechte und Grundfreiheiten der Bürger der Union in der Weise sichergestellt wird, daß alle staatliche Gewalt in der Union und den Mitgliedstaaten an diese Grundrechte gebunden ist.

Die Besitzstandsklausel in Art. 7 i.V.m. Art. 84 reicht aus, um alle im geltenden Gemeinschaftsrecht enthaltenen deutschlandpolitischen Elemente auch zu rechtlichen Bestandteilen der Europäischen Union werden zu lassen. Dies kann noch dadurch zusätzlich sichergestellt werden, daß die Bundesregierung bei der Ratifizierung im Rahmen des Art. 86 Abs. 2 eine entsprechende Erklärung abgibt.

Die im Vertragsentwurf vorgesehene Übertragung von staatlichen Hoheitsrechten auf die Europäische Union hält sich – so sehr in einigen Fragen auch politische Bedenken bestehen mögen – im Rahmen der Ermächtigung des Art. 24 Abs. 1 GG. Der Vertrag könnte im Bundestag mit einfacher Mehrheit verabschiedet werden.

Der Vertragsentwurf verstößt auch nicht gegen das Bundesstaatsgebot des Art. 20 Abs. 1 GG. Das Bundesverfassungsgericht sieht die Schranke des Art. 79 Abs. 3 GG im Hinblick auf das Gebot der Bundesstaatlichkeit erst dann als verletzt an, wenn den Ländern nur eine leere Hülse von Eigenstaatlichkeit verbliebe. Die Länderkompetenz wird durch den Vertragsentwurf jedoch nicht in ihrem Wesensgehalt berührt.

Zweiter Teil: Ziele, Aktionsweisen und Zuständigkeiten der Union, Art. 9–13

Die Europa-Kommission stimmt der im Vertragsentwurf vorgesehenen verfassungsrechtlichen Abgrenzung der Gesetzgebungszuständigkeiten zwischen europäischer und nationaler Ebene grundsätzlich zu. Sie bedauert, daß eine derartige Abgrenzung nicht auch für die Verwaltungs- und Finanzierungszuständigkeiten vorgesehen wird.

Das die Ausübung der Gesetzgebungszuständigkeiten der Union beschränkende Subsidiaritätsprinzip sollte nach Ansicht der Europa-Kommission noch verbindlicher und konkreter im Vertragsentwurf festgeschrieben werden. Seine Einhaltung sollte auf Antrag eines Mitgliedstaates durch den Europäischen Gerichtshof überprüft werden können.

Art. 12 Abs. 2 sollte dahingehend geändert werden, daß die Union nicht schon dann tätig wird, um die Aufgaben zu verwirklichen, die gemeinsam wirkungsvoller wahrgenommen werden können. Es muß sich um Aufgaben handeln, die notwendigerweise gemeinsam wahrgenommen werden müssen, um ein Europa ohne Grenzen verwirklichen zu können.

Dritter Teil: Die Institutionen der Union, Art. 14–33

Die Europa-Kommission begrüßt die im Entwurf angelegte Organstruktur und die vorgesehene Übertragung der institutionellen Funktionen. Sie erkennt an, daß dem EP, entsprechend seiner demokratischen Legitimation, endlich der volle parlamentarische Rang eingeräumt wird. Damit wird der unbefriedigende Zustand überwunden, daß Zuständigkeiten, die die Parlamente der Mitgliedstaaten mit der Übertragung von Aufgaben auf die EG abgegeben haben, gegenwärtig allein vom Rat als Legislativorgan wahrgenommen werden.

Die Europa-Kommission sieht in der Tatsache, daß hinsichtlich des EP gegenwärtig kein Wahlrechtsgrundsatz vorgesehen ist, der eine gleiche Repräsentanz aller Wähler in den Mitgliedstaaten bewirkt, keinen Grund, dem EP diese Befugnisse vorzuenthalten. Die unterschiedliche Gewichtung der Wählerstimmen bezweckt zu Recht den Schutz der zahlenmäßig kleinen Völker in der Union. Unterschiedliche Gewichtung der Wählerstimmen gibt es auch in anderen demokratischen Wahlverfahren, z.B. beim Mehrheitswahlrecht, ohne daß deren Legitimation jemals in Frage gestellt wurde. Allerdings muß im Laufe der Entwicklung eine stärkere Annäherung an diesen Wahlrechtsgrundsatz herbeigeführt werden.

Die Europa-Kommission begrüßt insbesondere, daß der Rat generell mit Mehrheit beschließt. Sie sieht im Abbau der Einstimmigkeitsregel den einzigen Weg, um die bestehende Stagnation zu überwinden. Das Mehrheitsprinzip wird zu einem Bewußtseinswandel bei den nationalen Verwaltungen führen, die in den europäischen Beratungsgremien die Ratsentscheidungen vorbereiten. Ihre Kompromißbereitschaft wird zukünftig größer sein, weil sie befürchten müssen, anderenfalls durch Mehrheitsbeschlüsse überstimmt zu werden.

Die Europa-Kommission empfiehlt, die in Art. 23 Abs. 3 vorgesehene Möglichkeit des Vetos zu streichen. Scheinbare Konflikte zwischen nationalen und Gemeinschaftsinteressen sollten nicht durch ein gesondertes Verfahren besondere Bedeutung erlangen. Die Betonung, daß das europäische Gemeinschaftsinteresse auch den nationalen Interessen entspricht, muß zukünftig stärker durch das EP zum Ausdruck kommen. Diese Möglichkeit eröffnet sich durch die gleichgewichtigen Mitentscheidungsrechte des EP im europäischen Gesetzgebungsverfahren. Die in Art. 35 wie auch in den vereinbarten Vertragsänderungen vorgesehene Möglichkeit, daß einzelne Staaten vorübergehend befristet nationales Recht weiterhin anwenden können, wenn dies aufgrund der spezifischen Lage geboten ist, wird sich als flexibler erweisen als die Beibehaltung der Vetomöglichkeit.

Die in Art. 25 vorgesehene Ernennung des Kommissionspräsidenten durch den Europäischen Rat sollte dahingehend ergänzt werden, daß diese Ernennung der Zustimmung durch die Mehrheit des EP bedarf. Die Einsetzung der Kommission sollte dann, wie vorgesehen, auf Vorschlag des Präsidenten nach Anhörung des Europäischen Rates durch Mehrheitsbeschluß des EP erfolgen.

Eine klare Abgrenzung zwischen den Aufgaben des Gerichtshofes und den nationalen Verfassungsgerichten ist wünschenswert. Deshalb wird empfohlen, Art. 30 durch einen Katalog der Zuständigkeiten des Gerichtshofes zu ergänzen.

Titel II: Die Akte der Union, Art. 34–44

Die Europa-Kommission begrüßt das für die Gesetzgebung der Union vorgesehene Zusammenwirken von Parlament und Rat. Durch die präzise Festlegung von Fristen und Abstimmungsprozessen wird der Blockierung von Entscheidungen wirksam vorgebeugt. Die Fristsetzung ist für die Entscheidungen des Rates von besonderer Bedeutung. Bei der in Art. 38 Abs. 5 vorgesehenen Möglichkeit, daß Gesetze auch dann zustandekommen, wenn sie nur von einem Gremium, also entweder vom Rat oder vom Parlament beschlossen wurden, sollte die Einschränkung gemacht werden, daß die sogenannten Organgesetze der ausdrücklichen Zustimmung beider Gesetzgebungsorgane bedürfen.

Die Europa-Kommission empfiehlt jedoch, Art. 39 dahingehend neu zu formulieren, daß die Verkündigung des Gesetzes durch den Präsidenten des EP erfolgt.

Sie empfiehlt weiterhin, die Befugnis zum Erlaß von Verordnungen in Art. 40 durch die im Gesetz erteilte Ermächtigung nach Inhalt, Zweck und Ausmaß eindeutig zu begrenzen.

Vierter Teil: Die Politiken der Union, Art. 45–61

Titel I: Wirtschaftspolitik, Art. 47–54

Die in Art. 47 Abs. 3 vorgesehenen Fristsetzungen für die Vollendung des Binnenmarktes und der Freizügigkeit werden wahrscheinlich aufgrund des gegenwärtigen Vertragsänderungsverfahrens überholt sein. Bei jeder neuen Festsetzung dieser Fristen ist nach Auffassung der Europa-Kommission eine einheitliche Fristsetzung für alle in Art. 47 Ziffer 3 genannten Integrationsziele vorzusehen, da zum Beispiel ein freier Dienstleistungsverkehr im Versicherungswesen ohne einen freien Kapitalverkehr nicht wettbewerbsneutral ausgestaltet werden kann.

Die in Art. 48–50 vorgesehene weitreichende Übertragung von Zuständigkeiten in allen wesentlichen Bereichen der Wirtschaftspolitik ist nur insoweit gerechtfertigt, als dies zur Herstellung der Freizügigkeit im Personen-, Güter-, Kapital- und Dienstleistungsverkehr notwendig ist. Diese in Art. 49 Abs. 2 für die Steuerharmonisierung ausdrücklich genannte Voraussetzung muß daher als übergreifender Grundsatz festgeschrieben werden.

Der Deutsche Bundestag sollte einer europäischen Konjunktur- und Kreditpolitik mit verpflichtender Wirkung für die nationalen Regierungen nur zustimmen, wenn die europäischen Entscheidungsinstanzen auf eine Wirtschaftsordnung festgelegt sind, die die unverzichtbaren Bestandteile der sozialen Marktwirtschaft enthält. Dabei ist davon auszugehen, daß zwischen den Mitgliedstaaten sicher ohne Schwierigkeiten über die allgemeinen in Art. 9 genannten Ziele Einmütigkeit erreicht werden kann. Streitig bleibt jedoch in vielen Bereichen, durch welche praktische Politik diese Ziele am besten erreicht werden können. Selbstverständlich kann ein Vertrag zur Gründung der Union diese praktische Politik nicht im einzelnen festlegen. Gewisse Grundelemente, wie sie zum Beispiel im deutschen Stabilitätsgesetz festgelegt sind, sollten jedoch gesetzlich verankert werden.

Die in Art. 49 Abs. 2 vorgesehene umfassende Kompetenz der Union zur Angleichung der Steuergesetzgebung könnte das deutsche Verfassungsrecht berühren. Die Europa-Kommission weist darauf hin, daß der Vertrag keine Veränderung der föderalen Struktur nach sich ziehen darf. Sie empfiehlt deshalb, in Art. 49 Abs. 2 eine Abgabenverfassung vorzusehen, die mit dem föderalen System der Bundesrepublik in Übereinstimmung gebracht werden kann.

Die in Art. 52 vorgesehene Fortentwicklung des Europäischen Währungssystems zu einer Währungsunion ist nach Auffassung der Europa-Kommission grundsätzlich zu begrüßen. Bevor jedoch eine Weiterentwicklung des gegenwärtigen EWS eingeleitet wird, ist eine Übergangszeit geboten, in der das gegenwärtige System alle Mitgliedstaaten umfaßt und diese durch eine konvergente Wirtschafts-, Währungs- und Konjunkturpolitik erreichen, daß sowohl Auf- und Abwertungen als auch Währungsstützaktionen überflüssig werden. Voraussetzung hierfür ist unter anderem ein offener Geld- und Kapitalverkehr zwischen den Mitgliedstaaten.

Solange das EWS als Vorstufe der Währungsunion noch nicht die Funktionsfähigkeit einer einheitlichen Währung erreicht hat, ist der Zeitpunkt für eine einheitliche Währung nicht gekommen. Erst wenn alle Mitgliedstaaten im Rahmen des gegenwärtigen EWS in der Lage sind, freiwillig sich dem Zwang eines Einheitsgeldwertes, verbunden mit einheitlicher Geldmengenentwicklung, zu unterwerfen, wird eine Einheitswährung geschaffen werden können, ohne daß es zu unerträglichen Wettbewerbsverzerrungen kommt. Aus der Überzeugung heraus, daß für die Geldwertstabilität die Unabhängigkeit der Notenbank unerläßliche Voraussetzung ist, wird der Deutsche Bundestag der Schaffung einer einheitlichen Europa-Währung nur zustimmen können, wenn diese durch eine europäische Zentralbank getragen wird, die satzungsgemäß auf eine stabile Geldwertentwicklung festgelegt ist und in ihren Entscheidungen weder von den Regierungen der Mitgliedstaaten noch von der Kommission abhängig ist. Art. 33 Abs. 4 des Vertragsentwurfs ist dafür ein richtiger Ansatz.

Titel II: Gesellschaftspolitik, Art. 55–62

Nach Ansicht der Europa-Kommission ist auch im Bereich der Gesellschaftspolitik die Bindung der Unionsgesetzgebung an das Subsidiaritätsprinzip strenger als vorgesehen festzulegen. So sind zum Beispiel die in Art. 56 genannten Zuständigkeiten der Union im Bereich der Sozial- und Gesundheitspolitik nur in dem begrenzten Umfang zu rechtfertigen, in dem eine einheitliche Unionsgesetzgebung notwendig ist, um Wettbewerbsverzerrungen in einem Binnenmarkt ohne Grenzen zu vermeiden.

Der Bundestag sollte begrüßen, daß in Art. 59 grenzüberschreitende Umweltprobleme zukünftig gemeinsam gelöst werden sollen. Er sollte anregen, die Ziele der größtmöglichen Luft-, Wasser-, Boden- und Nahrungsmittelreinheit zusätzlich ausdrücklich zu nennen.

Nach Auffassung der Europa-Kommission ist die in Art. 60 und 61 vorgesehene Harmonisierung der Bildungs-, Forschungs- und Kulturpolitik mit der Föderalstruktur der Bundesrepublik vereinbar, wenn sichergestellt wird, daß sich die europäische Rahmengesetzgebung vorrangig auf die Gleichwertigkeit von Abschlüssen bei unterschiedlichen, von den Mitgliedstaaten oder ihren Untergliederungen festzulegenden Ausbildungsgängen konzentriert und dort, wo eine Vereinheitlichung unabdingbar ist, diese sich strikt auf die einheitliche Festlegung von Rahmenregelungen beschränkt.

Titel III: Die Internationalen Beziehungen der Union, Art. 63–69

Die Bestimmungen sehen vor, die beiden bisher getrennten Bereiche der Integration in den Europäischen Gemeinschaften und der Zusammenarbeit der Mitgliedstaaten in der Europäischen Politischen Zusammenarbeit stärker zusammenzufassen, aufeinander abzustimmen und sie grundsätzlich den gleichen Verfahrensregeln zu unterstellen. Der Deutsche Bundestag sollte diese organisatorische Verzahnung europäischer Innen- und Außenpolitik sowie die Einbeziehung der Sicherheitspolitik in den Rahmen der Unionspolitik begrüßen. Die Europa-Kommission sieht es als einen entscheidenden Begleitschritt weiterer Integration in Richtung zu einer politischen Union an, daß es zu einer engeren europäischen Zusammenarbeit in sicherheitspolitischen Fragen kommt, die die Mitgliedstaaten in die Lage versetzt, die gemeinsamen sicherheitspolitischen Interessen höher einzustufen als die unterschiedlichen nationalen Auffassungen. Eine engere Zusammenarbeit im Rahmen der WEU kann diese Zusammenarbeit im Rahmen der EPZ allenfalls vorbereiten, aber nicht ersetzen.

Die Europa-Kommission begrüßt das vom EP vorgeschlagene flexible Verfahren, das auf dem Gebiet der europäischen Außenpolitik den Wechsel von der mehrheitlich festzulegenden gemeinsamen Aktion zur nur einvernehmlich möglichen Zusammenarbeit ebenso erlaubt wie den entgegengesetzten Weg. Für die Durchführung der Zusammenarbeit sollte nach Auffassung der Europa-Kommission jedoch in Art. 67 Abs. 1 ergänzend zum Vorschlagsrecht der Kommission ein Vorschlagsrecht des EP aufgenommen werden.

Trotz der im Rahmen der EPZ zunehmend stärkeren Abstimmung ist die europäische Außenpolitik nach wie vor allenfalls zu reaktiven gemeinsamen Stellungnahmen oder Aktionen in der Lage. Eine gemeinsame aktive Außenpolitik wird bisher bestenfalls bei langfristigen Fragen durch die Feststellung gemeinsamer Grundpositionen möglich. Die gemeinsame europäische Stimme im weltpolitischen Dialog fehlt. Die europäischen Völker haben die Illusion noch nicht abgelegt, sie könnten auch mit nationalen Stellungnahmen entscheidenden Einfluß auf das durch die Supermächte bestimmte Weltgeschehen ausüben.

Der Deutsche Bundestag weiß sich dem Gebot des Grundgesetzes, alles zur Wiedervereinigung Deutschlands zu tun, verpflichtet. Er ist sich dessen bewußt, daß sich die Chance der Wiedervereinigung nur im Rahmen einer gemeinsamen europäischen Friedensordnung eröffnen wird, in der die Grenzen zwischen den Völkern insgesamt an Bedeutung verlieren werden. Der Deutsche Bundestag sollte deshalb bereit sein, im Interesse einer integrierten europäischen Außenpolitik die nationale Außenpolitik an die enge Absprache mit den europäischen Partnern zu binden und von ihnen erwarten, daß sie wie bisher das Ziel einer deutschen Wiedervereinigung unterstützen. Die Europa-Kommission sieht darin einen entscheidenden Beitrag, dem Ziel einer europäischen Friedensordnung näherzukommen. Sie empfiehlt, in Art. 63 auch die Festigung der atlantischen Partnerschaft als Werte- und Sicherheitsgemeinschaft in den außenpolitischen Themenkatalog aufzunehmen mit dem Ziel, Europa zu einem gleichrangigen Partner in der westlichen Allianz heranzubilden.

Fünfter Teil: Die Finanzen der Union, Art. 70–81

Die Europa-Kommission stimmt dem in Art. 71 verankerten Grundsatz zu, daß die Union über eigene Einnahmen verfügen muß und daß sie die Höhe dieser Einnahmen im Rahmen ihrer Aufgaben selbstverantwortlich festlegt. Insoweit muß dem EP dieselbe Befugnis zugestanden werden wie jedem anderen nationalen oder regionalen Parlament, das den Auftrag seiner Wähler entscheidend durch die selbstverantwortliche Festsetzung der Einnahmen und Ausgaben erfüllt.

Die in Art. 70ff. festgelegte Finanzverfassung birgt jedoch nach Ansicht der Europa-Kommission die Gefahr, die Einnahmequellen der Union zu Lasten der Mitgliedstaaten und ihrer regionalen Gliederungen auszuweiten. Die Tatsache, daß bis heute im Rat der Union überwiegend nationalstaatliche Interessen vertreten werden, ist keine ausreichende Sicherung gegen eine mögliche zukünftige Aushöhlung der mitgliedstaatlichen Einnahmehoheit.

Nach Auffassung der Europa-Kommission muß eine Finanzverfassung, in der die Finanzhoheit der Union eindeutig von der Finanzhoheit der Mitgliedstaaten abgegrenzt ist, festgeschrieben werden. Die den Bürgern in der Union auferlegte Gesamtbelastung durch Steuern und Abgaben muß eindeutig auf die verschiedenen politischen Ebenen aufgeteilt sein. Eine Änderung darf nur durch Zustimmung aller Beteiligten erfolgen. Ein System, das einzelne Steuern zwischen den Ebenen aufteilt, ist notwendigerweise starr, wie das Beispiel der derzeitigen Mehrwertsteueraufteilung zeigt. Nach Ansicht der Europa-Kommission wäre deshalb ein System denkbar, bei dem der Union feste eigene Einnahmen auf Grund von Steuerarten zugewiesen werden, die nach dem Vertrag ausschließlich der Union zustehen und deren Zuweisung nur mit Zustimmung aller Mitgliedstaaten geändert werden könnte. Ein solches System würde zu einem angemessenen Interessenausgleich zwischen Union und Mitgliedstaaten führen und dabei gleichzeitig der Union eine eigenverantwortliche Haushaltsführung ermöglichen. Die europäischen Entscheidungsträger wären dann allein gegenüber den Bürgern für die Höhe der festgesetzten Steuern verantwortlich.

Soll der Finanzierungsanteil von nationalen Steuern am europäischen Finanzbedarf auch in Zukunft erhalten bleiben und ein Verfahren zu seiner Abänderungsmöglichkeit festgelegt werden, so muß in diesem Verfahren gewährleistet sein, daß alle Staaten gleichmäßig und gerecht, also ihrem Bevölkerungsanteil und ihrem Bruttosozialprodukt entsprechend, zu den Einnahmen der Union beitragen.

Sechster Teil: Allgemeine und Schlußbestimmungen, Art. 82–87

Die Europa-Kommission empfiehlt, die Wirksamkeit des Unions-Vertrages nicht, wie in Art. 82 vorgesehen, lediglich von einer Zweidrittelmehrheit, sondern von einer Vierfünftelmehrheit der Gesamtbevölkerung der zustimmenden Mitgliedstaaten abhängig zu machen. Um jedoch nicht einem einzelnen Mitgliedstaat ein wirksames Veto gegen jede weitere Integration zu ermöglichen, selbst wenn er nicht einmal ein Fünftel der Unionsbevölkerung umfaßt, sollte bereits bei der vorgenannten Vierfünftelmehrheit der weitere Integrationsschritt möglich sein.

Quelle: Sekretariat der Europa-Kommission des Deutschen Bundestages.

Dokument Nr. 28

Stellungnahme des Deutschen Bundesrates vom 16. Mai 1986 zum Entwurf eines Gesetzes zur Einheitlichen Europäischen Akte (Auszug)

A

1. Der Bundesrat sieht das Zustandekommen der Einheitlichen Europäischen Akte als einen geeigneten Schritt auf dem Weg der Weiterentwicklung der Europäischen Gemeinschaften zu einer Wirtschafts- und Währungsunion und auf weite Sicht zur Errichtung einer Europäischen Union. In diesem Zusammenhang wird auf die Entschließung des Bundesrates vom 21. Februar 1986 – Drucksache 50/86 (Beschluß) – verwiesen.

Es besteht jedoch Veranlassung, auf folgendes hinzuweisen: Schon durch die Römischen Verträge wurden in großem Umfang Hoheitsrechte, auch der Länder, auf die Europäischen Gemeinschaften übertragen. Die Einheitliche Europäische Akte sieht die Übertragung weiterer Hoheitsrechte vor. Die bisher schon bewirkte und durch die Europäische Akte vorzunehmende Übertragung von Hoheitsrechten führt zu wesentlichen Eingriffen in die föderative Struktur des Grundgesetzes. Sie wirkt sich zum Nachteil der Länder aus, weil sowohl deren eigener Hoheitsbereich als auch deren grundgesetzlich gewährleistete Mitwirkungsbefugnis an der Bundesgesetzgebung betroffen werden.

Bisher wurde hierfür kein angemessener Ausgleich gefunden. Daher hält der Bundesrat eine Verbesserung seiner innerstaatlichen Mitwirkungsmöglichkeiten beim Willensbildungsprozeß der Europäischen Gemeinschaften für dringend erforderlich.

B

2. Im Entwurf eines Gesetzes zur Einheitlichen Europäischen Akte ist nach Artikel 1 folgender Artikel 1 a einzufügen:

„Artikel 1 a

(1) Die Bundesregierung unterrichtet den Bundesrat unbeschadet des Artikels 2 des Gesetzes zu den Verträgen vom 25. März 1957 zur Gründung der Europäischen Wirtschaftsgemeinschaft und der Europäischen Atomgemeinschaft vom 27. Juli 1957 (BGBl. II, S. 753) umfassend und zum frühestmöglichen Zeitpunkt über alle Vorhaben im Rahmen der Europäischen Gemeinschaften, die für die Länder von Interesse sein könnten.

(2) Die Bundesregierung ist verpflichtet, vor ihrer Zustimmung zu Beschlüssen der Europäischen Gemeinschaften zu EG-Vorhaben, die ganz oder in einzelnen Bestimmungen in die ausschließliche Gesetzgebungskompetenz der Länder fallen oder deren wesentliche Interessen berühren, die Stellungnahme des Bundesrates einzuholen.

(3) Die Bundesregierung hat diese Stellungnahme bei den Verhandlungen zu berücksichtigen. Bei Vorhaben, die ganz oder in einzelnen Bestimmungen in die ausschließliche Gesetzgebungskompetenz der Länder fallen, darf sie hiervon nur aus zwingenden außen- und integrationspolitischen Gründen abweichen. Im übri-

gen hat sie die Wahrung der vom Bundesrat vorgetragenen Länderbelange in ihre Abwägung einzubeziehen.

(4) Im Falle einer Abweichung von der Stellungnahme des Bundesrates hat die Bundesregierung dem Bundesrat die dafür maßgeblichen Gründe mitzuteilen.

(5) Ist die Stellungnahme des Bundesrates einzuholen, sind, unbeschadet der bereits bestehenden Regelungen, auf Verlangen Vertreter der Länder zu den Verhandlungen in den Beratungsgremien der Kommission und des Rates hinzuzuziehen.

(6) Einzelheiten des Informations- und Beteiligungsverfahrens werden in einem Abkommen zwischen dem Bund und den Ländern geregelt."

C

3. Der Bundesrat verlangt, daß die Beteiligung der Länder an der innerstaatlichen Willensbildung für Entscheidungen im Rahmen der Europäischen Gemeinschaft nicht nur in dem Gesetz zur Einheitlichen Europäischen Akte, sondern darüber hinaus später in der Verfassung festgelegt wird. Außerdem darf die Übertragung von Hoheitsrechten nach Artikel 24 des Grundgesetzes auf zwischenstaatliche Einrichtungen in Zukunft nicht ohne Zustimmung des Bundesrates möglich sein, zumindest dann nicht, wenn es um Hoheitsrechte der Länder geht.

4. Der Bundesrat stellt die Zustimmung zu dem Gesetz zur Einheitlichen Europäischen Akte in Aussicht, wenn die von ihm verlangte Änderung des Gesetzentwurfs durch Einfügung eines neuen Artikels 1 a erfüllt wird.

(. . .)

Quelle: Bundesrat: Drucksache 150/86 (Beschluß), 16. Mai 1986.

Zeittafel

19.–20. 10. 1972:
Die Staats- und Regierungschefs der EG beschließen auf ihrer Gipfelkonferenz in Paris die Schaffung der Europäischen Union bis 1980.

14.–15. 12. 1973:
Die Staats- und Regierungschefs der EG bekräftigen auf ihrer Gipfelkonferenz in Kopenhagen die Absicht, vor Ablauf des Jahrzehnts die Gemeinschaftsbeziehungen in eine Europäische Union umzuwandeln und beauftragen die Organe der Gemeinschaft, die notwendigen Schritte zur Verwirklichung der Wirtschafts- und Währungsunion zu unternehmen. Sie veröffentlichen ein Dokument über die europäische Identität.

9.–10. 12. 1974:
Die Staats- und Regierungschefs der EG beauftragen auf ihrer Gipfelkonferenz in Paris den belgischen Ministerpräsidenten Leo Tindemans, einen Bericht über den Aufbau der Europäischen Union auszuarbeiten.

29. 12. 1975:
Ministerpräsident Leo Tindemans legt seinen im Auftrag der Staats- und Regierungschefs der EG-Staaten ausgearbeiteten Bericht über die Europäische Union vor.

7.–10. Juni 1979:
Erste Direktwahl zum Europäischen Parlament (EP).

27. 9. 1979:
Die EVP-Fraktion des Europäischen Parlaments legt den Entschließungsantrag van Aerssen u.a. über die Fortentwicklung der Rechtsgrundlagen der Europäischen Gemeinschaft vor (Dok. EP 1-347/79).

Herbst 1980:
In Straßburg wird der ‚Klub Krokodil' gegründet. Er verfolgt das Ziel, aus dem EP eine verfassungsgebende Versammlung zu machen. Im Oktober 1980 erscheint der erste ‚Crokodile-Brief'.
Im Parlament wird der Entschließungsantrag Abens u.a. zur Einsetzung

eines Ad-hoc-Ausschusses für institutionelle Fragen eingebracht (Dok. EP 1-889/80).

7.–9. 7. 1981:
Das Parlament diskutiert über institutionelle Fragen. Es stimmt dem Antrag Abens u.a. in abgeänderter Form zu (ABl. der EG, C 243 v. 14. 9. 1981, S. 48).

27.–28. 1. 1982:
Der Institutionelle Ausschuß des EP tritt zu seiner konstituierenden Sitzung zusammen. Den Vorsitz übernimmt M. Ferri von den italienischen Sozialisten.

12. 2. 1982:
Die EVP-Fraktion legt im Parlament den Entschließungsantrag Jonker u.a. über den Vertragsentwurf für die erste Phase der Realisierung der Europäischen Union vor (Dok. EP 1–940/81 rev. II).

24.–26. 5. 1982:
Im Institutionellen Ausschuß des EP werden die Leitlinien zum Aufbau der Europäischen Union mit 31 Stimmen ohne Gegenstimmen und bei zwei Enthaltungen beschlossen (Dok. EP 1-305/82/a).

5.–6. 7. 1982:
Das EP nimmt die vom Institutionellen Ausschuß vorgeschlagenen Leitlinien zum Aufbau der Europäischen Union mit 258 gegen 35 Stimmen bei 23 Enthaltungen an.

Sept. 1982–Mai 1983:
Im Institutionellen Ausschuß des EP wird der Entschließungsantrag zum Inhalt des Entwurfs eines Vertrages zur Gründung der Europäischen Union ausgearbeitet. Berichterstatter-Koordinator ist Altiero Spinelli (PE 83326/A/Rev., versch. Fassungen).

28.–29. 4. 1983:
Gedankenaustausch des Institutionellen Ausschusses mit den Präsidenten der Kommission (G. Thorn) und des Rates (L. Tindemans).

5. 7. 1983:
Nach erneuten Ausschußsitzungen am 7. 6. und 21./22. 6. verabschiedet der Institutionelle Ausschuß den Entschließungsantrag mit 29 Ja-Stimmen bei 4 Nein-Stimmen (französische Kommunisten und dänische Sozialisten) und 2 Enthaltungen (EDF).

Sept. 1983:
Das EP debattiert den Entschließungsantrag Spinelli und nimmt den Vorentwurf eines Vertrages zur Gründung der Europäischen Union am 14. 9. 1983 mit 201 gegen 37 Stimmen bei 72 Enthaltungen an.

Okt.–Nov. 1983:
Eine Kommission von vier Verfassungsjuristen überarbeitet den Vorentwurf.

14. 2. 1984:
Nach eingehenden Beratungen der überarbeiteten Fassung billigt das EP mit 237 gegen 31 Stimmen bei 43 Enthaltungen den ‚Entwurf eines Vertrages zur Gründung der Europäischen Union'.

14.–17. 6. 1984:
Zweite Direktwahl zum Europäischen Parlament.

25.–26. 6. 1984:
Der Europäische Rat setzt in Fontainebleau einen Ad-hoc-Ausschuß für institutionelle Reformen (Dooge-Ausschuß oder Spaak-II-Komitee) sowie einen Ad-hoc-Ausschuß zum „Europa der Bürger" (Adonnino-Komitee) ein.

Dez. 1984:
Der Ad-hoc-Ausschuß für institutionelle Fragen legt einen Zwischenbericht vor und erhält vom Europäischen Rat in Dublin den Auftrag, bis März 1985 einen Endbericht auszuarbeiten.

29.–30. 3. 1985:
Der Ad-hoc-Ausschuß für institutionelle Fragen legt dem Europäischen Rat in Brüssel seinen Endbericht vor. Die nationalen Regierungen beraten über seine Realisierungschancen.

28.–29. 6. 1985:
Die Staats- und Regierungschefs der EG setzen auf ihrem Gipfeltreffen in Mailand mit Mehrheit eine Regierungskonferenz zur Änderung und Ergänzung der Römischen Verträge ein. Dänemark, Griechenland und Großbritannien stimmen dagegen.

15. 7. 1985:
Das Europäische Parlament gibt eine befürwortende Stellungnahme zur Einsetzung einer Regierungskonferenz ab.

Sept.–Dez. 1985:
Die Regierungskonferenz erarbeitet Vorschläge zur Änderung und Ergänzung der Gemeinschaftsverträge und zur außenpolitischen Zusammenarbeit.

2.–3. 12. 1985:
Die Staats- und Regierungschefs der EG beschließen auf ihrer Gipfelkonferenz in Luxemburg den Inhalt der ‚Einheitlichen Europäischen Akte'.

16. 1. 1986:
Das Europäische Parlament verabschiedet eine Stellungnahme zur ‚Einheitlichen Europäischen Akte'. Trotz deutlicher Kritik wird dem Gesamtpaket zugestimmt.

27. 1. 1986:
Die vom Europäischen Rat in Mailand eingesetzte Regierungskonferenz legt die endgültige Fassung der ‚Einheitlichen Europäischen Akte' vor.

17. 2. 1986:
Die Außenminister von neun EG-Mitgliedstaaten unterzeichnen in Brüssel die ‚Einheitliche Europäische Akte'.

27. 2. 1986:
Bei einem Referendum in Dänemark stimmen 57 % der Wahlbeteiligten für die Unterzeichnung der ‚Einheitlichen Europäischen Akte', 43 % dagegen.

28. 2. 1986:
In Brüssel unterzeichnen Dänemark, Griechenland und Italien die ‚Einheitliche Europäische Akte'.

16. 5. 1986:
Der Deutsche Bundesrat gibt eine befürwortende Stellungnahme zur ‚Einheitlichen Europäischen Akte' ab, möchte jedoch an der innerstaatlichen Willensbildung zu Europafragen in Zukunft stärker beteiligt werden

Jahreswende 1986/87:
Die nationalen Verfahren zur Ratifizierung der ‚Einheitlichen Europäischen Akte' sollen abgeschlossen sein. Das Reformpaket kann in Kraft treten.

Auswahlbibliographie

Bernard, Jean René u. Jean van Herlmont, L'Union Européenne: deux opinions, in: Commentaire, Paris 1985, S. 667–673.

Bieber, Roland u.a., An ever closer Union. A critical Analysis of the Draft Treaty establishing the European Union, Brüssel u.a. 1985.

Bocklet, Reinhold, Die Verfassungsentwicklung der Europäischen Gemeinschaft, in: Politische Studien, München 1984, Nr. 274, S. 1–12.

Bonvicini, Gianni, The political-institutional Strategies for relaunching European Integration, in: The International Spectator, Amsterdam 1983, Nr. 1/2, S. 40–46.

Burgess, Michael, Federal Ideas in the European Community: Altiero Spinelli and the European Union, 1981–1984, in: Government and Opposition, London 1984, Nr. 3, S. 339–347.

Capotorti, Francesco u.a., Le Traité d'Union Européenne. Commentaire du Projet adopté par le Parlement Européen, Brüssel: Institut d'Etudes Européenes, Université Libre de Bruxelles 1985.

Chaban-Delmas, Jacques, Perspektiven für die politische Zukunft Europas, in: Europa-Archiv, Bonn 1985, Folge 5, S. 121–132.

Constantinesco, Vladimir, Le Projet de Traité créant l'Union Européenne: analyse et perspectives, in: L'Europe en Formation, Nizza 1984, Nr. 256, S. 53–62.

Corbett, Richard, The European Parliament and its Initiatives, in: Contemporary Review, 1984, Nr. 1421, S. 292–298.

Deutscher Bundestag, 10. Wahlperiode, Auswärtiger Ausschuß (-712-2450-), Stenographisches Protokoll der 52. Sitzung des Auswärtigen Ausschusses – Öffentliche Informationssitzung – am Mittwoch, 2. Oktober 1985. Öffentliche Anhörung zum Thema „Entwurf eines Vertrages zur Gründung der Europäischen Union", Bonn: Verlag Heger 1986.

Europäisches Parlament, Institutioneller Ausschuß (Hrsg.), Sammlung der Institutionellen Dokumente der Gemeinschaft von 1950–1982, Luxemburg: EP 1982.

Hänsch, Klaus, The Reform Proposals. The Strategy of „Small Steps" versus the General Reform, in: Rudolf Hrbek, Joseph Jamar u. Wolfgang Wessels (Hrsg.), Le Parlement Européen à la Veille de la dieuxième Election au Suffrage universel direct: Bilan et Perspective. The European Parliament on the eve of the second direct Election: Balance Sheet and Prospects, Brügge: De Tempel 1984, S. 136–173.

Ders., Europäische Integration und parlamentarische Demokratie, in: Europa-Archiv, Bonn 1986, Folge 7, S. 191–200.

Hrbek, Rudolf, EG-Reform in kleinen Schritten, in: Wirtschaftsdienst, Hamburg 1986, Nr. IV, S. 172–176.

Hrbek, Rudolf, Welches Europa? Zum Zwischenbericht des Ad-hoc-Ausschusses für institutionelle Fragen („Dooge-Committee"), in: Integration, Bonn 1985, Nr. 1, S. 3–10.

Hrbek, Rudolf u. Thomas Läufer, Die Einheitliche Europäische Akte. Das Luxemburger Reformpaket: eine neue Etappe im Integrationsprozeß, in: Europa-Archiv, Bonn 1986, Folge 6, S. 173–184.

Integration, Sonderheft zum Vertragsentwurf des Europäischen Parlaments (mit Beiträgen von Heinrich Schneider, Ulrich Everling, Fritz Franzmeyer, Werner Weidenfeld, Bernd Janssen, Gerda Zellentin, Hans von der Groeben), Bonn 1984, Nr. 1, 75 S.

Ipsen, Hans Peter, Utopisches im Parlaments-Entwurf einer Europäischen Union, in: Bodo Börner u.a. (Hrsg.), Einigkeit und Recht und Freiheit. Festschrift für Karl Carstens, Köln: Heymann 1984, S. 155–167.

Ders., Zum Parlaments-Entwurf einer Europäischen Union, in: Der Staat, Berlin 1985, Nr. 3, S. 325–349.

Jacqué, Jean-Paul, The Draft Treaty establishing the European Union, in: Common Market Law Review, London 1985, Nr. 1, S. 19–42.

Ders., Ein neuer „Luxemburger Kompromiß"? Der Europäische Rat und die Reform der Gemeinschaft, in: Integration, Bonn 1986, Nr. 1, S. 26-34.

Ders., Le Projet de Traité d'Union Européenne voté par le Parlement Européen le 14 février 1984, in: Annuaire Européen, Bd.31 (1983), Brüssel: Nijhoff 1985, S. 9–30.

Jonker, Sjouke u.a., Entwurf eines Vertrages über die erste Etappe zur Verwirklichung der Europäischen Union, in: Flash, CD-Fraktion, Presseabteilung im Europäischen Parlament, Brüssel, 15.1.1982 (3/82/CL/N(F/D)).

Korte, J., De grote sprong voorwaarts van het Europese Parlement. Het Ontwerp-Verdrag tot oprichting van de Europese Unie, in: Nederlands Juristenblad, 1985, Nr. 11, S. 341ff.

Krenzler, Horst-Günter, Entwicklungsperspektiven der Europäischen Gemeinschaft nach der Tagung des Europäischen Rates in Dublin, in: Europa-Archiv, Bonn 1985, Folge 1, S. 11–18.

Lenz, Carl Otto, The Draft Treaty establishing the European Union. Report on the Federal Republic of Germany, Florenz: European University Institute 1985, 21 S.

Ders., Zwei Geschwindigkeiten. Zu den Abstimmungsergebnissen im EP über den Entwurf eines Vertrages zur Gründung einer Europäischen Union, in: Bodo Börner u.a. (Hrsg.), Einigkeit und Recht und Freiheit. Festschrift für Karl Carstens, Köln: Heymann 1984, S. 169–185.

Loch, Theo M., Nach Stuttgart: Mit Trippel-Schritten Richtung Europäische Union, in: Integration, Bonn 1983, Nr. 4, S. 165–171.

Lodge, Juliet, European Union and the First Elected European Parliament: The Spinelli Initiative, in: Journal of Common Market Studies, London 1984, Nr. 4, S. 377–402.

Dies., Some Problems of the Draft Treaty on European Union (EUT), in: European Law Review, London 1984, Nr. 6, S. 387–400.

Nickel, Dietmar, Die Arbeit des Institutionellen Ausschusses des Europäischen Parlaments. Ein Ansatz zur Revision der Verträge, in: Hans-Hermann Hartwich, Gesellschaftliche Probleme als Anstoß und Folge von Politik, Opladen 1983, S. 303–312.

Ders., Der Entwurf des Europäischen Parlaments für einen Vertrag zur Gründung der Europäischen Union, in: Integration, Bonn 1985, Nr. 1, S. 11–27.

Ders., Le Projet de Traité instituant l'Union Européenne, in: Cahiers de Droit Européen, Brüssel 1984, Nr. 5–6, S. 511–542.
Nickel, Dietmar u . Richard Corbett, The Draft Treaty establishing European Union, in: Yearbook of European Law, Bd.4 (1984), Oxford: Clarendon Press 1985, S. 79–96.
Nicoll, William, Paths to European Unity, in: Journal of Common Market Studies, Oxford 1985, Nr. 3, S. 199–206.
Pernice, Ingolf, Verfassungsentwurf für eine Europäische Union, in: Europarecht, Baden-Baden 1984, Nr. 2, S. 126–142.
Petrilli, Giuseppe, Either European Union or the Historical End of Europe, in: The Federalist. A political Review, Pavia 1985, Nr. 1, S. 30–37.
Pinder, John, Economic Union and the Draft Treaty, in: The Federalist. A political Review, Pavia 1984, Nr. 3, S. 181–198.
Ders., Die europäische Strategie nach Mailand: Wege zur Europäischen Union, in: Integration, Bonn 1985, Nr. 4, S. 148–164.
Ders., European Union and national Interests, in: Mezzogiorno d'Europa, London 1984, Nr. 3, S. 307–315.
Pryce, Roy, Towards European Union, London: New Europe Papers 8, A Federal Trust Study, o.J.
Redaktion Integration, Die unverzichtbaren Elemente der Europäischen Union, in: Integration, Bonn 1985, Nr. 2, S. 47–48.
Rengeling, Hans-Werner u. Michael Ch. Jakobs, Europäische Verfassung. Bemerkungen zum gegenwärtigen Diskussionsstand, in: Deutsches Verwaltungsblatt, Köln 1984, Nr. 16, S. 773–777.
Rifkind, Malcolm, Für ein stärker geeintes Europa – ein praktisches Programm, in: Integration, Bonn 1985, Nr. 2, S. 49–54.
Rulli, G., La CEE a Fontainebleau. Una Trappa importante nel Cammino dell'Europa, in: La Civitta Cattolica, Rom 1984, Nr. 3222, S. 530–538.
Saint-Mihiel, Paul de, Le Projet de Traité instituant l'Union Européenne, in: Revue du Marché Commun, Paris 1984, Nr. 276, S. 149–152.
Schmuck, Otto, Integrationsschub durch neuen Vertrag? Reformperspektiven im Vorfeld des Mailänder Gipfels, in: Integration, Bonn 1985, Nr. 2, S. 55–67.
Schmuck, Otto u. Wolfgang Wessels, Die Mailänder Tagung des Europäischen Rates – Weder Fehlschlag noch Durchbruch zur Europäischen Union, in: Integration, Bonn 1985, Nr. 3, S. 95–102.
Schneider, Heinrich, Europäische Union durch das Europäische Parlament – Zur Initiative des Institutionellen Ausschusses, in: Integration, Bonn 1982, Nr. 4, S. 150–163.
Schneider, Heinrich u. Wolfgang Wessels (Hrsg.), Auf dem Weg zur Europäischen Union. Diskussionsbeiträge zum Tindemans-Bericht, Bonn: Europa Union Verlag 1977.
Schwarze, Jürgen, Mitgliedschaft in einer zukünftigen politischen Union. Rechtsprobleme im Vertragsentwurf des Europäischen Parlaments zur Gründung einer Europäischen Union vom 14.2.1984, in: Deutsches Verwaltungsblatt, Köln 1985, Nr. 6, S. 309–317.
Schwarze, Jürgen u. Roland Bieber (Hrsg.), Eine Verfassung für Europa. Von der Europäischen Gemeinschaft zur Europäischen Union, Baden-Baden: Nomos 1984.

Seeler, Hans-Joachim, Entwurf einer Finanzverfassung der Europäischen Union, in: Europarecht, Baden-Baden 1985, Nr. 4, S. 406–414.

Ders., Vertrag zur Gründung der Europäischen Union, in: Europarecht, Baden-Baden 1984, Nr. 1, S. 41–53.

Simson, Werner von, Wachstumsprobleme einer europäischen Verfassung, in: Gert Nicolaysen u.a. (Hrsg.), Europäische Gerichtsbarkeit und nationale Verfassungsgerichtsbarkeit. Festschrift für Hans Kutscher, Baden-Baden: Nomos 1981, S. 481ff.

Spinelli, Altiero, Auf dem Weg zur Europäischen Union. 6. Jean Monnet-Vortrag v. 13.6.1983, Florenz: Europäisches Hochschul-Institut 1983.

Ders., The Constituant Role of the European Parliament, in: The Federalist. A political Review, Pavia 1985, Nr. 1, S. 72–81.

Ders., Die parlamentarische Initiative zur Europäischen Union, in: Europa-Archiv, Bonn 1983, Folge 24, S. 739–746.

Stavenhagen, Lutz A., Perspektiven deutscher Europapolitik nach dem Luxemburger Gipfel, in: Integration, Bonn 1986, Nr. 2, S. 47–50.

Thomasis, G. de, Le Projet d'Union Européenne à la Veille de la Campagne pour les deuxièmes Elections Européennes, in: Revue du Marché Commun, Paris 1984, Nr. 277, S. 212–214.

Towards European Union. From the „Crocodile" to the European Council in Milan (28–29 June 1985). Documents selected and introduced by Marina Gazzo, Brüssel: Agence Europe 1985.

Ungerer, Werner, Europäische Perspektiven nach Fontainebleau, in: Außenpolitik, Hamburg 1984, Nr. 4, S. 394–408.

L'Union Européenne. Le Projet du Parlement Européen après Fontainebleau, Brüssel: Institut d'Etudes Européennes Université Libre de Bruxelles 1984.

Wallace, Helen, Reforming the European Community: Luxembourg Package, in: The World Today, London 1986, S. 19ff.

Wessels, Wolfgang, Alternative Strategies for Institutional Reforms, European University Institut, Working Paper No. 85/184, Florenz 1985.

Ders., Die Einheitliche Europäische Akte – Zementierung des Status quo oder Einstieg in die Europäische Union? In: Integration, Bonn 1986, Nr. 2, S. 65–79.

Ders., Der Vertragsentwurf des Europäischen Parlaments für eine Europäische Union. Kristallisationspunkt einer neuen Europa-Debatte, in: Europa-Archiv, Bonn 1984, Folge 8, S. 239–248.

Die Autoren

Michael Garthe, Institut für Politikwissenschaft der Johannes Gutenberg-Universität Mainz;
geboren am 24. Juli 1958 in Speyer;
Studium der Politikwissenschaft, Publizistik und Ethnologie an der Universität Mainz, Magisterexamen mit einer Arbeit über den Vertragsentwurf des Europäischen Parlaments zur Gründung der Europäischen Union, seit 1980 verantwortlicher Redakteur des Jahrbuchs der Europäischen Integration;
Veröffentlichungen, u.a.:
Nur verpaßte Chancen? Die Reformberichte der Europäischen Gemeinschaft (Mitautor), Bonn 1983; Jahrbuch der Europäischen Integration 1980ff. (Mitautor), Bonn 1981ff.

Otto Schmuck, Institut für Europäische Politik Bonn;
geboren am 8. August 1953 in Oppenheim;
Studium der Politikwissenschaft, Germanistik und Geschichte an den Universitäten Bonn und Mainz, Staatsexamen mit einer Arbeit über die Entwicklungspolitik der Europäischen Gemeinschaft, seit 1982 Projektmitarbeiter beim Institut für Europäische Politik, Dissertationsvorhaben über das Thema „Das Europäische Parlament und die Entwicklungspolitik";
Veröffentlichungen, u.a.:
Nur verpaßte Chancen? Die Reformbericht der Europäischen Gemeinschaft (Mitautor), Bonn 1983; Das Europäische Parlament in seiner erster Wahlperiode (zusammen mit Arlette Kosch), Bonn 1983; Jahrbuch der Europäischen Integration 1981ff. (Mitautor), Bonn 1982ff.; Das direktgewählte Europäische Parlament im System der EG (Mitautor), Bonn 1986.

Dr. Gaston Thorn, Präsident der Europäischen Bewegung;
geboren am 3. September 1928 in Luxemburg;
1959–1969 Mitglied des Europäischen Parlaments, 1968–1974 Minister für Auswärtige Angelegenheiten des Großherzogtums Luxemburg, 1974–1979 Ministerpräsident des Großherzogtums Luxemburg, 1981–1985 Präsident der EG-Kommission, seit 1985 Präsident der Banque Internationale de Luxembourg, Vizepräsident und Generaldirektor der Compagnie Luxembourgoise de Telediffusion (RTL).

Dr. Werner Weidenfeld, Professor für Politikwissenschaft an der Johannes Gutenberg-Universität Mainz;
geboren am 2. Juli 1947 in Cochem;
Studium der Politikwissenschaft, Geschichte und Philosophie, 1971 Promotion zum Dr. phil. an der Universität Bonn, 1975 Habilitation im Fach Politikwissenschaft, seit 1975 Professor für Politikwissenschaft an der Johannes Gutenberg-Universität Mainz;
Veröffentlichungen, u.a.:
Jalta und die Teilung Deutschlands, Andernach 1969; Die Englandpolitik Gustav Stresemanns, Mainz 1972; Europa – Bilanz und Perspektive (zusammen mit Thomas Jansen), Mainz 1973; Konrad Adenauer und Europa, Bonn 1976; Europa 2000. Zukunftsfragen der Europäischen Einigung, München/Wien 1980; Die Frage nach der Einheit der deutschen Nation, München/Wien 1981; Europäische Zeitzeichen. Elemente eines deutsch-französischen Dialogs (zusammen mit Joseph Rovan), Bonn 1982; Die Identität der Deutschen (Herausgeber), Bonn und München 1983; Die Bilanz der Europäischen Integration, Bonn 1984; Ratlose Normalität. Die Deutschen auf der Suche nach sich selbst, Osnabrück/Zürich 1984; Die Identität Europas (Herausgeber), Bonn und München 1985; Nachdenken über Deutschland. Materialien zur politischen Kultur der Deutschen Frage (Herausgeber), Köln 1985; Herausgeber des „Jahrbuchs der Europäischen Integration“ (zusammen mit Wolfgang Wessels), Herausgeber der Schriftenreihe „Mainzer Beiträge zur Europäischen Einigung“.

Dr. Wolfgang Wessels, Geschäftsführer des Instituts für Europäische Politik, Bonn;
geboren am 19. Januar 1948 in Köln;
Studium der Volkswirtschaft, sozialwissenschaftliche Richtung, 1973 Diplomvolkswirt der Universität Köln, seit 1973 Geschäftsführer des Instituts für Europäische Politik in Bonn, seit 1981 Direktor der Dominante administrative am Europa-Kolleg Brügge;
Veröffentlichungen, u.a.:
Die Europäische Politische Zusammenarbeit (zusammen mit Reinhardt Rummel), Bonn 1978; Der Europäische Rat, Bonn 1980; Herausgeber des „Jahrbuchs der Europäischen Integration“ (zusammen mit Werner Weidenfeld); Das Europäische Währungssystem. Bilanz und Perspektiven eines Experiments (Herausgeber zusammen mit Eckart Scharrer), Bonn 1983; Parlement Européen, Bilan-Perspectives. European Parliament, Balance Sheet – Prospects, 1979–1984 (Mitherausgeber), Brügge 1984; EG-Mitgliedschaft: ein vitales Interesse der Bundesrepublik Deutschland? (Mitherausgeber), Bonn 1984.